RECVEIL DE LETTRES NOVVELLES

Dedié

A Monseigneur le Cardinal
DE RICHELIEV.

A PARIS,
rue St Jacques
aux cinq mains
1627

Auec Priuilege du Roy.

A MONSEIGNEVR
LE CARDINAL
DE RICHELIEV.

Monseigneur,

Parmy les benedictions dont tant de peuples reconnoissent le soin que vous auez de leur salut, si ie ne m'efforçois de tesmoigner la part que ie prends aux ioyes, & aux prosperitez publiques que vous auez faict naistre en ce Royaume, ie penserois estre coupable d'vne mesme ingratitude que ceux qui ne veulent pas estre obligez au Soleil de sa lumiere pource qu'il la communique à tout le monde. Ie sçay bien que vous n'auez point de si petites pensées qui ne soient occupées au bien de toute l'Europe, & qu'il n'y a point de iours si inutiles en vostre vie, qui ne seruent à ajouster plusieurs siecles à la durée de ceste Monarchie: Aussi, MONSEI-GNEVR, n'aurois-ie pas osé prendre la hardiesse de vous interrompre dans les grands desseins que vous auez pour le seruice du Roy, & la gloire de cet Estat, à moins que de vous presenter la meilleure partie des plus belles choses que la France ait produittes, depuis que vostre exemple, & celuy de quelques autres Grands Personnages, en ont banny l'ignorance & la barbarie. C'est à vostre seule Vertu que ie les dedie, sans prendre garde à ceste eminente qualité de Prince de l'Eglise que vous possedez, & qui faict esperer à tous les gens de bien de vous en voir le Chef; si ceste Nation qui pretend tousiours de defendre à la nostre l'entrée de ceste dignité, ne se veut à la fin declarer ennemie de la Saincteté, & se rebeller contre les inspirations du Sainct Esprit. Il est bien vray qu'il ne vous reste plus que ce degré à monter, pour estre si haut qu'il n'y ait plus rien entre Dieu & vous qui vous separe. Mais quand vous ne seriez pas nay Grand comme vous estes, & que la fortune n'auroit pas voulu s'acquitter enuers vous d'vne partie des choses qu'elle vous deuoit; la seule consideration de vostre merite, sans ceste pompe qui vous enuironne, exigeroit de moy les mesmes hommages que ie vous rends maintenant. Le plus grand plaisir d'vne ame libre, est de rencontrer des personnes de qui on puisse dire la verité sans rougir, & sans faire rougir ceux-mesmes de qui elle est ditte: principalement en ce siecle, où les grandes vertus sont si rares, que les grandes loüanges sont presque toutes suspectes de flatterie. Vous auez cet auantage, Monseigneur, qu'on ne vous en sçauroit donner de si hautes, qui ne soient beaucoup au dessous de celles que vous meritez. Vostre nom est generalement conneû, & respecté de tout le monde, & le sera tant qu'il y aura des hommes raisonnables. Ceux qui viendront apres nous, honoreront vostre memoire, comme nous honorons auiourdhuy celle des Liberateurs des peuples; & les Histoires ne parleront de vous à l'aduenir, que comme d'vn bon Ange, que Dieu donna à la France pour combler de felicité le regne du plus Grand & du plus Iuste de nos Roys. Et certes, MONSEIGNEVR, ceux qui sçauront bien l'estat où vous trouuastes toutes choses, lors qu'on vous en fit prendre le maniement, auront de la peine à croire qu'en si peu de temps vous ayez restably l'ordre où regnoit

ã iiij

la confusion, & que vous ayez veu si clair dans des tenebres si obscures. C'est vous, MONSEI-GNEVR, qui auez le plus contribué au projet qu'a le Roy de rendre à ceste Couronne son ancienne splendeur, & releuer ceste auctorité, par qui il doit estre l'Arbitre de tous les interests des Princes, & faire à son choix la Paix, ou la Guerre par toute l'Europe. En effect nos ennemis nous craignent maintenant: Nos Alliez taschent à s'vnir à nous encore plus estroitement que par le passé: Et ceux qui ne s'estoient point mis en peine de rechercher nostre Protection, pource qu'ils n'auoient pas creu y trouuer leur seureté, commencent à desirer d'y estre receus. Aussi ne sçauroit-on nier que la grandeur des Monarchies ne consiste principalement en ceste haute opinion que les sujets, & les Estrangers conçoiuent du Prince, & du bon gouuernement. Car par quelle autre force pourroit-on tenir assujettie celle de tant de Prouinces, & à quelle autre raison peut-on attribuer ceste merueille, de voir quelquesfois vn Enfant commander à tant de Sages ? Il est bien vray qu'il n'y a point de Nation si respectueuse enuers la Puissance souueraine, où quelquesfois il ne s'esleue des esprits tumultueux, qui par vn certain ressentiment de liberté que la Nature imprime à tout le monde, trouuent rigoureuse la necessité d'obeyr. Mais lors que la

Iustice est appuyée de la generosité, & que la vigueur des loix est maintenuë par la hardiesse des conseils, il ne se voit gueres d'ames si ennemies de la seruitude, que le respect ne retienne dans le deuoir, ou que la crainte de faillir n'espouuante. C'est auec ces maximes, MONSEIGNEVR, que vous auez faict voir aux Estrangers, que les maladies de la France n'estoient pas incurables comme ils pensoient; & c'est aussi par l'excellence de vos Conseils, que vous auez iustifié le choix que le Roy a faict de vous pour soulager son Esprit, & rejetter sur vostre soin vne partie de la pesanteur de ceste multitude infinie d'importantes affaires dont il est chargé. Ie remets à vn long discours que ie medite, à faire voir combien ceste force incomparable de iugement que sa Majesté a tesmoignée en toutes ses autres actions, a éclaté particulierement en ce point : Et c'est là que i'espere rendre ceste verité si triomphante, & la calomnie tellement estouffée, que les ennemis mesmes de cest Estat, qui sont tous les vostres, seront contraints d'auoüer qu'il se trouue encore dans le monde de ces vertus eminentes qui ne font point d'ombre. Ie n'ignore pas, MONSEIGNEVR, quelle difficulté c'est que de vouloir encherir sur les choses dont chacun s'efforce de dire le dernier mot : Aussi n'ay-ie pas la presomption de croire que ie puisse rien dire qui soit digne ny de ceste Probité merueilleuse, qui vous rend esgal aux Anges, au milieu de la corruption des hommes: Ny de ceste profonde Sagesse, qui ne veut iamais tromper, non plus qu'elle ne sçauroit estre trompée: Ny de ceste Vigilance infatigable, par qui vous asseurez nostre repos, & troublez en mesme temps celuy de ces dangereux Voisins, qui ne craignent pas moins les meditations de vostre esprit, que la force de nos Armées: Ny de ceste genereuse Fidelité, qui vous faict preferer le bien de la France à celuy d'assembler des tresors: Ny de ces grands & admirables Desseins que vous auez pour faire que nostre glorieux Monarque soit aussi bien le premier Roy qui commande sur la mer, comme il est le premier à qui les hommes obeissent sur la terre : Ny de ceste ardente amour que vous auez, pour les bonnes lettres, laquelle vous a desia acquis dans la plus celebre Academie de l'Europe le tiltre de Pere des Sciences : Ny generalement de toutes ces autres eminentes qualitez, qui vous feront connoistre de tous les siecles pour le plus grand & plus illustre Personnage que le nostre ait eu la gloire de produire. Cependant, MONSEIGNEVR, quoy que ie sente ma foiblesse, & que ie sçache qu'il m'est impossible d'atteindre à la hauteur d'vne entreprise si hardie; si est-ce que quand ce ne seroit que pour descharger ma conscience, ie crois estre obligé d'employer tous mes efforts, à donner aux hommes vn tableau de voſtre Vie, pour ſeruir d'exemple à ceux qui auront beſoin d'eſtre excitez, à des actions heroïques. I'ay l'honneur d'eſtre à vn Prince à qui ie doy toutes mes loüanges : mais ſçachant combien il vous honore & vous eſtime, ie penſe que ie ne le puis mieux imiter qu'en publiant vos vertus, ny mieux le ſeruir qu'en ſecondant par mes paroles les ſentimens que ie ſçay qu'il a d'vn merite ſi extraordinaire que le voſtre. Quoy qu'il en ſoit, i'auray aumoins cet auantage, que ſans vne euidente malice, on ne me pourra ſoupçonner de flatterie; Car me iugeant indigne des moindres choſes comme ie fais,

*ie n'en ose point esperer ; & ceux
qui me connoissent bien, pourront tesmoigner que ie suis
exempt d'ambition, si ce n'est
de celle que i'ay d'estre toute ma
vie,*

MONSEIGNEVR,

*Vostre tres-humble &
tres-obeissant serui-
teur,* FARET.

Fautes suruenues en l'Impreßion.

L'IMPRIMEVR de ce Liure y a faict tant de fautes, que ne pouuant les mettre toutes en ceste page il me suffira d'y marquer les plus grossieres. Celle qui me fasche le plus, c'est ce tiltre honorable de Monsieur, dont il m'a voulu traiter, malgré moy : & d'auoir aussi voulu à toute force que M. Brun se nommast M. le Brun. Voicy vne partie des autres que tu pourras corriger ainsi : *i'ay desiré* pour *ie desire*, page 19. *il a* pour *il y a*, pag. 41. *s'ils ont* pour *s'ils n'ont*, pag. 46. *Ce que sçay* pour *Ce que ie sçay*, pag. 43. ἴν ψάμαθός τε κόνις, pour ὅσα ψάμαθός τε κόνις τε. pag. 59. ἐδύνιμ pour ἐδύνιν, & δύνατ' ἰχόντωμ, pour δύναθ' ἰχόντων, pag. 82. *auons pas* pour *auons-nous pas*, pag. 276. *au* pour *autant*, p. 295. *Thysis* pour *Tyrsis*, pag. 317. *nos ioües* pour *vos ioües*, pag. 389. *& donna* pour *qui donna*, pag. 371. *vous donniez* pour *vous vous donniez*, p. 400.

Gage pour *Tage*, page 39. du 2. alphabet. *nous* pour *vous*, p. 49. *cest* pour *ceste*, p. 111.

LE Sieur Faret a transporté à Toussainct du Bray, Marchant Libraire à Paris, lo Priuilege du preseut liure, pour le temps dont ils ont conuenu ensemble.

LET-

LETTRES
DE MONSIEVR
DE MALHERBE.

LETTRE PREMIERE
à *Monsieur* DE TERMES.

Il le console de la mort de son fils.

ONSIEVR,

Ie viens d'apprendre la perte que vous auez faite de Monsieur vostre fils : & celuy mesme qui m'en a donné la nouuelle, m'a donné ceste vanité, que de tous ceux qui en ceste occasion vous consoleront, il croit que ie suis celuy que vous escouterez le plus volontiers, & qui aura le plus de pouuoir sur vostre esprit. Ie sçay bien, Monsieur, qu'il n'y a si mauuais pere, qui, sans quelque regret, puisse estre priué du plus mauuais fils qui soit au móde. C'est pourquoy ayāt tousjours reconnu en vous vn parfaitement bon naturel, & en Monsieur vostre fils des qualitez parfaitement aymables, ie ne veux pas nier qu'en la nouueauté de cét accident, vous ne fussiez extremément insensible si vostre ennuy demeuroit dans la mediocrité. Les amitiez que les opinions nous impriment commencent legerement, & finissent de mesme : vn foible soupçon les esbranle, vne petite offence les ruïne. Celles qui ont leur naissance dans les sentimens de la Nature, s'attachent en nous auec des racines si profondes, qu'il n'y a qu'vne violence prodigieuse, qui soit capable de les en arracher. Mais apres tout, Monsieur, quand vous-vous serez abandonné au desespoir, & que pour complaire à vostre douleur, vous aurez des-obligé tous ceux qui vous prient de la diminuer, doutez-vous que le temps n'obtienne de vous ce que vous n'aurez pas voulu accorder à la raison? Vous auez beaucoup perdu, ie l'auoüe. Ce seroit vn compliment injurieux de vouloir, pour faire cesser vos plaintes, calomnier le merite de celuy pour qui vous les faites. Mais auec quel pretexte pouuiez-vous esperer de ne le perdre iamais? I'ay bien certes ouy parler de quelques person-

A ij

nes, voire de quelques races, à qui Dieu a donné des priuileges extraordinaires : mais de celuy de ne mourir pas, ie suis encor à en voir le premier exemple. Remettez-vous deuant les yeux toutes les maisons que vous cognoissez : En trouuerez-vous vne où vous n'ayez veu des larmes pour le mesme sujet, qui est aujourd'huy la cause des vostres? Laissons-là les conditions priuees. S'il y a quelque chose de grand au monde, vous m'accorderez qu'il est au Louure. Et cependant, sans nous souuenir des choses passées, n'y voyez-vous pas aujourd'huy nostre tres-bonne & tres-belle Reine en dueil pour la mort du Roy son Pere? Pere de qui chacun sçait qu'elle estoit incomparablement aymee : & Roy qui ne tenoit gueres moins que la quatriefme partie du monde en l'eftenduë de fes Eftats. Non, non: La Mort n'eft ennemie ny d'vn peuple, ny d'vne famille. Elle eft ennemie du genre humain. Et comme fa neceffité n'a point de remede, fa rigueur n'a point auffi d'exception. Autant de fois que nous voyons les portes de nos voifins renduës de noir, autant de fois fommes-nous aduertis que les noftres auront le mefme parement au premier iour. Ie fçay bien que vous direz que c'eft l'ordre de Nature que le pere meure premier que le fils. Il eft vray qu'il n'y a pere ny mere qui ne tienne le mefme langage. Mais à quel propos voudroit-on que la mort fuiuift les affections de la Nature, elle qui fait profeffion de n'eftre au monde que pour la ruiner? Les annees font toutes de douze mois. C'est vne borne ou toufiours elles arriuent, & qu'elles n'outre-paffent iamais. Il n'en eft pas de mefme de nos vies. Leur duree eft courte ou longue, comme il plaift à celuy qui nous les donne. Tantoft il arrache le fruict en fa verdeur : tantoft il en attend la maturité : tantoft il le laiffe pourrir fur l'arbre : Mais quoy qu'il faffe, les creatures doiuent cefte foumiffion à leur Createur, de croire qu'il ne fait rien que iuftement. Il n'offenfe ny ceux qu'il prend ieunes, ny ceux qu'il laiffe deuenir vieux. De demander pourquoy il fait les chofes auec cefte diuerfité, c'eft vne queftion dont peut-eftre nous ferons efclaircis, quand nous ferons en lieu où la lumiere fera plus grande. Pour cefte heure, nous fommes dans des tenebres, qui nous rendent nos curiofitez inutiles. Il y a des fondes pour les abifmes de la mer : il n'y en a point pour les fecrets de Dieu. Croyez-moy, Monfieur, oftez-vous ce trouble de l'efprit : Il n'y fçauroit continuer qu'à la diminution de voftre honneur. Vous auez fatisfait à la memoire du fils que vous aués perdu, penfez à ceux qui vous font demeurez. Ils font branches de la mefme fouche, & vous donnent les mefmes efperances : ayez-en le mefme foin, & viuez pour leur donner le mefme fecours. Ie vous en conjure par cette charité qui eft la caufe de voftre ennuy : & vous en conjure encore par l'affection extrême que vous auez toufiours portee à Madame voftre femme. Vous luy deuez toute forte de

A iiij

bons exemples ; donnez-luy celuy de se conformer à la volonté de Dieu : Et craignez que vous voyant si opiniastre à vous affliger, elle qui est d'vn sexe où il semble que la tendresse de cœur soit vne loüange, ne se porte à des extremitez qui adjoustent vn second malheur à celuy qui vous est arriué. Finalement Monsieur souuenez-vous que vous auez vn Frere, que non seulement nostre Court, mais toutes les Courts estrangeres, prennent pour vn patron de vertu. Vous luy auez des obligations aussi grádes, que vous les sçauriez desirer d'vn pere : Portez-luy ce respect de croire, que quoy que la Fortune vous oste, vous aurez tousiours assez, tant qu'elle vous le conseruera. Si à ces considerations, qui sans doute font essentielles, vous en voulez adiouster de glorieuses, representez-vous l'honneur que vous fait le Roy, de se seruir de vous aux principales charges de son armee, & par cét employ croyez estre obligé à ne connoistre point d'interest dont vous deuiez estre touché comme du sien. Vous le voyez en l'âge de dixneuf ans sur le point de terminer vne affaire si épineuse, que iusques à present vn hôme eust semblé auoir faute de sens commun, qui eust seulement parlé de la commencer. Vous auez part à ses trauaux, ayez en aux ioyes que sa prosperité dône aux gens de bien ; Et vous preparez aux conquestes qu'indubitablement il va faire les plus grandes & les plus importātes à cette Couronne, que iamais ait faites aucun de ces Predecesseurs. Vous auez tousiours tellement aymé la gloire que quand la France a esté sans broüilleries, vous estes allé chercher la guerre en Holande, au Piémont, & generalement par tout où vous l'auez pensé trouuer. Ne faittes point qu'on vous demande ce qu'est deuenu vostre courage en cette occasion. Les victoires que nous auons sur nos ennemis ne sont iamais tellement nostres, que nous n'en deuions vne partie à la fortune, ou à l'assistance qui nous est donnee d'ailleurs. Celles qui legitimement nous apartiennent & desquelles personne ne prend part auecques nous, sont celles que nous auons sur nos passions; quãd en defpit d'elles nous gardons nos ames en leur affiette ; ou les y remettons bien-toft apres que le trouble les en a fait fortir. Ie ne fuis pas fi mal auifé que de vous penfer dire des chofes que vous ne fçachiez mieux que moy : mais l'inclination que vous auez toufjours euë à m'eftimer plus que ie ne vaux ; & me vouloir plus de bien que ie n'en merite, m'obligeant à vous rendre toutes fortes de deuoirs, i'ay penfé que fans vne ingratitude manifefte, ie ne pouuois ne contribuer quelque chofe au foulagement de voftre affliction. Si i'y reüfsy, i'auray touché le but que ie me propofe ; finon ie vous auray pour le moins fait voir, combien vos bonnes graces me font cheres, & combien ie deſire, Monſieur, que vous continuiés de m'aimer & de me tenir pour

Voſtre tres-humble, & tres-
obligé ſeruiteur
MALHERBE.

DAMASIPPE CONSOLE
Cleophante de la mort du Roy son Maiſtre.

Monsieur,

Il eſt certain que de tous ceux qui taſcheront de vous donner quelque conſolation au malheur qui vous eſt arriué, il y en aura peu qui ne le faſſent plutoſt par vne loüable couſtume que par vne connoiſſance veritable de voſtre affliction. On ne parle gueres bien des choſes, que quand on en parle par experience. I'ay fait autresfois vne perte ſemblable à celle que vous venez de faire. C'eſt pourquoy Monſieur, prenant ſur le ſentiment que i'en eus alors, la mesure de celuy que vous auez à cette heure, ie ne voy pas que sans vous faire vn desplaisir extreme, il soit possible de rien condamner en l'extremité de vostre douleur. Si elle n'estoit ce qu'elle est, elle ne seroit pas ce qu'elle doit estre. Les Roys veillent pour tout le monde quand ils viuent, & par cette raison, quand ils meurent, tout le monde est tenu de les regretter. Mais en cette concurrence de personnes affligées, qui doute que ceux à qui durant leur vie ils ont faict des gratifications particulieres, ne soient en leur mort obligez de se monstrer les plus affligez, & s'estimer vaincus, si quelqu'vn est arriué iusques à ce point de les auoir esgallez? Ie feray donc Monsieur, tout au rebours des autres de qui vous receurez le mesme compliment ; & vous auoüeray que sans estre incomparablement touché de la priuation d'vn si grãd & si bon maistre, comme estoit le vostre, vous ne pouuez satisfaire à l'honneur de l'auoir possedé. Tout ce que i'ay à vous dire, & que vous pouuez ouyr sans vous faire tort, c'est Monsieur, que vous consideriez la foiblesse dès choses du monde que nous admirons comme les plus fortes: Et que sans en chercher d'autres exemples, vous la consideriez en celuy mesme que vous auez aujourd'huy deuant les yeux. Les deux premiers Royaumes du monde à l'envy l'vn de l'autre se preparoiẽt aux solẽnitez d'vn mariage qu'ils venoient de contracter. Nostre ioye & la vostre disputoient à qui seroit la plus ingenieuse à trouuer des magnificences conuenables à la majesté du sujet : Et voicy que lors que nous estimions que la fortune fust toute nostre, elle a fait voir qu'elle ne l'estoit pas tât qu'elle voulust rien changer aux reigles ordinaires de son instabilité. Iugez Monsieur, par cét accident quelle fumee c'est que la gloire du monde, & le peu de sujet que nous auons d'en faire estat. Ie ne doute pas que de toutes les meditations que vous pouuez faire pour vostre soulagement celle cy ne soit la plus vtile. Ie ne vous en proposeray doncq point d'autre : Seulement aiousteray-je que vostre vertu n'estant n'y moins conneuë, ny moins aymee du Fils qu'elle a esté du Pere, vous deuez vous asseurer à l'auenir de la continuation des mesmes faueurs que vous

auez

auez euës par le passé. Ie prie Dieu Monsieur, de tout mon cœur qu'il vous en fasse la grace, & à moy celle de vous tesmoigner toute l'affection qui se peut esperer & desirer

Monsieur, de

Vostre, &c

A
MONSEIGNEVR
LE MARESCHAL
DE BASSOMPIERRE.

Il se resioüit auecque luy de sa promotion à la charge de Mareschal de France.

MONSEIGNEVR,

Il est vray que la fortune a trop long téps deliberé sur la reçópense d'vn merite si grád & si manifeste comme le vostre : mais quoy que c'en soit, à la fin elle s'y est resoluë. Et sans métir vos actions luy ayant de tout téps fait connoistre qu'elle vous deuoit des gratifications extraordinaires, les seruices qu'auec tant de soins, tant de trauaux, & tant de perils vous auez rendus au Roy en ce dernier trouble, l'en ont si viuement sollicitée, qu'il falloit que sans plus de remise elle s'acquittast de cette dette, ou qu'ouuertemēt elle se declarast ennemie de vostre vertu. Ie ne sçay auec quelles paroles vne ioye qui est commune à toute la Cour, voire à toute la France, vous aura esté representée par ceux qui vous auront faict ce compliment. Pour moy ie ne voy rien qui vous puisse mieux exprimer la mienne, que de vous dire que i'ay esté aussi aise que vous soyez paruenu à vn honneur que ie vous auois tousiours desiré, comme ie le fus de voir tomber nos idoles d'vn lieu où ie ne les auois iamais regardez qu'auec abomination. Ie ne suis pas de si mauuaise humeur que ie permette aux sujets de se bander contre les volontez du Prince; mais aussi quand ceux qui sont aymez de luy, mettent ses affaires en desordre, ie suis trop peu fait à la complaisance, pour auouër qu'il soit ny raisonnable, ny possible d'en receuoir du mal & de ne leur en souhaiter point. Vne des principales marques de la benediction de Dieu sur le Roy & sur le Royaume, c'est que la faueur se rencontre en des personnes, qui de mesme soin que le Pilotte, trauaillent au salut du Nauire, & n'ayent point de plus grand interest que celuy de sa prosperité. Ie vous ay tousiours reconneu d'vne inclination tellemét portee à toutes choses grandes, que si cela doit iamais estre, c'est de vous de qui nous en deuons esperer le premier exemple. Dieu veueile que cela soit &

que le point où les autres terminent leur grandeur ne soit que le premier degré de la voſtre ; A la charge toutesfois Monſieur que vous me conſeruerés touſiours en vos bonnes graces, & que touſjours vous me ferés l'honneur de me tenir

Monsievr,
    pour

Voſtre tres-humble & treſobeiſſant ſeruiteur
            Malherbe.

A FEV MONSIEVR COEFFETEAV EVESQVE de Marseille.

Il se resiouyst de sa nomination à l'Euesché de Marseille.

MONSIEVR,

Ie viens d'apprendre par vne lettre que Monsieur de Perez m'a escritte le don que le Roy vous a fait de l'Euesché de Marseille. Voila graces à Dieu vn grand desmanty, & vne grande vergoigne tout ensemble au gallant homme qui disoit que l'on tenoit à la Cour que vous en auiez assez. Ie m'asseure

DE MONS. DE MALH. 23
que non seulement en vostre Diocese, mais en toute la Prouence cette nouuelle sera receuë comme elle doit. Pour moy outre la part que ie prens en la ioye commune, i'en ay vne si particuliere qu'elle va iusque au transport. Le moyen qu'ont les Roys de se faire bien obeyr, c'est de bien regner, & le bien regner à mon aduis ne consiste en aucune chose tant qu'en la distribution des charges aux personnes de merite. Ie prie Dieu que le nostre qui a tesmoigné son bon goust en vostre election le continuë en vostre promotion si auant que comme vous estes au comble de la doctrine & de la vertu vous arriuiez à celuy de la dignité. Ie fais cette priere de tout mon cœur, mais Mósieur,
B iiij

c'est à condition que vous m'ay-
merez toufiours & toufiouts me
tiendrez pour

Voſtre feruiteur tres-humble
& tres-affectionné
MALHERBE.

RESPONCE DE FEV
MONSIEVR COEFFETEAV
Euefque de Marfeille, à la lettre
precedente.

ONSIEVR,

Vous ne me fçauriez donner tant d'affeurance de la part que vous prenés à mon contentement que ie n'en croye encor dauátage, veu l'honneur que vous m'auez toufiours fait de m'aymer depuis que i'ay eu le bien d'eftre conneu de vous; Si l'amitié eft vn flambeau qui en allume vne autre, ie vous puis dire que vous y eftes obligé, puis qu'il n'y a perfonne au monde qui face plus de cas de vous ou qui eftime dauantage voftre merite que ie fais, & que i'ay touſiours fait. Ce bien-fait du Roy vous aura fait connoiſtre que les Almanachs du perſonnage qui me tenoit aſſés riche, ne ſont pas trop certains; Il me fera plaiſir de les debiter à d'autres qu'à moy, mais ie croy bien que vous ne vous en voulés pas charger. Ie me resjoüis en l'eſperance que i'ay de me voir en vne Prouince ou vous aués de ſi chers gages que ie m'esforceray de ſeruir autant que ma puiſſance ſe pourra eſtendre. Ie me reſerue à eſcrire à Monſieur de Perés par vn Gentilhomme qui m'a icy aporté de ſes lettres; Mais ozeray-je r'ouurir vos playes en vous teſmoignant la douleur & le regret que i'ay de la perte que nous auós faite de Feu Monſieur le Garde des Seaux; C'eſt bien vn des plus sensibles déplaisirs qui me pouuoit iamais arriuer. Mais il me semble qu'on ne parle aujourd'huy que de morts ; Ce sont les fruits de la guerre, dont on dit que vous ressentés des effects vn peu tragiques à Paris. Dieu vous veuille conseruer dans ces tumultes, & me donner le moyen de vous faire paroiltre que ie suis plus que personne du monde.

MONSIEVR,

Voftre tres-humble, & tresaffectionné feruiteur
NIC. E. de DARDANIE.

A Mets ce 5. octobre 1621.

A MONSIEVR DE COLOMBY.

Il respond à une lettre qu'il luy auoit escritte.

MONSIEVR mon Cousin. Vous me donnez tout à la fois deux tres-grandes ioyes. L'vne de me faire sçauoir la bonne santé de vous & de vos affaires: L'autre de me promettre que nous aurons le bien de vous voir en ces quartiers. Ie l'ay bien tousiours ainsi esperé: mesmes en cette saison où l'excellence de toutes sortes de fruits monstre l'auantage qu'a la Prouence sur les plus beaux lieux de ce Royaume. Mais i'ay tant d'experience des intrigues de la fortune, & des difficultez inopinées qu'ordinairement elle fait naiſtre aux choſes que nous tenons les plus certaines, que ie n'attens iamais qu'auec beaucoup de doute, ce que i'ay deſiré auec tant ſoit peu d'affectió. Qu'on die ce qu'on voudra de la prudence humaine, ie ne la veux pas exclure de l'entremiſe de nos affaires, quand ce ne ſeroit que de peur de trop authoriſer la nóchalance: Mais pour ce qui eſt des éuenements, il faudroit d'autres exemples que ceux que i'ay veus iuſqu'à cette heure, pour me faire croire qu'elle y ait aucune iuriſdiction. Qui eſt heureux ira aux Indes ſur vne claye; Qui eſt mal-heureux, quand il ſeroit dans le meilleur vaiſſeau du monde, il aura de la peine à trauerser de Calais à Douure, sans courir fortune de se noyer. I'estois venu icy pour y passer autant de temps que le Roy en mettroit à faire le tour de la Guyenne, & du Languedoc. Ie m'attendois d'y receuoir quelque contentement parmi les miens, & ne voyois rien qui fust capable de m'en empescher. Cependant deux iours apres que i'y fus arriué, ie ne sçay quel petit frippon d'Officier fit vne niche à mon fils, pour laquelle il a esté contraint de garder la chambre, & moy priué du contétemét que i'estois venu chercher à ma maison. Certes la Cour est bien l'Ocean où se font les grandes tépestes; mais les Prouinces, comme petites mers, ont des agitatiós, qui ne laissent pas voyager sans inquietude. Mes Amis me disent que c'est vn Iuif à qui i'ay affaire, & que ie ne doy pas trouuer estrãge que mon fils soit persecuté par ceux mesmes qui ont crucifié le Fils de Dieu. Ils disent vray : mais à quel propos cette consideratiõ ? Vn pauure homme qui auroit esté volé, se consoleroit-il, quand on luy diroit que celuy qui a pris son argent, est de la race des plus grãds voleurs qui iamais ayent mis le pied dans vne forest ? Que m'importe qui m'ait frappé ? Le coup que donne vn Iuif est-il moins sensible que celuy que donne vn Chrestien? Certes ie me suis autrefois estonné de voir cette nation haye & descriée comme elle est. Mon aduis estoit qu'il falloit éplucher vn homme en sa vie, & non pas en son origine, & qu'autant valoit-il auoir son extraction de Seriphe que d'Athenes. Mais i'aprés auiourd'huy que la voix du peuple est la voix de Dieu. Il est tres-certain que iamais il ne fut vne haine plus juste que celle que l'on porte à cette canaille. Nous ne faisons que leur rendre la pareille: Si tout ce que nous sommes de Chrestiens n'auions qu'vne teste ils nous la couperoient auec plus de plaisir qu'ils ne pensent auoir de merite à se couper le prepuce. Ceux qui les approchent de plus pres adioustent à leurs loüanges, qu'ils sentent ie ne sçay quoy de relent. Pour moy, qu'ils sentent si mal qu'ils voudront, c'est chose dont ie n'ay que faire ; i'en seray quitte pour n'en approcher point. Ce que i'y voy de meilleur pour moy, c'est que le moyen qu'a ce marrouffle de me nuire n'est pas esgal

DE MALHERBE. 33
esgal a sa volonté. Mais tousiours
auray-je de la peine, & de la despense à demesler cét echeueau.
Ie vous en conteray l'histoire à nostre premiere veuë. Ce que ie vous
en escry pour cette heure, n'est
que pour vous faire voir que ie
suis tousiours en ma vieille opinion, que le monde n'est qu'vne
sottise, & que par consequent
l'homme dont vous me parlez à
esté vn sot de le quitter si timide-
ment comme il a fait. S'il eust regardé les choses de la terre auec
l'œil dont ie les regarde, il eust pris
le chemin du Ciel auecques plus
de resolution : Mais comme ie ne
m'estonne pas de sa courte vie,
pource que son visage bouffy, &
mal coloré ne la luy pouuoient
faire esperer plus longue, aussi
eussé-je esté bien trompé si vn es-
C

prit de la taille du sien, quelque mal logé qu'il fust n'eust eu de la peine a quitter son hoste. Peut-estre, mon cher Cousin, vous imaginerez vous que ie suis en mauuaise humeur : nullement, ie le vous iure; & si vous prenez la peine de venir iusques icy, comme ie vous en conjure de tout mon cœur vous me trouuerez aussi disposé a rire que vous m'ayez iamais veu : Mais il n'y a point de discours où ie me laisse emporter si volontiers qu'à mespriser ce que les duppes estiment. Ie suis tres-marry du mal-heur de nostre Amy. S'il est gallant homme il voudra ce que Dieu veut, & se mocquera aussi bien de sa mauuaise fortune, que de celuy qui en est l'autheur. Quand vn homme a les choses necessaires, si on luy oste les superflues, on ne l'offence pas on le descharge. Mais ie crains que sa Philosophie n'aille pas iusques a ce point. Pour Mansfelt, nous en auons icy de meilleures nouuelles que les vostres. On m'escrit de Paris du neufuiesme de ce mois, qu'il est sur le point de se retirer. Il ne faut pas voir trop clair pour connoistre que l'homme de la frontiere est de ceux qui l'ont attiré : Mais il est en possession de reüssir mal en tout ce qu'il entreprend. Voila pourquoy si de cette nuée il sort pluye, gresle, ny autre sorte de mauuais temps, ie veux que vous me teniez pour le plus ignorent Astrologue qui iamais ayt regardé les Etoiles. I'ay eu depuis quatre ou cinq iours des inhibitions du Conseil pour oster a ce Parlement la connoissance de

C ij

ma brouillerie. Il me reste encore quelque information a faire pour euocquer. C'est à quoy ie trauaille. Cela fait, si le Roy s'en retourne, me voila prest a le suyure, & s'il demeure prest a demeurer aupres de luy. Ie ne pense pas estre plus heureux sous le Fils que i'ay esté sous le Pere : mais il n'importe. Le temps que i'ay a viure est si peu de chose, que ie ne doy pas faire difficulté de le hazarder. Ie prie Dieu,

Monsieur mon Cousin, qu'il vous ait en sa puissante garde, & vous que vous me teniez tousjours pour

Vostre seruiteur tres-humble
& tres affectionné.

MALHERBE.

A MONSIEVR
DE RACAN.

Il luy parle de ses affaires, & luy mande des nouuelles.

Onsievr,

On me vient de rédre vostre lettre du premier de ce mois: Vous voulez que ie la doiue a la fortune; & moy ie la veux deuoir à celuy qui me l'a escrite : Vous estes mon amy, elle mon ennemie : Iugez au quel des deux i'aime mieux auoir a faire. Il y a trop long temps qu'elle & moy sommes mal ensemble pour me soucier d'y estre bien a l'aduenir. Ie sçay que son pouuoir est aussi grand qu'il fut iamais, & que sa volonté n'est pas meilleure : Mais pour le peu de temps qui me reste à viure que sçaurois-je craindre ny d'elle, ny de personne ? Qui me voudra nuire qu'il se haste, sinon il y a de l'apparence qu'il ne me trouuera pas au logis. Ce langage là vous semblera peut estre bien hardy : mais tel qu'il est, il est pris dans le sens commun, contre lequel, la religion a part, vous sçauez qu'il n'y a Orateur au monde qui me peult rien persuader. Vous m'obligez de me prier de vous aller voir, & si mes affaires m'en donnoient le loisir, ie vous iure que ie le ferois plus volontiers que vous ne le sçauriez desirer ; Mais les melons dont vous me faites feste, quelques bon qu'ils soient, ne valent pas ceux de l'Espargne. I'ay le courage d'vn Philosophe pour les choses superfluës : pour les necessaires, ie n'ay autre sentiment que d'vn crocheteur. Il est aisé de se passer de confitures, mais de pain il en faut auoir ou mourir. Nous auons icy a faire a vn Superintendant, dont ie ne doute point que la probité ne soit hors de toute censure : mais la peur qu'il a de choir le fait aller si bellement qu'il n'y a patience qui ne se lasse de le soliciter. Vous pouuez penser comme là dessus feu Monsieur le President Iannin, & Monsieur de Castille son gendre sont regrettez, non de moy seulement, mais de tous ceux qui sont en la peine ou ie suis. L'vn est hors du monde, & l'autre hors des affaires. Tellement que tout ce que ie sçaurois dire d'eux ne peut estre soupçonné de flatterie : mais il faut

C iiij

auoüer que si les finances ont iamais esté religieusement & iudicieusement administrees c'a esté entre les mains de ces deux grands Personnages. Ils aymoient le bon mesnage autant que nul autre; mais comme ils sçauoient qu'il y a des pensions ridiculement obtenues, qui ne peuuent estre que ridiculement continuees : aussi reconnoissoient ils qu'il y en a de si iustes, que les oster ce seroit descrier le iugement du Prince, & pour peu de chose luy faire perdre l'affection de ses sujets, qui luy est plus necessaire que son argent. Pour moy ie ne dispute de merite auec personne, & croy que de tous ceux à qui le Roy fait du bien il n'y en a pas vn qui n'en soit plus digne que moy: Mais si ie n'ay autre auantage, pour le moins ay-je celuy de n'eſtre point venu à la Court, demander ſi l'on auoit à faire de moy, comme la plus part de ceux qui y font aujourd'huy le plus de bruit. Il a en ce mois où nous ſommes iuſtement vingt ans que le feu Roy m'enuoya querir par M. des Yueteaux, me commanda de me tenir pres de luy, & m'aſſeura qu'il me feroit du bien. Ie n'en nommeray point de petits teſmoings : La Reyne mere du Roy, Madame la Princeſſe de Conty, Madame de Guyſe ſa mere, Monſieur le Duc de Bellegarde, & generalement tout ce qui alors eſtoit ordinaires au cabinet ſçauent ceſte verité, & ſçauent auſſi qu'vne infinité de fois il ma dit que ie ne me miſſe point en peine, & qu'il me donneroit tout ſujet d'eſtre content. A ce compte là ie ne croy pas que ie ne doiue en quelque façon estre tiré hors du commun. Toutefois pource que les choses ne vont pas tousiours comme elles doiuent, & que mon absence diminuroit encore le peu de soin que ma presence fait auoir de moy, ie suis resolu de ne bouger d'icy que ie n'aye porté mon affaire à son dernier point. Si apres celà il me reste encores quelques iours de c'est autonne, ie les vous donneray de tres-bon cœur : pour l'hyuer ie suis d'auis que nous le passions à Paris. C'est vn lieu ou toutes choses me rient, mon quartier ma ruë, ma chambre, mon voisinage m'y appellent, & m'y proposent vn repos que ie ne pense point trouuer ailleurs. Quand i'estois jeune, le goust de la jeunesse m'y eust ramené : mais à d'autres faisons d'autres pensees. Ce n'est plus à vn homme de mon âge à chercher les plaisirs: quand il les chercheroit il ne les trouueroit pas. Il luy doit suffire de n'estre point dans les incommoditez. Ie finirois icy, mais ie sçay bien que vous ne serez point marry que ie vous compte des nouuelles, sinon pour autre chose, au moins pour vous donner dequoy entretenir la petite noblesse qui vous viendra visiter. Ce que sçay, ie le puise en la Court en ouale, où la source n'est pas trop claire: mais ie vous diray peu de choses dont ie n'aye eu la confirmation au Cabinet. La Voltoline est tousiours nostre. C'est à ce que l'on dit la seule occa-sion de la venuë de Monsieur le Legat : mais ses propositions ne plaisent pas : Elles sont trouuees trop partialles. Nous auons eu de ſes benedictions, ie ne ſçay s'il aura des noſtres. Les Eſpagnols ſont touſiours deuant Verruë: C'eſt vn lieu, à ce que diſent ceux qui l'ont veu, qui vaut vn peu mieux que Challiot, mais qui n'a garde d'eſtre ſi bon que Lagny. Cependant iuſques à ceſte heure le Duc de Feria s'y eſt morfondu en deſpit meſme de la Canicule. Monſieur le Mareſchal de Crequy s'eſt logé entre les aſſiegez & les aſſiegeans, où ſelon ſa couſtume, ſon iugement & ſon courage font des merueilles : Si vous demandez le ſuccez que i'en attens, ie croy que les Eſpagnols auront veu les clochers & les cheminees de ceſte bicoque, mais pour les ruës il faudra qu'ils s'en rapportent a ce que la carte leur en apprendra. Ie conſeille à ées pauures gents, que s'ils pretendent à la Monarchie vniuerselle, cóme on leur veut faire accroire, où qu'ils aillent plus viste en besongne, où qu'ils voient d'obtenir vn sursoy de la fin du monde pour acheuer leur dessein plus à leur aise. Au train qu'ils vont vn terme de cinq ou six siecles ne leur fera point de mal : Encor ay-je peur que tandis qu'ils seront trois ans à prendre vne autre Ostende, on ne leur prenne vne autre Ecluse en quinze iours, & que de ceste façon ils ne soient tousiours a recommencer. La partie qui est auiourd'huy dressée contre eux leur va tailler de la besongne, & si de la circonferance, ils ne sont rappellez au centre, pour le moins serat'il malaisé que de ceste secousse il ne leur tombe quelque plume de l'aile. Les Huguenots ont icy leurs Depputez: Ie ne sçay si leur intention est aussi bonne que leur langage est honneste: mais au pis aller nostre galimathias vaudra bien le leur. Quand ils obtiendront qu'on leur pardonne le passé, s'ils ont ce qu'ils desirent, ils auront plus qu'ils ne doiuent esperer. Il me semble qu'apres quatre vingts ans il seroit temps, que s'ils ne sont las de leur folie, ils le fussent de leur misere. La Reyne Mere a pris ses eaux. Son visage monstre l'operation qu'elles ont faitte. Il y a vingt cinq ans que i'ay l'honneur de la connoistre & d'en estre connu, mais ie ne la vy iamais en meilleur estat quell'est auiourd'huy. Ie ne sçay a quelle cause ie doy rapporter vn effect si miraculeux, sinon que pour les biens extraordinaires qu'elle fait en la terre, ell'eſt extraordinairement comblée des graces du Ciel. Au demeurant on ne vit iamais teſmoignages d'affection, reciproque comme ceux que nous voyós tous les iours entre le Roy & elle. Chacun ſçait comme les affaires qu'elle a eües l'ont endettée: Auecque tout cela elle donne au Roy l'entretenement de ſix mille hommes de pié, & ſix cens cheuaux. Dieu face viure ceſte grande Reyne. Vne des conſiderations dont ie conſole m'a vieilleſſe, c'eſt que ie feray hors du monde quand elle en partira. Monſieur le Cardinal de Richelieu a eſté ſi mal, que i'ay eſté huit ou dix iours que ie n'entrois iamais au Chaſteau qu'auec apprehenſion d'ouy ceſte funeſte voix, *Le grand Pan eſt mort.* A ceſte heure, graces à l'Ange protecteur de la France, il est hors de peril, & les gens de bien hors de crainte. Il s'en est allé chercher quelque repos en sa maison de Limours, de là il faisoit compte d'aller à Forges prendre des eaux, mais soit qu'il ait estimé n'en auoir plus de besoin, sort que comme il est tout genereux, & tout né a la gloire, il ait voulu aux despens mesmes de sa santé demeurer en vn lieu ou il peust continuer a leurs Majestez l'assiduité de son seruice, il a rompu son voyage. Vous sçauez que mon humeur n'est n'y de flatter, n'y de mentir : Mais ie vous jure qu'il y a en cét Homme quelque chose qui excede l'humanité, & que si nostre vaisseau doit iamais veincre les tempestes, ce sera tandis que ceste glorieuse main en tiendra

tiendra le Gouuernail. Les autres Pilotes me diminuent la peur, cettui-cy me la fait ignorer. La saincte vie du Roy luy attire toutes sortes de bonnes fortunes, mais à mon gré la plus visible, & la plus eminente est celle d'auoir en ses affaires l'assistence de cét incomparable Prelat. Iusques icy, quád il nous à falu bastir de neuf, où reparer quelque ruyne, le plastre seul a esté mis en œuure; Aujourd'huy nous ne voyons plus employer que du marbre, & comme les conseils sont iudicieux & fidelles, les executions sont diligentes & magnanimes. Vous direz que l'hónorant comme ie fais, ie deuois luy en auoir donné quelque tesmoignage par mes escrits. Il est vray : Mais vous sçauez aussi bien que moy qu'vn esprit troublé n'est capable

D

de rien faire qui soit net. Toutes offrandes ne sont pas propres à vn autel de la grandeur du sien. I'ay quelques petites affaires d'où il faut que ie sorte deuant que d'entreprendre ce que ie luy prepare. Iusques à ce que cela soit, i'ayme mieux m'en taire que de dire chose qui soit indigne de luy, & de moy. C'a tousiours esté mon auis qu'on ne sçauroit trop penser à ce qu'on ne sçauroit assez bien faire, Adieu Monsieur ie suis

Vostre seruiteur tres-humble,
& tres-affectionné
MALHERBE.

A Fontaine-bleau le 10.
de Septembre 1625.

A MONSIEVR
DE BALZAC.

Il respond à une lettre qu'il luy auoit escritte.

MONSIEVR,

Vous auez raison de dire qu'il faut peu de chose pour vous obliger : Il y faut certes si peu, que si ie pretendois a vostre succession, des demain ie preseterois requeste pour vous faire bailler vn curateur. C'est tout vn, quelque preiudiciable que soit ceste humeur elle est genereuse; ne la changez point si vous me croyez. Quant à moy qui ne veux rien au delà de ce qui m'apartient, ie tourne les yeux de tous costez

D ij

pour trouuer furquoy eſt fondé l'honneſte remerciment que vous me faites; Et apres auoir tout examiné, ie ne puis que deuiner, ſi ce n'eſt qu'il y a cinq ou ſix ſemaines que me trouuant en vn lieu où l'ô mit vos ouurages ſur le tapis, ie fus du coſté des approbateurs. Ce fut chez Madame De-Loges, de laquelle vous ſçauez les qualitez excellentes, & ie croy qu'à la Cour il y a peu de gens qui les ignorent. Le Marquis d'Eſſideuil, le Baron de ſainct Surin, Monſieur de Racan, & Monſieur de Vaugelas y eſtoient. Il y en auoit encores quelques autres dont ie ne ſçay point les noms, mais ce qu'ils dirent me fiſt connoiſtre ce qu'ils valoient. A ce compte là vous m'accorderez bien que le lieu ne pouuoit eſtre plus propre, ny la compagnie meilleure pour l'affaire dont il estoit qu'estion. Ie voy bien que l'on vous a dit que ie deffendy vostre cause; Il est vray, mais sans intention d'en meriter le gré que vous m'en sçauez. Ie ne donné rien a nostre amitié; ie ne donné rien à la complaisance; ie fy ce qui est de mon inclination & de ma coutume, ie prins le party de la verité. Pour celuy contre qui l'on vous a mis si fort en colere, ie ne sçay quel rapport on vous en a fait, mais ie vous iure qu'il parla de vous & de vos escris auec vne moderation si grande, qu'il sembloit plustost proposer des scrupules pour en auoir l'aduis de la compagnie, que pour dessein qu'il eust de nuire a vostre reputation. Toutesfois prenons les choses d'vn autre biais, & posons le cas que son sentiment fust conforme à l'interpretation que vous en faites. Ne sçauez vous pas que la diuersité des opinions est aussi naturelle que la difference des visages? & que vouloir que ce qui nous plaist ou deplaist, plaise ou deplaise à tous le monde, c'est passer des limites où il semble que Dieu mesme ayt commandé a sa tou-puissance de s'arrester? Qu'elle absurdité seroit ce qu'aux iugemens que font les Cours Souueraines de nos biens & de nos vies, les auis fussent libres, & qu'ils ne le fussent pas en des ouurages dont toute la recommandation est de s'exprimer auec quelque grace, & tout le fruit de satisfaire a la curiosité de ceux qui n'ont rien de meilleur à s'entretenir? Ie ne croy pas qu'il y ait dequoy m'accuser de presomption, quand ie diray qu'il faudroit qu'vn homme vinſt des l'autre monde pour ne ſçauoir pas qui ie ſuis. Le ſiecle connoiſt mon nom, & le connoiſt pour vn de ceux qui y ont quelque relief par deſſus le commun. Et neantmoins ne ſçay-je pas qu'il y a de certains chahuans a qui ma lumiere donne des inquietudes, & qui ſe trouuans en des lieux où la foibleſſe de ceux qui les eſcoutent leur laiſſe tenir le haut du paué, font auec ie ne ſçay quelles froides grimaſſes tous leurs efforts pour m'oſter ce qu'il y a ſi long temps que la voix publique m'a donné : Non non : Il eſt de l'applaudiſſement vniuerſel côme de la quadrature du cercle, du mouuement perpetuel, de la pierre philoſophale, & telles autres chimeres : Tout le monde le cherche & personne ne le trouue. Trauaillons a l'aquerir tant qu'il nous sera possible, nous n'y reüssirons non plus que les autres. Ceux qui ont dit que la neige est noire, ont laissé des successeurs, qui s'ils ne disent la mesme impertinence, en diront d'autres qui ne seront pas de meilleure mise. Il est des ceruelles a fausse équierre aussi bien que des bastimens : Ce seroit vne trop longue & trop forte besongne de vouloir reformer tout ce qui ne se trouueroit pas a nostre gré : Tantost nous aurions a respondre aux sottises d'vn ignorant : Tantost il nous faudroit combatre la malice d'vn enuieux : Nous aurons plustost fait de nous moquer des vns & des autres. La pluralité des voix est pour nous : S'il y a quelques extrauagans qui veuillent faire bande a part, a la bonne heure. De toutes les dettes la plus aifée a payer, c'eſt le meſpris: Nous ne ferons pour cela ny ceſſion ny banqueroute. Aymons ceux qui nous ayment; pour les autres ſi nous ne ſommes à leur gouſt, il n'eſt pas raiſonnable qu'ils ſoyent au noſtre : Mais auſſi en faut il demeurer là. Il ne ſe trouuera que trop de gens, qui n'ayant point de marque pour ſe faire connoiſtre, voudroient auoir celle d'eſtre nos ennemis: Gardons nous bien de leur donner ce contentement. Eſcriue contre moy qui voudra, ſi les contreporteurs du Pont-neuf n'ont rien a vendre que les reſponſes que ie feray, ils peuuent bien prendre des crochets, ou ſe reſoudre a mourir de faim. On penſera peut eſtre que ie craigne les Antagonistes, Non fais, ie me moque d'eux, & n'en excepte pas vn depuis le cedre iusqu'a l'ysope : Mais ie sçay que iuger est vn mestier que tout le monde ne sçait pas faire. Il y faut de la science & de la conscience, qui sont choses qui ne se rencontrent pas souuent en vne mesme personne. La cause d'vn amy est presque tousiours bonne. Celle d'vn ennemy presque tousjours mauuaise. Il n'en fut iamais vne si iuste que celle de Menelas contre le Traistre qui luy vola sa femme : Et ce pendant en l'entreprise que fit la Grece pour auoir la reparation de ceste injure, les affections des Dieux furent tellement partagées, que parmy eux le Rauisseur ne trouua pas moins de protection que le Mary. Qui plus est, quand il fut question du com-

DE MALHERBE. 59
bat d'Hector & d'Achille, qui deuoit decider l'affaire ; Iupiter luy
mefme tout Pere des Dieux qu'il
eft, fut fi peu refolu du party qu'il
deuoit prendre, que fans vouloir
rien prononcer de luy mefme, il
fe fit apporter des balances, pefa
les vies de l'vn & de l'autre, & en
remit l'iffuë a ce qu'il plairoit à la
Deftinée en ordonner. Apres vn
exemple où nous voyons ceux qui
doiuent tonner fur les injuftices,
en faire eux mefmes de fi remarquables, penfez, ie vous prie, ce
que doit efperer celuy qui eft ex-
pofé au iugement des ignorans,
dont graces adieu, nous auons icy
vn nombre ὐκ ψάματος Κόνιϛ. Ie
fuis marry que ie n'en puis auoir
meilleure opinion : Mais leur
voyant tous les jours faire cas de
ce ie ne fçay quels efcrits qui de-

uant les Iurez du meſtier ne paſſent que pour des pois pilez de l'Hoſtel de Bourgongne, ie ne croy pas qu'il y ayt choſe ny ſi mauuaiſe qui ne leur puiſſe plaire, ny ſi bonne dont ils n'oſent faire les degouſtez. C'eſt trop demeuré ſur vn ſi maigre ſujet : Il en faut ſortir & reſpondre à ce que vous me dites de noſtre Amy. Vous l'obligez de le deffendre ; il en a bon beſoin. Du coſté des Bergeries ſon cas va le mieux du monde; mais certes pour ce qui eſt des Bergeres, il ne ſçauroit aller pis. Ceſte affaire veut vne ſorte de ſoins dont ſa nonchalance n'eſt pas capable. S'il attaque vne place, il y va d'vne façon qui fait croire que s'il l'auoit priſe, il en ſeroit bien empeſché: Et s'il la prend, il la garde ſi peu, qu'il faut croire

DE MALHERBE. 61
qu'vne femme a esté bien surprise, quand elle a rompu son jeusne pour vn si miserable morceau. Vous dittes que vous luy ressemblez : Mais a qui le persuaderez vous ?

Peut estre a quelque Iuif, mais non pas à Malherbe.

Vous n'estes pas a mon auis si rude joüeur que cét Assommeur de Monstres qui en vne nuit vit les cinquante filles de son Hoste : Mais à beaucoup moins que cela on ne laisse pas de passer pour bon compagnon. Vous ferez le discret tant qu'il vous plaira ; le mot qui vous est eschappé, que les femmes sont la plus belle moitié du monde, n'est pas d'vn homme qui n'ayt que faire d'elles. Ie voy bien que c'est, vous voulez asseurer les maris, afin que n'ayant point de soupçon de vous, ils vous laissent faire vos recherches en toute liberté. Cela s'appelle estre habille homme, & tendre ses pieges comme il faut. Continuez, ie seray bien aise que vous soyez heureux, à la charge que vous aurez pitié de ceux qui ne peuuent l'estre. I'ay fait ce que fait le reste des hommes, i'ay desiré la longue vie, & vous voyez ou la longue vie m'a reduit. Ie ne suis pas enterré, mais ceux qui le sont, ne sont pas plus morts que ie suis. Ie n'ay graces à Dieu dequoy murmurer contre la constitution que la nature m'auoit donnée : Elle estoit si bonne, qu'en l'âge de soixante & dix ans ie ne sçay que c'est d'vne seule des incommoditez dont les hommes sont ordinairement assaillis en la vieillesse : Et si c'eſtoit eſtre bien que n'eſtre point mal, il ſe voit peu de perſonnes a qui ie deuſſe porter enuie. Mais quoy? pour ce que ie ne ſuis point mal, ſerois-je ſi peu iudicieux que ie me fiſſe accroire que ie ſuis bien? Ie ne ſçay quel eſt le ſentiment des autres, mais ie ne me contente pas a ſi bon marché, l'Indolence eſt le ſouhait de ceux que la goutte, la grauelle, la pierre, où quelque ſemblable indiſpoſition mettent vne fois le mois à la torture. Le mien ne s'arreſte point à la priuation de la douleur, il va aux delices: Et non pas a toutes, car ie ne confons point l'or auec le cuiure; mais à celles que nous font gouſter les femmes en la douceur incomparable de leur communication. Toutes choſes a la verité ſont admirables en elles: Et Dieu

qui s'est repenty d'auoir fait l'Hôme ne s'est iamais repenty d'auoir fait la Femme : Mais ce que i'en estime le plus c'est que de tout ce que nous possedons, elles sont seules qui prennent plaisir d'estre possedees. Allons nous vers elles, elles sont aussi tost la moitié du chemin: Leur disons nous mon cœur, elles nous respondent mon ame : Leur demandons nous vn baiser, elles se collent sur nostre bouche: Leur tendons nous les bras, les voila penduës a nostre col. Que si nous les voulons voir auec plus de priuauté, y a-til peril ny si grand ny si present ou elles ne se precipitent pour satisfaire a nostre desir. Si apres cela il y a malheur egal a celuy de ne pouuoir plus auoir de part en leurs bonnes graces, ie vous en fais iuge & m'asseure que
vous

vous aurez de la peine à me condamner. Mais il ne faudroit gueres continuër ce discours pour me porter à quelque desespoir. Brisons là, aussi bien ma lettre est des-ja trop longue. Si vous la trouuez telle vous en pardonnerez la faute au plaisir que i'ay pris de m'entretenir auecque vous : Et de là iugerez s'il vous plaist Monsieur, combien en quelque bonne occasion, il me sera doux de vous tesmoigner que ie suis & veux tousiours estre

Voftre seruiteur tres-humble
& tres-affectionné

MALHERBE.

E

A MONSIEVR
DE MENTIN
EN AVIGNON.

MONSIEVR,
Quand ie ferois retenu à prier tous les hommes du monde, il feroit impoffible que ie le fuffe en voftre endroit. Ie connois voftre courtoifie ; & la connoy fi genereufe que ie penferois luy auoir donné dequoy fe plaindre, fi ie luy auois fait perdre vne occafion de m'obliger. L'affaire où i'ay befoin de voftre affiftence, n'eft pas vne affaire nouuelle : Il y aura bien toft trois ans que vous vous employa-

ſtes à me faire auoir pour mon fils vn office de Conſeiller au Parlement de Prouence. Le traitté qui ſ'en fit alors fut interrompu par vne broüillerie qui luy furuint : Il eſt auiourd'huy queſtion de le renoüer, & s'il eſt poſſible, de le conduire à ſa perfection. Vous vous eſmerueillerez, qu'ayãt autrefois ſi peu eſtimé la longue robe, ie ſois à cette heure ſi affectiõné à la rechercher. Il eſt vray qu'en mes premieres années i'y ay eu vne tres-grande repugnance. Mais ſoit qu'auecque plus de temps i'aye eu plus de loiſir de conſiderer les choſes du monde, ſoit que la vieilleſſe ayt de meilleures penſees que la ieuneſſe, il ſ'en faut beaucoup que ie n'en parle comme ie faiſois en ce temps là. Ie ſuis bien touſiours d'auis que l'eſpée eſt la vraye profeſſion du

E ij

Gentil-homme: Mais que la robe face preiudice à la Noblesse, ie ne voy pas que ceste opinion soit si vniuerselle comme elle a esté par le passé. Tous les siecles n'ont pas vn mesme goust: Nos Peres ont approuué des choses que nous condamnons, & en ont condamné que nous approuuons. Il est vray que par la voye des armes on arriue à des dignitez bien releuées, mais la montée en est si penible que pour y paruenir il faut que la Fortune, contre sa coustume, ayde extraordinairement à la Vertu. Il n'en est pas de mesme aux offices des Cours de Parlement; Toute la peine est de commencer. Depuis qu'vne fois on y a mis le pié, on peut dire qu'on a fait la principale partie du chemin. Ce ne sont pas charges qui portent vn hom-

DE MALHERBE. 69
me dans les nuës, mais elles le mettent assez haut pour en voir beaucoup d'autres au dessous de soy. On me dira que les Gentil-hommes qui les prennent deuiennent compagnons de plusieurs qui ne le sont pas: Ie l'accorde, mais quel remede? Ne vaut-il pas mieux pour eux qu'ils deuiennent leurs compagnons, que s'ils demeuroient leurs inferieurs. La plus auguste Compagnie qui soit au monde est sans doute celle des Cardinaux: & cependant parmy des Princes de Bourbon, d'Austriche, de Medicis, & autres Maisons souueraines de l'Europe, n'auons-nous pas veu le Cardinal d'Ossat, qui tout excellent personnage qu'il estoit, auoit vne extraction si pauure & si basse que iusques à cette heure elle est demeurée incónuë quelque

diligence qu'on ayt apportée a la chercher. Le Parlement de Paris entre ses Conseillers en a eu vn de la maison de Foix : Apres cela ie ne croy pas qu'il y ayt Gentilhomme qui ne se rendist ridicule s'il en faisoit le dégousté. Pour moy ie confesse librement que ie suis tres-marry de n'auoir esté sage quand ie le deuois & pouuois estre : mais le regret en est hors de saison. I'ay fait la faute en ma personne, ie la veux reparer en la personne de mon fils. Quand ie l'auray mis où ie le veux mettre, il sera en la compagnie de plusieurs Gentils-hómes tres-Gentils-hommes, & dans vn Parlement où la Iustice est aussi religieusement administree, & le Roy aussi fidellement seruy, qu'en nul autre de ce Royaume. De là, s'il est galant homme, il est de condition pour arriuer aux premieres charges de la profession. S'il le fait, à la bonne heure, sinon tousiours serat-il en lieu où il aura moyen de bien faire à ses amis, & empeschera ses ennemis de luy faire mal. Ie voy bien Monsieur, que ie vous entretiens de mes nigeries auecque beaucoup de priuauté : mais estant pere aussi bien que moy, ie ne doute point que vous ne lisiez ma lettre auecque le sentiment dont ie la vous escry. Si vous voulez que ie vous parle des affaires publiques, i'en suis content, aussi bien sont-elles en si bon estat, que si mon affection ne me trompe, le. vieux mot εὐτυχαμῶν συγχαίρωμῶν ne fut iamais dit si a propos comme nous le pouuons dire auiourd'huy. Resiouïssons nous, perdons la memoire des miseres passees ; nous auons trouué ce que nous cherchions, ou pour mieux dire, nous auons trouué ce qu'il n'y auoit point d'apparence de chercher. Nos maladies que chacun estimoit incurables, ont trouué leur Esculape en nostre incomparable Cardinal. Il nous a mis hors du lit, il s'en va nous rendre nostre santé parfaite, & apres la santé vn teint plus frais, & vne vigueur plus forte qu'en siecle qui nous ayt iamais precedez. La chose semble malaisée, & l'est a la verité : mais puis qu'il l'entreprend il le fera : L'esprit, le iugement, & le courage ne furent iamais en homme, au degré qu'ils sont en luy. Pour ce qui est de l'interest, il n'en connoist point d'autre que celuy du public. Il s'y attache auec vne passion, si ie l'ose dire, tellement dereglée, que le preiudice visible qu'il fait à fa conftitution extremement delicate, n'eft pas capable de l'en feparer. Il s'y reftreint comme dans vne ligne ecliptique, & fes pas ne fçauent point d'autre chemin. Voit-il quelque chofe vtile au feruice du Roy, il y va fans regarder ny d'vn cofté ny d'autre. Les empefchemens le folicitent, les refiftences le picquent & rien qu'on luy propofe ne le diuertit. Il n'y a pas long temps que nous auons eu des Miniftres qui auoient du nom dans le monde : Mais combien de fois contre l'opinion commune ay-ie dit auecque ma frachife accoutumée, que ie ne les trouuois que fort mediocres, & que s'ils auoient de la probité, ils n'auoient du tout point de fuffifance, ou s'ils auoient de la suffisance, ils n'auoient du tout point de probité? Prenons garde à leur administration, & jugeons des ouuriers selon les œuures : Ne trouuerons nous pas que de leur temps ou les factieux n'ont iamais esté choquez, ou s'ils l'ont esté, c'a esté si laschement, qu'à la fin du conte la desobeïssance s'est trouué montée au plus haut point de l'insolence, & l'authorité du Roy d'escenduë au plus bas du mespris? Il semble qu'il ne se puisse rien dire de plus honteux. Si fait; les perfidies & les rebellions auoient des recompenses, & Dieu sçait si apres cela il falloit douter qu'elles n'eussent des imitateurs. Qui sçait mieux que vous, ou pluftost qui ne sçait point, que par leur conniuence nous auons eu des Gouuerneurs qui ont regné dans les Prouinces, & si absolument regné que le nom du Roy n'y estoit connu, qu'autant que pour le dessein qu'ils auoient, il leur estoit necessaire de s'en couurir? Cependant ces grands Conseillers pensoient auoir bien rencontré quand ils auoient dit, que c'estoit gagner assez que de gagner temps. Miserables! qui ne s'apperceuoient pas que ce qu'ils appelloient gagner temps estoit veritablement le perdre, & nous reduire à des extremitez d'où il estoit à craindre que le temps ne pust iamais nous retirer. Iugez si en cette derniere broüillerie il se pouuoit rien desirer de mieux que ce qui s'y est fait, & si sans sortir de la moderation requise en vne affaire si espineuse, la dignité Royale n'a pas esté remise en vn point, où ceux que l'on ne peut empefcher de la hayr, feront pour le moins empefchez de l'offencer. Vous voyez bien qu'il y auroit là deffus beaucoup de chofes à dire: mais à mon gré la plus courte mention de nos folies eft la meilleure: Et puis pour loüer cét admirable Prelat, on ne fçauroit manquer de matiere, il ne faut auoir foin que de la forme. La feule paix qu'il a faite auecque l'Efpagne eft vne action qui iufques icy n'a iamais eu d'exemple, & qui peut eftre n'en aura iamais à l'auenir. Ie fay cas de l'auantage que nous y auons eu pour nous & pour nos Alliez: mais ce que i'en eftime le plus, c'eft que la chofe s'eft faite fi fecrettement & fi promptement, que la premiere nouuelle que nous en auons euë, a efté la publication. Où en ferions nous à voſtre auis, ſi l'on euſt ſuiuy les longueurs tant pratiquees autrefois par ceux qui manioient les affaires, & tant celebrée par ie ne ſçay quels diſcoureurs qui ne parlent iamais auec plus d'aſſeurance, que quand ils parlent de ce qu'ils n'entendent point? Qu'euſt ce eſté autre choſe que donner loiſir aux intereſſez dedans & dehors le Royaume de ruiner l'affaire, & par l'interpoſition de leurs difficultez nous retirer du port ou la d'exterité de ce iudicieux Pilote, nous a ſi heureuſement fait arriuer? Au demeurant on ſe tromperoit de s'imaginer qu'en bien faiſant il euſt deuant les yeux autre choſe que la gloire. Comme elle eſt le ſeul aiguillon qui l'excite, auſſi eſt elle la ſeule recompenſe qu'il se propose. Il est vray que le Roy luy commettant ses affaires, luy fit expedier vn breuet de vingt mille escus de pension. Mais il est vray aussi qu'il ne l'accepta qu'auecque protestation de ne s'en seruir iamais, & ne le garder que pour vn tesmoignage d'auoir eu quelque part en la bienveuillance de sa Majesté. Vous ne doutez point qu'entre ceux qui ont l'honneur de luy appartenir, il n'y en ayt assez que leur merite peut faire pretendre aux principales charges de cette Cour, & cependant quand le Roy leur en veut faire quelque gratification extraordinaire, ne le voyons nous pas y resister auec vne modestie si opiniastre, qu'à moins que d'vn commandement exprès que sa Majesté luy face, il n'est pas possible qu'il y apporte son consentement ? Les inclinations d'vn bon naturel sont en luy aussi fortes qu'en nul autre, & par consequent il ne faut pas croire que l'establissemēt des siens luy deplaise : mais il craint qu'il ne soit soupconné de chercher en leur fortune, ce qu'il ne veut deuoir qu'à sa vertu. La despense qu'il fait auiourd'huy pour rebastir la Sorbonne de fonds en comble, qui ne s'esloignera gueres de cent mille escus, est assez considerable, pour n'estre pas oubliée entre les marques de sa generosité: mais ce que ie vous vay dire est bien autre chose. Comme apres auoir jetté les yeux sur tous les defauts de la France, il a reconnu qu'il ne s'y pouuoit remedier que par le restablissement du commerce, il s'est resolu sous l'authorité du Roy, d'y trauailler a bon esciét; & par l'entretenement d'vn suffisant nombre de vaisseaux, rendre les armes de sa Majesté redoutables aux lieux où le nom de ses Predecesseurs a bien a peine esté connu. Toute la difficulté qui s'y est trouuée, c'est qu'ayant esté iugé que pour l'execution de ce dessein, il estoit necessaire que le Gouuernement du Haure fust entre ses mains, & le Roy le luy ayant voulu acheter, il n'a iamais esté possible de le luy faire prendre qu'en luy permettant de le recompenser de son propre argent. Il auoit a sept ou huit lieuës de cette ville vne maison embellie de toutes les diuersitez propres au soulagement d'vn esprit que les affaires ont accablé? Il a oublié le plaisir qu'il en receuoit, ou plustost le besoin qu'il qu'il en auoit, pour se resoudre a la vendre, & en a employé les deniers a l'achat de cette place. Tout ce que le Roy a peu obtenir de luy, c'a esté que lors que les coffres de son Espargne seront mieux fournis qu'ils ne sont, il ne refuzera pas que par quelque bien-fait sa Majesté ne luy tesmoigne la satisfaction quelle a de son seruice. Ce mépris qu'il fait de soy, & de tout ce qui le touche, comme s'il ne connoissoit point d'autre santé ny d'autre maladie que la santé ou la maladie de l'Estat, fait craindre a tous les gens de bien que sa vie ne soit pas assez longue, pour voir le fruit de ce qu'il plante. Et d'ailleurs on voit bien que ce qu'il laissera d'imparfait, ne sçauroit iamais estre acheué par homme qui tienne sa place: Mais quoy? il le fait, pour ce qu'il le faut faire. L'espace d'entre le Rhein & les Pyrenées, ne luy semble pas vn cháp assez grád pour les Fleurs-de-Lys : Il veut qu'elles occupent les deux bords de la mer Mediterranée, & que de là elles portent leur odeur aux dernieres contrées de l'Orient. Mesurez a l'estenduë de ses desseins, l'estenduë de son courage. Quant a moy, plus ie considere des actions si miraculeuses, moins ie sçay quelle opinion ie dois auoir de leur autheur. D'vn costé ie voy que son corps a la foiblesse de ceux qui ἀρούρης καρπὸν ἔδουσιν. Mais de l'autre, ie trouue en son esprit vne force qui ne peut estre que τῶν ὀλύμπια δώματ' ἐχόντων. Tel qu'il est, & quoy qu'il soit, nous ne le perdrons iamais, que nous ne

foyons en danger d'eſtre perdus.
Le Roy qui le voit mal voulu de
tous ceux qui aiment le deſordre,
(& vous ſçauez qu'ils ne ſont pas
en petit nombre) a deſiré qu'il ayt
quelques ſoldats pour le garder.
C'eſt choſe que tout autre euſt demandée auecque paſſion : & neátmoins vous ne ſçaurez croire la
peine qu'il a euë à y condeſcendre.
Vne ſeule raiſon l'y a obligé. Il
auoit tout plein de parens, qui
pour le ſoin qu'ils auoient de ſa
conſeruation ne le vouloient iamais abandonner. Ceſte aſſiduité
ne pouuant continuër, ſans que
leurs affaires domeſtiques en fuſſent incommodées, il leur en a
par ce moyen oſté le pretexte, &
leur a fait trouuer bon qu'ils ſe re-
tiraſſent en leurs maiſons. Quoy
que c'en ſoit, s'il n'a eſté aſſez har-
F ij

dy pour contredire en celà tout à fait à la volonté du Roy, il a esté assez genereux pour n'y consentir qu'à la condition d'entretenir ces soldats à ses despens. Nous auons leu vous & moy assez d'exemples de courages que leurs qualitez eminentes ont esleuez au dessus du commun: mais qu'en matiere de mespriser l'argent, vn particulier ayt eu si souuent son Roy pour Antagoniste, & que tousiours il en soit demeuré victorieux, c'est vne loüange que ie ne voy point que iusques icy les plus hardis Historiens ayent donnée a ceux mesme qu'ils ont flattez le plus impudemment. Sa Majesté, au soin qu'ell'a eu de le garentir des meschans, a encore adjousté celuy de le deliurer des importuns : Et pour c'est effect a mis aupres de luy vn

Gentil-homme, auecque charge expresse de faire indifferemment fermer la porte à ceux qui pour leurs affaires le viendront persecuter. Voila certes vne bonté de maistre, digne de l'affection du seruiteur. Dieu nous conserue l'vn & l'autre : Ie ne croy pas qu'il y ayt homme de bien en France, qui ne face le mesme souhait. Pour moy, il y a long-temps que ie sçay que vous estes l'vn de ses adorateurs. Le sejour qu'il a fait en Auignon vous donna l'honneur de le connoistre, sa vertu vous en imprima la reuerence, ie m'asseure que ce qu'il a fait depuis, ne vous aura point changé le goust. C'est pourquoy i'ay esté bien aise de me descharger auecque vous des pensees que i'auois sur vn si agreable sujet. I'ay esté vn peu long, mais quand on est couché sur des fleurs il y a de la peine a se leuer. Adieu Monsieur tenez moy pour

Vostre seruiteur tres-humble, & tres-affectionné

MALHERBE.

A sainct Germain en Laye le 14. d'Octobre 1626.

A
VN GENTIL-HOMME
DE SES AMYS.

Il le diffuade de sa recherche.

MONSIEVR, I'ay reçeu voſtre lettre du 17. de ce mois. Elle m'a eſté, comme tout ce qui vient de vous, tres-chere & tres-agreable: mais eſtans amys au degré que nous le ſommes, & viuans enſemble comme nous viuons, ie ne ſçaurois vous taire le deplaiſir que vous me faites, de continuer vn deſſein dont i'ay tant de fois eſſayé de vous degouſter. Vous aymez vne femme qui ſe moque de vous. Si vous ne vous en apperceuez, vous ne voyez pas ce que verroit le plus aueugle qui foit aux quinze vingts : Et fi vous vous en apperceuez, ie ne croy pas que au-preiudice de l'efcriuain de Vaux, vous, ne pretendiez à vous faire Empereur des petites maifons. Il eft mal-aifé que ie n'aye dit deuant vous, ce que i'ay dit en toutes les bonnes compagnies de la Cour; Que ie ne trouuois que deux belles chofes au monde, les femmes & les rofes, & deux bons morceaux les femmes & les melons. C'eft vn fentiment que i'ay eu dés ma naiffance, & qui iufques à cette heure eft encore fi puiffant en mon ame, que ie n'y penfe iamais que ie ne remercie la Nature de les auoir faites, & mon afcendant de m'auoir donné la forte inclination que i'ay à les adorer. Vous pouuez bien penser qu'vn homme qui tient ce langage, ne trouue pas mauuais que vous soyez amoureux. Il le faut estre ou renoncer a tout ce qu'il y a de doux en la vie : mais il le faut estre en lieu, où le temps & la peine soient bien employez. On se noye en amour aussi bien qu'en vne riuiere. Il faut donc sonder le gué de l'vn, aussi bien que de l'autre, & n'euiter pas moins que le nauffrage la domination de ie ne sçay quelles suffisantes, qui veulent faire les rieuses à nos despens. Celle à qui vous en voulez est tres-belle, tres-sage, de tres-bonne grace, & de tres-bonne maison. Elle à tout cela ie l'auoüe ; mais le meilleur y manque, elle ne vous ayme point ; & sans ceste qualité tout & rien, ne valent pas mieux l'vn que l'autre. Vous auez oüy dire qu'auec le temps & la paille les nefles se meurissent. C'est ce qui vous fait esperer que si vous n'estes aymé à ceste heure, vous le pourrez estre quelque iour. Ie vous accorde que ce n'est pas vne difficulté que vous ne puissiez vaincre; mais accordez moy aussi que vous aurez bien de la peine à la combattre. En matiere de choses futures, l'oüy & le non trouuent des amys, qui parient les vns d'vn costé & les autres de l'autre : En celle-cy ie m'asseure que la pluralité sera pour la negatiue ; & que vous mesme, tout mal mené que vous estes de vostre passion, si vous auiez gagé pour l'affirmatiue, vous tiendriez vostre argent, sinon pour perdu, au moins pour bien esgaré. La perseueráce fait des mi-

racles, il est vray : mais ce n'est pas
tousiours, ny par tout. S'il y a des
exemples de son pouuoir, il y en a
de sa foiblesse. Et puis quand vn
homme auroit de la patience pour
toute autre chose, seroit-il pas
aussi lasche que la lascheté mesme,
s'il en pouuoit auoir pour le mespris ? L'indignation, a mon gré,
n'est iuste en occasion du monde
comme en celle-cy. Quand vne
femme refuse ce qu'on luy demande, ce n'est pas qu'elle con-
damne la chose qui luy est demandée, c'est que le demandeur ne luy
plaist pas. Ie voudrois que vous
eussiez entretenu l'homme qui
vient du lieu où est vostre pretenduë maistresse. Vous auriez appris qu'en vn mois qu'il y a esté,
il ne s'est presque passé iour qu'il
ne l'ait veuë aux compagnies, pa-

rec & ajuſtée d'vne façon, qui ne monſtroit pas qu'elle euſt enuie de reuenir au logis ſans auoir fait vn priſonnier. Vous prendrez peut eſtre la choſe à voſtre auantage, & direz qu'elle ne le faiſoit que pour ſe diuertir des penſees melancoliques où la plongeoit voſtre eſloignement. Ie vous en ſçay bon gré. Quand on ſe veut tromper, il ne ſe faut point tromper à demy. Vous eſtes en poſſeſſion de ſouffrir des rebuts, vous en auez fait l'apprentiſſage en pluſieurs bonnes eſcoles ; il eſt temps de faire voſtre chef-d'œuure, & prendre vos lettres de maiſtriſe. Or ſus, prenez les, ſoyez duppe & archiduppe ſi bon vous ſemble, ce ne ſera iamais auec mon approbation. Ie vous regarderay faire, comme on regarde vn amy ſe perdre, apres qu'on à fait tout ce qu'on a peu pour le sauuer. Ie ne sçaurois niër que lors que i'estois jeune, ie n'aye eu les chaleurs de foye qu'ont les jeunes gents : mais ce n'a iamais esté iusques à pouuoir aymer vne femme, qui ne me rendist la pareille. Quand quelqu'vne m'auoit donné dans la veuë, ie m'en allois à elle. Si elle m'attendoit, à la bonne heure ; si elle se reculoit, ie la suiuois cinq ou six pas, & quelquefois dix ou douze, selon l'opinion que i'auois de son merite. Si elle continuoit de fuyr quelque merite qu'elle eust, ie la laissois aller; & tout aussi tost le despit prenant chez moy la place que l'amour y auoit tenuë, ce que i'auois trouué en elle de plus loüable, c'estoit où ie trouuois le plus à redire : Son teint quelque naturel qu'il fust, me sembloit vn masque de blanc & de rougé, ses discours vne pure coquetterie, & generalement auec vne haine accommodée à mes sentimens, ie dementois tout ce que l'affection s'estoit efforcée de me persuader en sa faueur. Voilà comme i'ay tousiours vescu auec les femmes.

Et maintenant encor en cest âge panchant,
Ou mon peu de lumiere est si pres du couchant,
Quand ie verrois Helene au monde reuenuë,
En l'estat glorieux où Paris l'a connuë,
Faire a toute la terre adorer ses apas;
N'en estant point aimé, ie ne l'aimerois pas.
Ceste belle Bergere, a qui les destinees,
Sembloient auoir gardé mes dernieres années,

DE MALHERBE.

Eut en perfection tous les rares tresors,
Qui parent vn esprit, & font aimer
 vn corps.
Ce ne furent qu'attraits, ce ne furent
 que charmes.
Si tost que ie la vy, ie luy rendy les
 armes,
Vn obiect si puissant esbrāla ma raison,
Ie voulus estre sien, i'entray dans sa
 prison,
Et de tout mon pouuoir essayay de luy
 plaire,
Tāt que ma seruitude espera du salaire:
Mais comme i'apperçeus l'infaillible
 danger,
Où si ie poursuiuois, ie m'allois engager,
Le soin de mon salut m'osta ceste pensée,
I'eus honte de brusler pour vne ame
 glacée;
Et sans me trauailler a luy faire pitié,
Restreigny mon amour aux termes d'a-
 mitié.

Vous sçauez trop bien que ceſt que de vers, pour ne connoiſtre pas que ceux-là ſont de ma façon. Si vous en gouſtez la ryme, gouſtez en encores mieux la raiſon. Il ne faut pas trouuer eſtrange que les femmes, en vne affaire où il leur va de l'honneur & de la vie, prennent du temps à ſe reſoudre : & meſmes que par quelque reſiſtence elles piquent vn deſir, qui ſans doute ſe relaſcheroit, ſi à noſtre premiere ſemonce elles ſe rendoient auec vne trop prompte & trop complaiſante facilité. Leur retenuë fondée ſur quelqu'vne de ces conſiderations eſt ſupportable : mais quand elles nous fuyent ou par auerſion qu'elles ont de nous, ou pource qu'vn autre tient deſia ce que nous pourſuiuons, c'eſt là qu'vn bon courage ſe doit roidir,

roidir, & ne continüer pas vn voyage, où il eſt bien aſſeuré qu'il ne feroit que ſe laſſer. Heureux ſont ceux qui voyent clair en ces tenebres ! Elles ſont negligées de la pluſpart des hommes : Mais elles ne laiſſent pas de les faire choir dans de grands precipices. Ie pretends en fineſſe moins qu'homme du monde : Mais ſans vanité ie puis dire que quand ie me ſuis addreſſé à vne femme, il ne m'eſt iamais arriué de me tromper en la cognoiſſance de ſon humeur. L'eſperance ſeule m'a appellé ; quand elle m'a failly, on n'a point eſté en peine de me dire deux fois que ie me ſois retiré : Croyez-moy, faites-en de meſme, & apres tant de mauuaiſes recoltes, ſoyez plus diligent à choiſir le terroir où vous ſemerez. Vous

auez aussi bien que moy vne certaine nonchalance qui n'est pas
propre aux choses de longue haleine. C'est assez que vous ayez
esté malheureux en Bretagne ; ne
le soyez point en Bourgongne.
Ie vous crie mercy de vous persecuter comme ie fais, mais ie
prens trop de part à vos interests
pour en vser d'autre façon. Ceux
qui donnent des conseils indul-
gens à leurs amis, leur veulent
plaire: ceux qui en donnent de
libres, ont enuie de leur profiter.
Dieu vueille que vous aduertissát
de ne perdre point vostre temps,
ie ne perde point le mien. Ie vous
manderois volontiers des nouuelles pour vous oster le goust de
ceste aigreur : Mais ie meurs de
sommeil. Le Roy se porte bien,
& vse tousiours des conseils de

Monsieur le Cardinal de Richelieu. Cela se voit assez au bon estat où sont les affaires : Si quelcun y trouue à redire, qu'il prenne de l'Ellebore. Adieu, Monsieur : quoy que ie vous aye dit, ie ne laisseray pas de faire tenir vostre lettre : Ce sera produire vn nouueau tesmoignage de vostre honte, mais vostre volonté soit faite. En recompense vous ferez s'il vous plaist la mienne : c'est à dire que vous me conseruerez en vos bonnes graces, & me tiendrez tousiours pour

Vostre tres-humble seruiteur,
MALHERBE.

LETTRES
DE MONSIEVR DE COVLOMBY.

DISCOVRS DE CONSOLATION.

A Monsieur le President IENNIN sur la mort de Madame sa femme.

Sous les noms d'ARISTANDRE & de CLEANTEE.

DE toutes les couſtumes qui ſe pratiquent entre les hommes, vne des plus dignes, & des plus loüables, eſt de ſe donner conſeil les vns aux autres, quand il leur arriue des afflictions. La Fortune nous rend miserables par tant de manieres, que mesmes les plus heureux ont besoin d'estre souuent consolez, parce qu'ils sont souuent affligez. Mais comme il y a de la difference entre les conditions de ceux qui sont en aduersité, il y en a semblablement entre les subjects qu'on a de les consoler. Nous deuons cét office aux vns, seulement parce qu'ils sont hommes; nous sommes tenus de le rendre aux autres, parce qu'ils sont plus considerables que n'est le commun des hommes, & qu'estans esleuez par leurs merites aux plus importantes charges des Estats où nous viuons, ils ne peuuent pleurer long temps sans faire pleurer le public. ARISTANDRE, ie me recognois obligé par ceste

G iij

dernière raison de vous donner ce discours. Quand le feu se prend à quelque grand Arsenat, où sont en reserue les poudres, les armes, & les principales machines de guerre d'vn Estat, chacun essaye de repousser vn peril commun, auec des forces communes; les vns apportent de l'eau afin d'esteindre le feu, les autres couppent la charpente pour empescher le cours de l'embrasement : De mesme lors qu'il arriue quelque sinistre accident à ces eminentes vertus, où consiste la force, & le salut du Royaume, il est raisonnable de contribuer ce que nous pouuons pour les secourir. La tristesse est si contraire à nostre vie, que la principale occupation de la Medecine n'est qu'à rechercher des remedes contre les maladies qu'elle apporte. Elle conuertit en la propre haine de nous-mesmes l'amour que nous auons pour les morts, & corrompt nostre goust iusqu'à nous oster le sentiment de tout, sinon des ennuis. Si par interualles nous auons quelque tréue dans les compagnies, elle nous prend incontinent apres à son aduantage dans la solitude, & comme vn ennemy qui marche auec vn camp volant, elle nous vient assaillir lors que nous la croyons esloignée. De sorte que puis qu'on ne peut estre en seureté de ce costé-là comme en la paix, au moins deuons-nous estre tousiours armez comme en la guerre. ARISTANDRE, c'est à quoy vous vous deuez preparer, auparauant que vostre mal soit plus longuement inueteré. Il n'est quelquefois si foible party, qui ne deuienne puissant quand on neglige le soin de s'opposer de bonne heure aux premiers progrez de ses armes; & n'est pas si malaisé de repousser vn ennemy qui n'est que sur la frontiere, que de le défaire quand il regne dans la ville capitale d'vn Estat, & faict tous actes de victorieux. Ie ne vous donne point ce conseil afin d'arrester les larmes que vous demande le sentiment de la nature; mon dessein est d'empescher seulement celles qu'exige de vous la tyrannie de l'opinion. C'est ceste cōmune erreur qui nous persuade que les morts sont inhumez sans honneur, quand ils sont pleurez sans excez. Ceste rare lumiere d'esprit qui vous fist autrefois apporter tant de faciles accommodemens à tant d'affaires espineufes qui concernoient le repos de toute l'Europe, vous peut encore faire trouuer des expediens pour honorer la memoire de CLEANTEE, & conseruer vostre reputation & vostre vie. Il n'appartient proprement qu'au vulgaire, de s'imaginer que les deuoirs de bon mary, & de grand Ministre d'Estat sont incompatibles. Iamais les preceptes de la vraye sagesse ne condamnerent l'vsage des pleurs ; mais il est vray qu'ils apprennent à pleurer moderément. Ils ne veulent, ny que nous ayons les yeux secs aux funerailles de ceux que nous auons cherement aimez, ny que nous les ayons perpetuellement baignez de larmes. Ceux qui s'auancent de dire que les loix de la vraye Philosophie font guerre ouuerte à tous les sentimens naturels, & nous ordonnent de nous comporter inhumainement dans les auantures humaines, calomnient son innocence, & n'ont iamais approché du Portique de Zenon. La Philosophie veut que nous ressentions du desplaisir de la mort de nos amis, & non que nous nous en tourmentions eternellement, & adioustions au mal de les auoir perdus celuy de nous perdre nousmesmes. Autresfois à Romme la mesme loy qui dispensoit les seruiteurs de la subiection de leurs maistres pendant la solennité des Saturnales, les rappelloit au premier deuoir de l'obeyssance aussi tost que la feste estoit passée. Durant les premiers ennuis qu'apportent 'es pertes recentes, permettons à la passion de nous emporter aucunement: que celle qui doit estre seruante soit Reyne: Mais aussi tost que les ceremonies des funerailles sont passées, il faut que la raison reprenne possession de nos esprits, & se remette en son trosne pour regner comme auparauant. L'empire qu'elle exerce sur nos volontez ne sent rien d'iniuste ny de tyrannique ; Auāt que de nous ranger à ce qu'elle veut, elle s'accommode à ce que nous pouuons, & se comporte enuers nous comme les creanciers equitables qui tolerent l'impuissance des pauures debteurs dont les terres sont infructueuses par la faute de la Nature, & contraignent rigoureusement ceux que les grandes recoltes rendent entierement inexcusables. Tant plus nous receuons de graces du Ciel,

tant pluftoft la raifon veut eftre
fatisfaicte de nous. Quiconque a
conioinct, comme vous, l'admini-
ftration des finances, & l'integrité,
eft monté au degré d'vne vertu à
qui rien ne doit plus eftre difficile.
Ie fçay bien que nous faifons quelquefois de fi grandes pertes, que
n'en auoir point de fentiment eft
pluftoft vn effect de ftupidité que
de conftance. Que f'il eft permis
de fe plaindre, & de foufpirer, il
femble certainement que ce foit
lors que la mort nous fepare pour
iamais d'auec les perfonnes qui
font vne moitié de nous-mefmes,
qui prennent efgalemét part à nos
defplaifirs comme à nos ioyes, &
auec qui nous ne fommes pas feu-
lemét ioincts par la fympathie des
humeurs, & par la liaifon du mariage, mais de plus par l'heureufe

postérité, en laquelle nous nous voyons comme reuiure en mourant. L'audace humaine, échauffée par la conuoitife, entreprend des voyages d'vn bout de la terre iufques à l'autre ; mais quoy que ceux qui fe hazardent à ces nauigations ne flottent que fur des planches de bois, qui ne feruent que de ioüet aux vents, & aux ondes; quoy qu'ils n'ayent point d'autre guide que l'aiguille d'vn compas, fur vne eftendue de mers non feulement infinie, mais mefmement incognue ; il leur refte toufiours quelque efperance de retour. Parmy le grand nombre de ceux qui fe font perdus en ces entreprifes, la fortune en a ramené quelques vns dans leur pays, mais le Deftin ne faiɛt reuenir perfonne de la fepulture. Or quoy que la tristesse soit tousiours à redouter, vous la deuez d'autant plus craindre, qu'il semble qu'on ne puisse regretter qu'auecques iustice ce qu'on n'a aimé qu'auecques raison. Ioint que le parfaict amour coniugal se donne quelquesfois la licence de nous faire excessiuement pleurer ceux que la vertu nous a faict incomparablement cherir. Car comme les guerres qui sont allumées auec les pretextes les plus specieux sont ordinairement les plus dangereuses; ainsi les passions qu'excite en nos ames le mouuement de la pieté, sont les plus fortes, & les plus durables : Tant il est naturel à l'homme de s'opiniastrer aux actions qu'il faict auecques plaisir, & qu'il croit faire auecques sujet.

Vous auez perdu depuis vn mois vne femme si digne d'estre pleurée, qu'en la souuenance qui vous reste de ses actions vous ne sçauriez trouuer aucun defaut qui puisse diminuer vos regrets. Iamais elle ne vous donna desplaisir, que par sa mort. Elle auoit toutes les vertus de son sexe, & pas vne de ses imperfections. Et en quel temps, ô bon Dieu! lors que la deprauation quasi generale ne faict que rire des crimes du sexe, & que les femmes tiennent que celles qui ne sont pas vaines ne sont pas du siecle. Et en quel lieu a-elle faict paroistre sa modestie? dans la ville capitale d'vn Royaume quasi perdu par le luxe; dans Paris où les vanitez sont comme en leur trosne, & où l'orgueil ne faict que se ioüer des larmes & des sueurs des prouinces desolées.

Si quelquesfois les esprits des hommes sont dans les bónes opinions, il ne s'en faut pas émerueiller. Nous sommes nais pour iuger de toutes choses, & pour en faire de grandes. Outre l'inclination qui nous y porte, nous sommes aidez par l'experience des affaires dőt nous nous sommes reseruez la cognoissance. Nous auons encore l'auantage de la lecture des bons liures, qui seruent beaucoup pour former l'esprit: Mais quand les femmes sçauent iuger sainement, il faut auoüer que c'est vn miracle d'autant plus grand qu'il semble que la Nature les ait faictes pour vn autre vsage, & que la possession entiere que nous auons prise de tous les soins importans, leur oste tout moyen de paruenir à la capacité

capacité requise pour faire de sains iugemens. Qui iamais a mieux cognu que CLEANTER la croyance qu'il faut auoir des honneurs & des richesses, à quoy nostre ambition & nostre auarice nous font mettre le souuerain bien? Quand on luy dist que le Roy vous auoit faict Superintendant de ses Finances, quelle nouuelle indifferente fut iamais receüe de personne auec moins de ioye? tant s'en faut, elle en fut si triste que vos amis au lieu de s'en réjoüir auec elle eurent de la peine à l'en consoler. A quelle femme de nostre siecle est-il arriué d'auoir vne vertu eminente iusques à ce poinct que de mespriser auec modestie les honneurs que les hommes tenus pour sages recherchent auec le fer, & le feu? Les
H

exemples de ceste moderation sont tres-rares dans les liures, plus rares encore dans le monde: & n'ay iamais veu qu'vne seule femme qu'on a dict auoir pleuré de desplaisir quand les Seaux furent apportez à son mary. La prudence de CLEANTEE se doubta bien que sous l'apparence d'vn accroissement d'honneur, sa Majesté vous vouloit donner vn accroissement de trauaux, & que le soin de son seruice vous feroit mettre en oubly celuy de vostre santé, & de vos propres interests. Comme elle auoit esprouué par l'employ que vous auez eu dans les grandes negotiations estrangeres, que les Ambassades ne sont que d'honnestes bannissemens: ainsi creut-elle que l'administration des Finances n'estoit qu'vne seruitude honorable. Car quelle autre fin legitime que la gloire se peuuent propofer les gens de bien dedans les charges, de quelque condition qu'elles foient? Quafi tout le fexe feminin eft naturellement ambitieux; il ne defire pas feulement les grands honneurs, comme eftans les objects des grands courages, il les fouhaitte comme chofe defendue; car foit à tort ou à droict il eft exclus de toutes les dignitez publiques par tous les Eftats du monde, & n'en peut auoir autre part que celle que la focieté du mariage luy donne par reflexion. A caufe dequoy les femmes font tellement intereffées en la fortune de leurs maris, que leur vanité s'augmente à mefure qu'ils augmentent de qualité. Les fentimens en font fi doux, & fi naturels, que celles qui font profession de n'estre touchées d'aucune sorte de plaisir, ont le visage riant aussi tost qu'on leur annonce la promotion de leurs maris à quelque grande qualité. Les femes barbares ne deuiennent pas seulement gracieuses à ceste nouuelle ; les laides mesmes en paroissent sinon belles, au moins aggreables. Mais quand leurs maris paruiennent à l'administration des Finances, la ioye qu'elles en reçoiuent est d'autant plus grande que ces deux fortes passions, l'auarice & l'ambition, y rencontrent tout ce qui les peut contenter. Ce qui monstre bien qu'il falloit que CLEANTEE recognust parfaictement la nature des honneurs qu'elle mesprisoit si courageusement. Voyez, ARISTANDRE, l'opinion que j'ay de voſtre conſtance, puis que ie n'apprehende point de renouueler vos douleurs en renouuelant la memoire des rares qualitez d'vne femme que vous auez tant aimée. Vous ne trouuerez iamais vn plus fauorable Arbitre de voſtre perte que moy. Ie confeſſe qu'elle eſt ſi grande qu'elle ſe peut mettre entre les pertes irreparables. Ce qui m'oblige à vous plaindre outre ceſte conſideration, eſt que ceſte meſme lumiere de iugement qui vous a faict recognoiſtre combien vne ſi digne femme meritoit d'eſtre cherie, vous faict voir auſſi combien elle merite d'eſtre regrettée. Quand les grands eſprits ſont priuez de ce qu'ils aiment, il faut auoüer qu'ils ſont tout autrement touchez que ces ſtupides qui ne ſçauent ce que valent les honnestes femmes, qu'apres qu'ils les ont perdues. Tant plus nous auons d'esprit, tant plus nous auons de sentiment. Nous sommes comme ces combatans vigoureux à qui la grande force de corps apporte ce preiudice, que quand ils s'enferrent des armes de leurs ennemis, ils sont beaucoup plus blessez que s'ils estoient moins robustes. Se rencontrant donques en cet accident tant de circonstances qui le rendent douloureux, il ne se faut pas estonner si nous craignons que la tristesse que vous en auez receüe n'altere vostre santé. Ie sçay que la pluspart de vos amis qui voudroient apporter de l'allegement à vostre mal, apprehendent de l'irriter par des remedes trop precipitez: mais comme ie fuis d'vn autre aduis, ie defire tout de mefme y proceder autrement.

Temporis officium eſt, ſolatia dicere, certi,
Dum dolor in curſu eſt, dum petit æger opem.
At cùm longa quies ſedauit vulnera mentis,
Intempeſtiuè qui monet, ille mouet.

Les confolations tardiues meritent d'eſtre receües comme celle que donnerent à Tybere les Ambaſſadeurs de Troye, lors qu'ils ſe vinrent condouloir auec luy d'vn accident dont la douleur auroit peu eſtre guerie par le temps, quád elle auroit eſté gráde, & que l'eſprit de Tybere n'auroit point trouué dans les foins de l'autorité ſouueraine l'abondáce des grands diuertiſſemens, qui font ſi toſt perdre aux Princes la memoire de

H iiij

ce qu'ils ont vniquement adoré. La prudence des confolateurs doit, ce me femble, auoir efgard à la diuerfe complexion des affligez qu'on veut confoler. Il eft des efprits tellement opiniatres en leurs premieres douleurs, qu'en vain on leur faict des exhortations à la conftance. Ils reiettent autant de falutaires confeils qu'on leur en fçauroit donner, & emportent comme des torrens impetueux tout ce qu'on tafche d'oppofer à leur violence. I'en ay veu quelquesfois de fi troublez, qu'ils comptoient les confolations entre leurs aduerfitez. Il eft vne autre forte d'efprits, qui comme d'vne trempe plus excellente, fupportent fi conftamment les afflictions, quelques grandes qu'elles foient, qu'ils demeurent immobiles dans les funestes accidens, comme des rochers au milieu des ondes. Mais comme les regions temperées les plus proches du Soleil, sont les plus promptes à produire les effects de la Nature; on y void les arbres chargez de fruicts, & les campagnes émaillées de fleurs en la saison mesme où les contrées froides sont encore toutes couuertes de neiges & de glaçons : ainsi les ames hautes & releuées sont si voisines de Dieu, que ceste proximité leur communique de vrayes & solides consolations, lors que les ames abiectes sont encore toutes accablées d'ennuy. Possible me direz-vous que ceste derniere espece d'esprits ne se trouue pas communément, & qu'il est peu d'hommes capables de prendre vne si grande resolution ; mais pourquoy ne pouuez-vous estre du petit nombre de ceux qui en sont capables? Vne des considerations qui me confirme autant en l'opinion que i'ay de vostre constance, est que vous ne pouuez ny voulez nier les bonnes qualitez de CLEANTHE; cela estant, qu'est-ce qui vous doit donner plus de consolation que cela mesme qui vous donne plus de douleur, à sçauoir le merite de celle que vous regrettez? Comme est-il possible que vous vous puissiez plaindre de ce qu'elle n'a pas assez vescu à vostre desir, & que vous ne remerciez pas Dieu de ce qu'elle a bien vescu? Il n'est rien de plus iniuste que de s'affliger de ne posseder plus vn bien, au lieu de se consoler d'en auoir eu la possession. Rien ne vous faict appeller court le temps que vous auez vescu ensemble, que la satisfaction que vous auez receüe dans le mariage. Vne des iniustices des hommes est, qu'ils ne mesurent point tant les années au cours du Soleil, qu'à la proportion de leurs desplaisirs & de leurs contentemens. De là vient que les miserables trouuent que les moments leur sont des siecles. Les hommes heureux trouuent au contraire que les siecles leur sont des momens. Par ceste erreur vne mesme quantité de temps est diuersemét estimée selon les diuers interests de ceux qui en font le calcul. Que les mesmes rues qui semblét courtes aux vainqueurs qui triomphét glorieusement, semblent longues aux vaincus qui tirent leurs chariots, & sont menez en triumphe auec infamie! Et que le mesme vent qui est fauorable à celuy qui prend sa route vers le Leuant, est contraire à celuy qui veut aller aux isles Occidentales! Ces hommes à qui toutes choses viennent à souhait, se trouuent tous estonnez que sans y penser ils approchent du tumbeau. La mesme chose leur arriue qu'à ceux à qui le plaisir d'vn entretien aggreable oste de telle sorte le sentiment du chemin qu'ils font en se pourmenant, qu'ils se voyent arriuez au bout d'vn canal, ou d'vne allée, sans s'estre à peine apperceus qu'ils y venoient. Il ne faut donc pas regler le cours de nostre aage sur vne mesure si fausse que la fantaisie, mais en faire la supputation sur vn principe generalement reconneu, à sçauoir le mouuement de ce grand Astre qui faict les saisons; alors vous serez contraint de me confesser que la vie de CLE-ANTEE n'a point esté si courte que la douleur vous le faict imaginer. Puis quelle asseurance auez vous qu'elle eust esté plus heureuse quand elle eust esté plus longue? La carte de l'vniuers nous faict voir qu'au delà de certaines lignes on ne trouue plus que des mers glacées, & des terres inhabitables. ARISTANDRE, il en est ainsi de nos vies. Quand nous auons passé certaines saisons, tout le reste de nostre aage n'est plus que chagrin & douleur. Ceste obseruation n'est point faicte d'auiourdhuy. Lisez Hippocrate, lisez Galien, & si vous voulez encor aller plus auant, lisez tout ce qui s'est escrit deuant eux de la vieillesse, vous trouuerez qu'on l'a mise de tout temps en l'aage mesme où nous la mettons. Le Poëte n'a pas dict sans raison,

Optima quæque dies miseris mortalibus æui
Prima fugit, subeunt morbi, tristísque senectus,
Et dolor.

Nos corps ne sont plus que de vieux edifices qu'il faut perpetuellement reparer, & n'auons alors quasi autre tesmoignage d'estre en vie que par les sentimens de nos maux. Nous ne pouuons faire aucune function que nous ne l'achetions de l'auarice des Medecins; bref il faut demander à l'art tout ce que nous refuse la Nature, & receuoir des seules mains des Apothicaires les ali-

mens qui ne nous eſtoient preparez auparauant que par celles des
Cuiſiniers. Ces vieux Courtiſans
que la vanité faict encore venir
au Louure pour voir & pour eſtre
veuz, que ſont-ce proprement
que des morts viuantes, que des
machines qui ne ſe meuuent que
par des reſſorts artificiels? Bien-
heureux qui meurt auparauant
que les miſeres du monde luy fa-
cent deſirer la mort. Si nous con-
ſiderons bien l'origine de nos
maux, nous trouuerons que ce ne
ſont que des peines de la longue
vie. Combien de perſonnes heureuſes ſont deuenües miſerables
dans les retardemens de la mort?
Tous les chemins que prend
l'homme ſont couuerts d'eſpines;
c'eſt pourquoy ceux là ſont les
plus commodes qui ſont les plus

courts. La bonne fortune, & la santé ne continüent iamais si esgalement qu'il soit possible d'estre long temps sur la terre, & d'estre lõg temps heureux. L'vnique moyen de sortir promptemẽt des calamitez humaines, est de sortir promptement du monde. Pour se garantir des iniures de la Fortune, il se faut retirer du lieu où elle exerce son authorité. Mais quoy que les afflictions d'icy bas soient infinies, & que peu de personnes en soient dispensées, ie ne dy pas qu'afin que nos amis en soient bien tost deliurez nous deuions desirer qu'ils meurent bien tost; mais ie souttiens que c'est vne raison pour nous consoler quand ils sont morts. Le monde est si remply de miseres, que les pleurs nous manqueront pluftost que

que les occasions de pleurer. Rien ne se doit faire auec tant de moderation que ce qu'il faut faire souuent. Si les larmes ont la vertu de resusciter les morts, i'offre pour faire reuiure CLEANTEE tout ce qu'en pourront fournir mes yeux, comme espuisez à force d'auoir pleuré ceste puissante colomne de l'Eglise, ceste lumiere incomparable des lettres, le Grand Cardinal du Perron.

ARISTANDRE, il ne faut chercher en la mort ny courtoisie, ny pitié. La raison pourquoy iamais on ne luy fist de sacrifices, est qu'elle ne fist iamais de faueur. Enuers tout homme equitable ce n'est pas vn foible moyen pour l'empescher de faire vne chose que de luy monstrer qu'il ne la feroit qu'inutilement. Ce qui arriue à vne partie des hommes vous est aduenu, qui est de perdre vostre femme; ce qui doit aduenir à tout le monde luy est arriué, qui est de mourir. Nous nous preparons quelquesfois contre certains accidens qui ne nous arriuent iamais; plusieurs qui se sont estudiez pour se fortifier contre la pauureté, ne sont pas deuenus pauures; l'application de la seule estude de la mort est asseurée, parce que la mort est infaillible. Mais quoy que la condition de tous les hommes soit esgalle quant à ce regard, si est-ce que ie ne vous veux point consoler par la consideration des exemples ordinaires. Ie vous en allegueray entre les autres, vn si releué que ie m'asseure que ce ne sera point sans fruict. Lors que nous perdis-

DE COVLOMBY. 131
mes le feu Roy par vne fortune si
tragique, & si lamentable que ses
ennemis mesmes le pleurerent
comme ses subjects, qui fut celuy
qui ne iugea que ceste grande
Reyne, sur les bras de laquelle
tumba toute la charge de l'Estat,
deuoit succomber à la douleur? Il
n'y eut qu'vne seule iournée d'in-
terualle entre la solennité de son
Sacre, & ce deplorable accident.
Neantmoins, elle preferera la necessité de remedier à ceste perte au
contentement de la pleurer, & ne
donna pas moins d'admiration de
sa constance que de ses autres vertus. Depuis quinze ans la maison
d'Espagne a perdu vn Roy, vne
Reyne, deux Empereurs. Les mesmes Princes que nous voyons
dans le cercueil, sont ceux qu'autresfois on vit sur les trosnes. Par

I ij

tout où la ioye faict des nopces, la mort y faict des enterremens. Vous ne trouuerez en toute l'Europe aucune maison Royalle qui ne nous ait faict porter le dueil depuis peu d'années. Si ce n'est pas vn contentement que de mourir comme les Roys, au moins est-ce vne consolati n. Eux qui sont maistres de nos vies, ne sont pas maistres de la leur. Vous estonnerez-vous, ARISTANDRE, si la mort qui fait pleurer cinq ou six maisons, pour qui tout le genre humain semble estre creé, tire des larmes de vos yeux? Combien ceste vie a-t'elle d'issues plus fascheuses que celle par où en est sortie CLEANTEE? C'est pitié que de la condition des hommes; les vns sont écrasez sous des ruines, les autres tumbent en des maladies où la pieté oblige leurs propres parens de les eſtouffer. Mais combien de Reynes ſont mortes ſans auoir laiſſé ceſte conſolation à leurs maris que de leur laiſſer des enfans? Vous auriez tort de ne vous pas tenir bien-heureux d'auoir vne poſterité, ſans laquelle vous vous eſtimeriez miſerable. C'eſt beaucoup pour les autres hommes que d'auoir vne vertu, mais ce n'eſt pas aſſez pour vous. La grande opinion que tout le monde a de long temps conceüe de voſtre merite, vous oblige à des actiós extraordinaires. Il faut que vous adiouſtiez à la gloire d'eſtre incorruptible à l'argent, & infatigable au trauail, celle d'eſtre inuincible aux aduerſitez. De moy, ie ne ſçaurois eſtimer ces hommes qui s'eſloignent d'vne vertu comme ils s'approchent d'vne autre: Ceste foiblesse appartient aux femmes qui deuenans chastes, deuiennent presumptueuses, & par le crime d'vn vice, ruinent le merite d'vne vertu. Elles ressemblent proprement à ces conquerans malheureux qui perdent vne prouince à mesure qu'ils en conquerent vne nouuelle. La mesme raison feroit blasmer en vous ce qu'elle feroit excuser aux autres hommes. La loy Rommaine deffend aux femmes de se remarier dans l'an du deüil, non pour les obliger à pleurer perpetuellement durant ce temps, mais pour obuier au doubte qu'on pourroit former sur la naissance des enfans s'ils venoient au monde en vn temps où malaisément on recongnoistroit auquel des deux maris ils appartiendroient, ou du viuant ou du mort, Si la loy eust estimé qu'il fust iuste de se tourmenter pour les morts, il est croyable qu'elle l'eust permis afin d'obliger vn sexe à l'infirmité duquel elle a concedé tant de priuileges. Dieu comble le Roy de si grandes graces, que la ioye que vous deuez auoir de la prosperité de ses affaires doibt surmonter toute la douleur de vos afflictions particulieres. La coustume du Royaume ne permet aux Chanceliers de porter le dœuil ny de femmes, ny de parens, comme si en desniant au Chef de la Iustice vne demonstration d'ennuy, qu'elle ne refuse à qui que ce soit, elle nous vouloit monstrer que les Ministres d'Estat ne doiuent auoir aucun sentiment que des interests publics. Bref, ARISTANDRE, souuenez-vous qu'il est bien-seant aux femmes de pleurer les morts, & aux hommes de s'en souuenir.

LETTRE D'ESTAT
sur le sujet de la main-leuée du temporel des Ecclesiastiques de Bearn, autrefois affecté aux gages & pensions des Ministres de la Religion pretend.

VOVS auez tort de vous effrayer du faux bruit qui court que ceux de la Religion pretendue prennent les armes, & que tout le Bearn s'est reuolté. Vos apprehensions tesmoignent bien que vous ignorez quelle est la puissance du Roy, & la foiblesse de ceux que vous redoutez. Certainement, il semble que les Casimirs ayent desia passé le Loyre, & qu'ils viennent inonder la France auec toutes les nations Germaniques. Iamais les Rommains ne furét plus effrayez quand ils virét qu'Annibal estoit à leurs portes, que vous l'estes de ce que ceux de la Religion pretendue ne sont pas contens. A voir vos lettres on diroit que tout est perdu, & le trosne Royal renuersé. Vous souuenez-vous point qu'il n'est pas permis de iuger sinistrement de la fortune de l'Estat, & que le recit des songes funestes, sur lesquels on pouuoit faire vn mauuais augure de la vie du Prince, ont autrefois esté punis comme des crimes capitaux? Vous vous estonnez de ce qu'en vn petit recoin d'vn grand Royaume comme la France, il y a des hommes qui n'obeissent que laschement: combien seroit-ce au contraire vn plus grand miracle, si parmy des peuples si differents d'humeur & de Religion, il se trouuoit vn consentement vniforme en ce qui regarde le deuoir de l'obeissance? Puisque l'experience nous faict voir qu'il n'est si petite famille qui n'ait son perturbateur, que ne deuons-nous point croire des Royaumes? Les Estats sont comme ces grands edifices où tousiours quelque pierre pousse hors de son alignement. La Fráce a quelquesfois esté sans tourméte, mais rarement sans quelque sorte d'agitation. Mettez-vous l'esprit en repos, & vous asseurez que l'affaire de Bearn se passera plus doucement qu'on ne s'imagine. Outre que c'est vn faict particulier, quand tout le corps de la Religion pretendue se voudroit interesser en la main-leuée que sa Majesté a donnée aux Ecclesiastiques de Bearn de leur temporel possedé depuis cinquante ans par les Ministres du pays, asseurez-vous qu'il receura la plus grande part des maux de la guerre, & cognoistra que rien ne l'a rendu redoutable que la fausse opinion qu'on a conceüe de ses forces. C'est pourquoy i'ay resolu de vous faire vne description du party des Protestans, & de vous representer ce qu'il y a de foible & de fort, afin que la cognoissance des causes vous face sainement iuger des euenemens.

C'est vne maxime, qu'vne des premieres conditions requises à tout party qui veut faire de grands progrez, est d'estre fortifié, sinon d'vne cause legitime, au moins d'vn pretexte specieux. C'est ce qui met les peuples en des frenesies, qu'on esmeut auec beaucoup plus de facilité qu'on ne les appaise. La plus part des hommes vit dans les tenebres, iuge temerairement des choses, & se laisse plus toucher par les simples apparences, que par la solidité des raisons. Si les Rommains eussent esté fins, Iules Cesar n'eust iamais esté Tribun du peuple; & si les Grecs eussent reconnu le mauuais dessein de Philippe, il n'eust iamais vsurpé la liberté de la Grece, sous pretexte de la proteger. Et sans chercher des exemples plus esloignez, lors que le Comte de Charolois, le dernier Duc de Bourgongne, couurit de la couleur du bien public la passion de ses interests particuliers, & vint auec de puissantes forces assieger la ville capitale du Royaume, combien la Noblesse Françoise fut-elle de temps auparauant que d'apperceuoir qu'on l'abusoit? Elle s'opiniastra dans son erreur iusques à ce que le traité de Conflans luy fist connoistre qu'elle auoit faict la guerre pour les ennemis de son Prince, & que le Comte de Charolois n'auoit faict la paix que pour luy. Le frere vnique du Roy, le Duc de Berry, qui s'estoit ietté dans ce party par la persuasion du Comte, fut-il pas entierement abandonné par le dernier traicté de paix, quand le Comte eut obtenu de sa Majesté ce qu'il demandoit? Combien depuis cinquante ans la France a-t'elle receu de coups de la main de Dieu deuant qu'elle ait veu qu'on la trópoit? L'experience luy a faict voir qu'on ne defendoit la Religion que pour vsurper l'Eſtat. Les peuples ont tous les maux de la guerre, & les chefs de part tous les auantages des traictez de paix. Ce nous eſt touſiours vn tres-grand bien, de ce qu'il reſte encore vne infinité de perſonnes qui ſe ſouuiennent des guerres ciuiles. Paris n'a point perdu la memoire des extremitez où le dernier ſiege le reduiſit. Il n'eſt ſageſſe ſi ferme que celle que nous apprenons à nos deſpens; & tous les preceptes des Stoïques ne nous rendent point ſi doctes en la ſcience de viure, que l'experience des maux qui nous arriuent par noſtre faute. Les derniers mouuemens de ce Royaume ont eſté des preuues bien euidentes du profit que nous auons faict de nos propres afflictions. Les villes n'ont point voulu adherer à la faction qui se fist contre le Roy ; & si peu d'hommes qui se sont iettez dans le party des Princes, ne l'ont point tant faict par l'affection de leur seruice que de leurs interests particuliers. Lors que le Prince sur qui les mescontens ietterent les yeux pour demander la reformation des desordres, fut aresté dans le Louure, le peuple de Paris qui deux iours auparauant ne se pouuoit saouler de le voir, receut aussi peu d'esmotion de cet accident, que s'il fust arriué à quelque personne priuée. Cependant quels efforts ne firent point pour faire prendre les armes aux Parisiens, ceux qui se vouloient seruir de son nom pour troubler l'Estat ? Les larmes, les cris de la douleur mater-

maternelle; les artifices qui peuuent esmouuoir à la sedition, à la colere, à la pitié, y furent tous employez. Cependant il n'y eut rien d'assez fort pour obliger les Parisiens de manquer à leur deuoir. Les peuples ont des humeurs vrayement estranges; ils mesprisent au soir ce qu'ils adoroient au matin; & ressemblent à la mer, qui estát calme faict tumber au fonds les mesmes choses qu'elle auoit esleué sur l'eau pendant qu'elle estoit esmeüe. Ie reuiens à la fidelité de ceux de Paris; vous m'aduoüerez que si iamais il y eut saison où ce peuple deust auec apparence faire vn traict de ses legeretez accoustumées, il semble que ce fut en ceste occurrence; ie dy de ses legeretez accoustumées; car quel party s'est-il fait depuis deux cens ans contre l'autorité de nos Roys, où la populace de ceste ville n'ait trempé? Tous les mouuemens des prouinces ont commencé par Paris comme par le premier mobile de l'Estat. Apres la bataille de Poictiers, de quelle façon se comporta-t'elle pendant que le Roy Iean fut prisonnier en Angleterre? Sous le regne de Charles VI. quelles eschappées ne fist-elle point? & quelles asseurances peut-on prendre de sa fidelité iusques apres la bataille de Formigny, où la fortune adiugea la couronne au victorieux? Qui fist prendre au Comte de Charolois la hardiesse d'amener vne armée deuant Paris, que les menées qui s'y estoient faictes en sa faueur, & la cognoissance qu'il auoit que les habitans fauorisoient son dessein? Ses pratiques y estoient si fortes, & l'authorité Royale si ruinée, que le Roy Louys XI. ne trouua moyen d'y asseurer son seruice que par sa presence. Tellement que pour dissiper ceste faction, il fut contraint de s'y rendre auec vne telle celerité, que ses ennemis le virent plustost venu qu'ils ne l'apperceurent venir. C'est dans Paris que furent iettées les premieres semences de ce party, qui auoit pour pretexte la defense de l'Eglise, & pour but la subuersion de l'Estat. Et bien que le mal ait quasi tousiours commencé par les gens de basse condition, si est-ce que la plus part des personnes de qualité se trouuerent engagées dans ces tumultes, fust par crainte ou autrement. De sorte que comme en toutes esmotions, tous se ietterent à la fin du cofté dont f'eftoient iettez la plus part. Ie dy doncques que ce peuple qui autrefois auoit faict tant de folies, fut tres-fage de n'en faire point. Cela monftra mefme combien il eft malaifé de faire vn fondement certain fur des humeurs fi muables. Pour reuenir à mon fujet, les fignes des grandes & puiffantes factions fe recognoiffent lors que tous les affociez font liez les vns aux autres par vne telle vnion, que comme en cefte grande reuolte des legions d'Alemagne contre Tibere, ils ne fe propofent qu'vne mefme fin, ne tiennent qu'vn mefme moyen pour y paruenir, fe courroucent & f'appaifent, fe taifent & parlent en mefme temps auec vn tel ordre qu'ils femblent auoir vn Chef. Vous ne fçauriez trouuer dans le corps de la Religion aucune marque de ce grand consentement : ceux qui sont parfaictement ioincts les vns aux autres quand il faut faire vne supplication au Roy, seroient entierement contraires s'il falloit faire la guerre. Leur mauuaise intelligence se void en deux choses tres-considerables, d'où procede leur desunion en toutes les autres. La premiere est en la doctrine; d'autant que tous ne sont pas de mesme croyance; les oüailles ne sont point de l'opinion des Pasteurs; & ne veulent tenir en façon quelconque cet article du Synode de Priuás, par lequel il fut ordonné que les particuliers submettroient leurs sentimens au iugement des Eglises. Ils sont diuisez en intentions, à cause qu'ils n'ont

K iij

pas vn mesme dessein. Les Grands aspirent à la tyrannie, la Noblesse commune à la conseruation de l'authorité Royalle, comme à l'Estat le plus fauorable à sa condition ; car elle est tousiours opprimée dans le gouuernement Democratique, les mesmes vertus qui la rendent recommandable dans les Royaumes, la rendant suspecte dans les Estats populaires. Le peuple d'ailleurs faict tout ce qui luy est possible pour se saisir de l'authorité du gouuernement. Tous n'aiment pas la domination du Roy, mais tous redoubtent sa puissance. Quels mauuais traictemens, & quelles boutades extrauagantes ne firent-ils point autresfois aux Princes qui exposerent si souuent leurs fortunes & leurs personnes pour la defenſe de la cauſe? La reuerence du tiltre de Roy, & de premier Prince du ſang, n'exempta point le Roy de Nauarre des indignitez qu'ils ont accouſtumé de faire à leurs Chefs. Le point dont nous croyons qu'ils ſont plus d'accord, eſt le plus controuerſé, qui eſt pour le regard de l'obeiſſance que les ſubjects doiuent à leurs Roys. La pluſpart tient comme vn article de foy, qu'il n'eſt permis pour quelque cauſe, & ſous quelque pretexte que ce ſoit, d'attenter ny contre la perſonne ny contre l'authorité de ſon Prince. Quoy que l'aſſemblée de Saumur fuſt vn pur attentat contre l'authorité Royale, ſi eſt-ce qu'il y eut des gens de bien qui n'ayans pas eſté aſſez forts pour l'empeſcher, le furent aſſez pour s'opposer vigoureusement à ce qu'on n'adiouftaft au crime de s'eftre assemblez contre la deffense du Roy, le crime de prendre des resolutions contre son seruice.

Entre les Grands, il y en a peu qui s'attachent à l'herefie par autre raison que parce qu'ils y sont plus confiderables qu'ils ne seroient dans l'Eglife. Leur gouft eft comme celuy de Cefar, qui aimoit mieux eftre le premier dans vne petite ville, que d'eftre le second dans Romme. Les personnes de condition releuée, qui n'ont gueres de compagnons dans le Caluinifme, auroient nombre de superieurs dans la Religion de l'Eftat. Quant aux Officiers, & aux Marchands, ils ne se tiennent point asseurez dans les lieux où la populace eft la plus forte:

leurs vies & leurs biens y sont
tousiours en peril; car les indigens
sont ordinairement seditieux, &
tousiours les plus puissans dans
les tumultes. Ils commencent toutes les seditions, & n'y a seureté
quelconque pour ceux qui ont du
bien, quand ils se trouuent les plus
foibles parmy ceux qui n'en ont
point. Ce n'est pas donc sans sujet
que les personnes aisées, ioüissans
de leurs facultez sous le benefice
des Edicts, preferent vne domination commode & legitime, à la
tyrannie du menu peuple: En matiere de seditions, la perte est tousiours pour les riches, & le profit
pour les pauures. Vous ne voyez
gueres crier dans ce party que les
petites gens, qui s'imaginent que
leur condition sera meilleure
dans le trouble que dans le repos.

La présomption que leur donne la force de leurs remparts les faict parler haut, comme s'ils estoient dans des places inexpugnables; la coustume du peuple estant d'estre insolent dans les villes, & craintif en la campagne. Le dessein de la Rochelle est entierement esloigné de l'intention de tout le corps. Les Rochelois pretendent que leurs bastions doiuent commander à la Xaintonge, au Poictou, aux prouinces circonuoisines, voire à tout le party, comme Venise donne la loy à toute la Seigneurie. Si les places où ceux de la Religion pretendue sont forts, estoient si proches les vnes des autres qu'il n'y en eust point de Catholiques entre deux, le party ne seroit pas foible comme il est: il pourroit faire ensemble vn corps d'autant plus puissant que les membres en seroient vnis. Mais toutes leurs places sont tellement incommodées par le voisinage des Catholiques, qu'elles ne se peuuent secourir; & s'il arriuoit quelque guerre, chaque ville reserueroit ses forces pour sa defense, ce qui les empescheroit de mettre vne armée sur pied; de sorte qu'il faudroit que les principaux, au lieu de tenir la campagne, & d'auoir leurs coudées franches, s'enfermassent dans les villes où ils dependroient du menu peuple. C'est bien vn aduantage que d'auoir des places; il est impossible qu'vn party qui n'en a point puisse long temps subsister; mais il n'en faut pas plus auoir qu'on en peut garder, ny en garder tant que toutes les forces y soient employées. Ce fut pourquoy apres les premiers troubles de la Religion, les Proteſtans ſe reſolurent de n'en conſeruer que quatre ou cinq des plus importantes, tant pour le paſſage des riuieres, que pour la conſideration des prouinces. Ie ne puis ſouffrir les diſcours de ceux qui pour rendre ceſte faction formidable, nous alleguent les iournées de Boſſac, de Iarnac, de Moncontour, de Sainct Denys, de Coutras; les Religionnaires ont donné pluſieurs batailles, mais combien en ont-ils perdu?

Il ſe trouuoit lors aux affaires de la France vne rencontre de cauſes qui ceſſent maintenant entierement. La faction eſtoit appuyée ſur les deux premiers Princes du ſang. La dignité du Roy de

Nauarre, & la qualité du Prince de Condé la releuoient tout à faict; la situation des prouinces esloignées, dans lesquelles estoit assise la plusparc des biens du Roy de Nauarre, estoit fauorable au party. Mesmes la confederation de quelques principaux Seigneurs du Royaume le fortifioit. Le gouuernemét de l'Estat estoit odieux; car encore qu'il semblast que l'authorité de Messieurs de Guise deuoit finir auecques le Roy François qui auoit espousé leur niepce la Royne d'Escosse; si est-ce qu'ils se rendirent si considerables sous le Roy Charles, qu'ils furent comme arbitres de l'Estat. La reuolte des Protestans les rendit si necessaires, qu'ils furent iugez seuls capables de faire teste aux Princes du sang. Apres la mort de Charles & de tous ces Princes, & que Henry troisiesme fust paruenu à la Couronne, les ennemis communs tant de sa Majesté que du Roy de Nauarre, depuis Roy de France, se promettans de profiter de tous ces desordres, le firent armer contre le Roy de Nauarre, son heritier presumptif. De quelque costé que les choses tournassent, ils se promettoient d'en tirer tout l'auantage. Si la guerre se faisoit, & que l'vn ou l'autre fust perdu, tout le profit de la perte estoit pour leurs ennemis. Si d'ailleurs, la necessité contraignoit le Roy de faire la paix, ils se rendoient recommandables enuers le Sainct Siege, & enuers tout le party Catholique, par l'action mesme qui le rendroit odieux, comme fauteur d'heretiques. Car encores qu'il fuſt ſouuent neceſſaire de poſer les armes pour ruyner ce party, & de faire la paix afin de mieux faire la guerre, neantmoins ſes actions, quelques iuſtes qu'elles fuſſent, eſtoient mal interpretées. Depuis que le Prince eſt vne fois en mauuaiſe eſtime, il ne faut plus qu'il eſpere d'obeiſſance & de reſpect. L'amour qu'on luy portoit auparauant, ſe perd incontinent apres la reputation, & la crainte ne dure gueres apres l'amour. Ses intentions tant ſoient-elles bonnes ſont touſiours calomniées ; & vient-on facilement du meſpris de ſa perſonne à la liberté de l'offenſer. S'il veut faire quelque choſe d'authorité abſoluë, les peuples croyent que c'eſt tyrannie ; ſ'il y procede par la douceur, ils ſ'imaginent que c'est lascheté. Il n'est deuoir que les hommes rendent plus à contre-cœur que celuy qu'exige d'eux vn Prince qu'ils ne croyent pas digne de leur commander. Tant plus ces considerations affoiblissoient l'authorité du Roy, tant plus les Caluinistes estoient puissans. D'ailleurs, la Religion qui estoit nouuelle, excitoit mesme l'amour du Martyre, & estoit comme vne ieune Maistresse pour qui les Amans vouloient mourir; mais à present elle passe pour femme espousée auec qui les maris veulent viure seulement. Les Caluinistes croyoient combattre lors pour la defense de leur Religion, de leurs biens & de leurs vies; ils iouyssent non seulement de toutes ces graces sous le benefice des Edicts du Roy,

Roy, ils sont mesmes generalement receus en toutes sortes de charges, & de Gouuernemens; ont des Chambres my-parties, & participent aux bienfaicts du Roy sans difference quelconque. Ceux de la Religion pretenduë considerez comme vn corps, estans en petit nombre, à comparaison des Catholiques; considerez comme diuisez de doctrine & d'intentions, n'ayans aucun pretexte pour prendre les armes, aucunes forces pour faire la guerre, aucun Chef pour leur commander, & toutes les places qu'ils tiennent estans incommodées par le voisinage des places catholiques, quelle occasion auez-vous de les redouter? Ie vous dy bien dauantage; c'est que quand ils seroient resolus à faire esleciton d'vn Chef, ils ne sçauroient trouuer vn hôme qui vouluft prendre cefte charge. Entre ceux qui y pourroient afpirer, les vns croyent qu'on doit tout au merite de leur longue experience, les autres prefument qu'on eft obligé de ceder à leur naiffance. Les premiers font trop auifez pour faire cefte folie, & fçauent trop bien la peine qu'il y a à gouuerner vne multitude qui fe défie de fes Chefs quand ils font heureux, & les mefprife quand ils font infortunez. La mefme iniuftice qui luy faict attribuer à foy-mefme l'honneur des victoires, luy faict reietter le blafme des défaictes fur fes Chefs, & les accufer non feulement des euenemens de la fortune, mais de les appeller mefmes à garends des effects de la nature. L'Admiral de

Chastillon estoit si lassé des caprices des Huguenots, qu'il les eust quittez long temps deuant que de mourir, s'il eust creu pouuoir trouuer de la seureté dans le seruice du Roy. En vn mot, les Mareschaux de Boüillon & de l'Esdiguieres sçauent trop bien qu'apres auoir tiré l'espée contre son maistre, il faut reuenir au Louure, passer au trauers des Gardes, & rendre compte de ses actions à vn Prince, qui ne doit qu'à Dieu la raison des siennes. Et puis quand ils s'oublieroient iusques à ce point, qui croyez-vous qui voulust s'engager auec des personnes de cet aage? On ne se peut embarquer dans des vaisseaux trop neufs & trop forts, pour faire des voyages perilleux. A peine pourrois-ie dire lequel est plus incommode

L ij

au party des Huguenots, d'auoir vn Chef ou de n'en auoir point. Tant qu'il n'en aura point, il sera foible ; aussi tost qu'il en aura vn, il sera ruiné. La raison est, que celuy des Grands qui sera esleu n'estant point d'vne qualité si releuée que les autres luy vueillét ceder, ils abandonneront la faction, & attireront auec eux dans le seruice du Roy tout ce qu'ils ont d'amis & de seruiteurs. Apres vous auoir faict voir combien il est malaisé que les places de la Religion pretendue se puissent secourir les vnes les autres ; il me reste encore à vous dire, que le Roy de la grand'Bretagne est tellement interessé à la manutention de l'authorité Royalle, & les Hollandois si empeschez à se conseruer, que les Protestans de

France ne doiuent esperer aucun secours de ce costé-là. D'ailleurs, pour vous monstrer que la main-leuée du temporel des Ecclesiastiques de Bearn est vn faict particulier, ie concluray ceste lettre par vn sommaire & veritable discours de ceste affaire.

En l'an 1569. la Reyne Ieanne d'Albret, mere du feu Roy, émeut vne si furieuse persecution contre l'Eglise dans tout le Bearn, que la Religion Catholique y fut entierement abolie. Tous les gens d'Eglise & plusieurs des principaux Catholiques furent noyez, bannis & massacrez, & leurs biens, tant seculiers que reguliers, mis en la main de la mesme Reyne par le Comte de Montgommery son Lieutenant General au mesme pays. L'année ensuiuante elle conuoqua vne Assemblée, qui fut appellée du nom d'Estats, combien que cela ne peust estre, puisque l'ordre Ecclesiastique, qui est le premier, n'y fut point appellé, ny pareillement les Catholiques de la Noblesse & du Tiers Estat. La Reyne fist confirmer par ceste Assemblée tout ce qu'auoit faict le Comte de Montgommery. Les Ministres, qui preoccupoient l'esprit de ceste Princesse, luy firent faire certaines Ordonnances, comme celles de Geneue, qui furent aussi ratifiées par la mesme conuocation, bien que presque entierement contraires aux Loix fondamentales du pays. C'est ce qu'ils appellent les Ordonnances de la Reyne Ieanne, & loix fondamentales ; quoy qu'elles ne soient point nées auec l'Estat, mais faictes depuis cinquante ans. La Reyne estant saisie de ces biens, assigna sur les deniers qui en prouiendroient les pensions des Ministres, & autres charges. Les affaires demeurerent en ce poinct iusques en l'an 1599. que le feu Roy restablit la Religion Catholique en certains lieux de Bearn, nomma deux Euesques pour cest effect, & leur assigna pension suffisante sur le Domaine de Nauarre, pour s'entretenir selon leurs dignitez; auec promesse de remettre bien tost les Ecclesiastiques en possession de leur temporel. Depuis 99. iusques en 608. il ne s'est passé année qu'il n'ait restitué quelque chose à l'Eglise. En fin il print vne ferme resolution de mettre la derniere main à cest ouurage, & commença par l'entiere

L iiij

main-leuée de tout ce qui appartenoit dans le mesme pays aux Euesques d'Ax, d'Aire, & plusieurs autres Prelats. Les lettres patentes furent verifiées au Parlement de Pau, & executées sans contredict. Cepédant le Roy estant mort sur ces entrefaictes, la Reyne Mere confirma durát sa Regence toutes les promesses que le feu Roy auoit faictes aux Catholiques, mais elle en remist l'accomplissement à la maiorité du Roy. Les Euesques de Bearn & autres Catholiques deputez du pays se rendirent à la Cour au mesme temps, pour en poursuiure l'execution. Les trois Ordres des Estats generaux du Royaume conuoquez à Paris en 1615. deputerent vers sa Majesté pour luy faire tres-humbles remonstrances sur l'importance de ceste affaire. L'assemblée du Clergé tenüe en 617. en fist autant. En fin le Roy se sentant pressé par sa conscience, & par les sainctes intentions du feu Roy son pere, prononça de sa propre bouche vn Arrest, par lequel il ordonna, *Que les Ecclesiastiques auroient mainleuée de leurs biens, & que l'exercice de la Religion Catholique seroit restably par tout le Bearn;* & neantmoins par vn excez de bonté, il accorda par le mesme Arrest aux Ministres, Professeurs, Garnison, Cours Souueraines de Bearn, & à tous ceux qui estoient payez de leurs gages & appoinctemens sur les deniers prouenans des reuenus Ecclesiastiques, que d'oresnauant ils seroient payez de pareille somme par les mains du Tresorier General de la Maison de Nauarre, duquel ils la receuoient auparauant ; & afin qu'ils perceuſſent plus commodément les meſmes appoinctemens, il affecta à leur payement les deniers tant ordinaires qu'extraordinaires du Domaine de Bearn, Comté d'Armagnac, & parties Caſuelles des Comtez, Vicomtez, & Baronnies de Foix, Bigorre, Narſan, Turſan, & Gauardan, Nebozan, Lautrec, Captieux, Aſpect, Aure, Neſtes, Barouſſe, & Maignoac; enſemble les donations des meſmes terres, ſans qu'à l'aduenir il en puſt eſtre faict aucun diuertiſſement, pour quelque cauſe que ce ſoit ; auec pareil pouuoir à ceux de la Religion pretendue d'vſer de ſemblables contraintes, ſur les Receueurs des meſmes terres, qu'ils auoient autresfois contre ceux qui manioient le reuenu du temporel des Ecclesiastiques. Voila en vn mot tout ce qui concerne ceste affaire. Ce que i'ay bien voulu vous representer, afin que comme la lumiere d'vn flambeau en allume plusieurs autres, estant informé de la verité, vous en puissiez informer ceux qui l'ignorent.

AV ROY,

Sur l'vtilité de lire l'Histoire.

SIRE,

Quelqu'vn considerant autresfois les subiections & les miseres qui sont attachées au soin des Empires, dist tres-sagement, que s'il tumboit des Couronnes aux pieds des hommes, & qu'ils cognussent combien elles sont pesantes, ils ne daigneroient prendre la peine de les releuer. Les grandeurs qui reçoiuent à pleines voiles le vent des prosperitez, produisent d'elles-mesmes vne infinité d'inquietudes, & ressemblent à ces terres, où les ronses & les espines viennent naturellement. L'experience a faict voir cela de tout temps en la condition des grands Princes, mais plus eminemment en la fortune d'Auguste qu'en tous les autres exemples. A peine la victoire Actiaque le rendit souverain Arbitre du monde, qu'il mist en deliberation entre Mecenas & Agrippa, ses principaux confidens, de se faire personne priuée. Ce que possible il eust faict s'il eust esperé pouuoir viure auec seureté parmy tant de gens qualifiez qui portoient encore le deüil de ceux qu'il auoit faict mourir pour commander seul. Il ne fut point seulement en doute de quitter le gouuernement public en la nouueauté de son establissement ; apres qu'il eut affermy l'authorité souueraine dans sa maison, le repos par tout l'vniuers, poussé les bornes de l'Empire au delà du Rhin, du Danube, & de l'Euphrate, & donné la paix à toute la terre, il ne la peut donner à son esprit, & fut semblable à ceux qui ne sentét pas les parfums qu'ils portent, quoy qu'ils les facét sentir aux autres. Tellement qu'estant plus absolu dans la domination vniuerselle qu'vn pere bien obey n'est dans sa famille, il escriuit au Senat vne lettre, par laquelle il protesta que iamais il ne verroit luire vne plus aggreable iournée que celle où il se despoüilleroit de sa grandeur. Et sans qu'il soit besoin de rechercher des exemples plus esloignez, toutes ces Musiques ordinaires de vostre Majesté, qui se trouuent tantoſt à ſes repas, tantoſt à ſon coucher, ſont-ce pas des teſmoignages que les diuertiſſemens ſont neceſſaires aux Roys pour leur faire ſouffrir leur condition? SIRE, il eſt du tout impoſſible d'eſtre eſleué en ce haut degré de ſplendeur, & d'eſtre exempt de ſolicitude. Le gouuernement des Eſtats requiert bien vn autre eſprit que les affaires particulieres. Les fregates legeres ſe menent ſans art ſur les petites riuieres, & ſur les canaux. C'eſt ſur les grandes mers qu'il faut obſeruer les vents, vſer de la ſonde, & prendre les hauteurs des Aſtres. Car ne plus ne moins que ces grands vaiſſeaux qui ne voguent qu'en haute mer, ſont plus mal-aiſez à gouuerner que ces fregates legeres qui ne vont que ſur les fleuues & ſur les canaux : il y a pareillement beaucoup plus de peine à manier les affaires d'vn grand Estat qu'à conduire vne mediocre fortune. Et comme le Soleil que Dieu a creé pour esclairer toutes les regions de la terre, est en vn mouuement perpetuel, & a plus de clarté que les autres Astres qui ne sont pas destinez à vn vsage si vniuersel : De mesme les Roys n'ayans esté esleuez à cet honneur supreme que pour seruir de lumiere au monde, sont obligez de trauailler incessamment, & doiuent estre plus eminens en merite que ceux qui ne sont nez que pour regir des familles particulieres. De sorte que la vie de ceux qui tiennent les resnes des Monarchies, estant accompagnée de tant de tumultes & de trauaux, il ne se faut pas esmer-

esmerueiller si plusieurs ont refuſé auec vn genereux courage, les Empires que les ames ambitieuses recerchoient auec le fer & le feu. C'eſt ceſte meſme conſideration qui me faict grandement admirer la repartie que fiſt ce Prince, qui de ſimple Iardinier deuenu Roy, eſtant interrogé par Alexandre le Grand, comment il auoit peu ſouffrir la pauureté de ſa premiere condition, luy reſpondit, qu'il prioit les Dieux de luy faire la grace de pouuoir auſſi bien ſupporter la Royauté; Comme s'il euſt creu ne pouuoir treuuer tant de repos dedans les palais ſuperbes que dans les ſimples cabanes. Et de faict, qu'y a-t'il de plus difficile & de plus laborieux que d'entreprendre de gouuerner vne multitude infinie de peuple qui ne ſçait

M

ce que c'est de se soubmettre à la raison? Il n'y a beste sauuage qui soit si farousche que l'esprit de l'homme, ny Protée si muable que sa volonté: Il est quelquefois aussi peu capable d'obeïr que de commander, & d'estre conseillé que de conseiller; voire bien souuent il est si ennemy de son propre bien, qu'il tourne ses armes contre luymesme quand il ne les peut tourner contre autruy. La difficulté de bien vser de la puissance souueraine ne procede pas seulement de l'indocile & fascheuse humeur des peuples, mais bien souuent aussi de la faute des Princes; d'autant qu'il leur est malaisé de garder la mediocrité en vne puissance qui n'en a point. Ils s'imaginent que leurs subjets sont faicts pour eux, & non pas eux pour leurs subjects; Il leur est indifferent qu'ils les hayssent, pourueu qu'ils les craignent, & ne mettent leur plaisir supreme qu'en l'iniuste licence de commettre impunément ce qui n'est licite à personne: ne considerans pas qu'il leur est d'autant moins permis de faillir que toutes choses leur sont permises; & que les fautes qui sont legeres en ceux qui obeyssent, sont de tres-grande importance en ceux qui commandent. Aussi voit-on rarement coniointes ensemble vne grande innocence auec vne grande authorité; c'est ce qui a faict dire à quelqu'vn, que tous les noms des bons Princes se pouuoient grauer dedans vn anneau. SIRE, il est beaucoup plus facile de se comporter en la mauuaise fortune auec patience, que

M ij

de viure en la bonne auec modeſtie; tous les Sages en ſont demeurez d'accord : C'eſt pourquoy nous admirons bien autrement la probité des Roys que l'integrité des autres hommes; à raiſon que les Princes ſouuerains ne ſemblent éuiter le mal que par l'amour de la vertu, & leurs ſubiects par l'apprehenſion de la peine. D'autre-part ce n'eſt pas choſe qui ſoit bien aiſée que de conſeiller ceux qui ſe ſont vne fois imaginé qu'ils ſont par deſſus les loix; ils apprehendent la domination de la raiſon comme l'Empire d'vne Tyranne qui retrancheroit ceſte liberté de tout faire; en quoy ils mettent le ſouuerain contentement de leur grandeur. Outre tous ces obſtacles, ceux qui ſont pres de leurs perſonnes, ſont tellement emportez par la passion de leur interest particulier, que celuy du public n'est conté pour rien, & n'ont autre soin que de l'establissement de leurs maisons. C'est pourquoy Galba adoptant Pison, & l'aduertissant de se donner de garde des amorces des flatteurs, qui sont le plus dangereux poison qui puisse gaster les sinceres affections, luy dist, que ceste malheureuse engeance de gens parloit plus volontiers auec les fortunes des Princes qu'auec leurs personnes. La flatterie est vn mal si dangereux qu'il a plus perdu d'Estats que la guerre n'en a destruit; & la Verité est vne Deesse que les grands voyent rarement toute nuë: elle ne paroist deuant eux que déguisée. C'est ce qui me faict estimer la condition des au-

M iij

tres hommes beaucoup plus heureuse que celle des Roys; car si les petits faillent, ils sont incontinent releuez; Mais si ce malheur arriue aux Princes, qui est-ce qui aura la hardiesse de les reprendre? On aime mieux les perdre que de leur deplaire; & chacun craint de se ruiner en sauuant l'Estat. Ils sont blessez, & personne n'oseroit toucher leurs playes; tellement qu'ils ne cognoissent leurs maladies, que quand elles sont incurables, & qu'il n'est plus possible de les celer. SIRE, le seul & souuerain remede que les grands Roys, comme vostre Majesté, peuuent treuuer à tous ces inconueniens, est de prendre conseil des morts, c'est à dire des liures. Ils ne recherchent la faueur de ceux qui regnent, ny redoutent leur colere;

ils vous apprendront ce que personne n'oseroit vous dire. Ces foudres de la guerre, Cesar, Alexandre, & tous ces autres grands Capitaines tant Grecs que Romains, se sont seruy si à propos du secours des bonnes lettres qu'ils ne doiuent pas moins aux liures qu'aux armes, & que la Fortune qui s'attribue vne grande partie des belles & glorieuses actions de la guerre, ne peut presque rien pretendre à leurs conquestes. Les Latins & les Grecs ont eu non seulement plusieurs Princes sçauans, la France mesme a dequoy se glorifier d'en auoir eu à qui lon ne pouuoit reprocher qu'ils ignorassent les bons Autheurs: Entre autres Charlemagne, François premier, & Charles neufiesme. Leurs cabinets estoient pleins de

Bibliotheques, & leurs tables bordées de personnages de merite extraordinaire, qui les entretenoient de matieres hautes & releuées: De sorte que les François & les estrangers qui se trouuoient à leur disner ou à leur souper, ne parloient d'eux qu'auec admiration. Aussi n'y a-t'il rien qui rauisse les esprits comme la vertu: Elle faict reuerer les hommes comme des Roys, & faict adorer les Roys comme des Dieux. Depuis qu'elle est vne fois esleuée dessus le throsne Royal, elle leur imprime sur la face ie ne sçay quelle image de Diuinité, consomme ce qu'ils ont d'humain, & iette des rayons infiniment plus ardens, & plus luisans que quand sa lumiere est offusquée dans la bassesse des autres conditions. Non seulement elle apporte de l'ornement aux Roys, elle affermit mesme leurs Couronnes: De sorte qu'il n'y a citadelles ny rempars qui soient si forts. A l'vn de ses costez elle fait marcher la Felicité, & de l'autre la Renommée, qui publie leur reputation par toute la terre, & les met en bonne odeur parmy leurs subjects. Il n'y a rien, SIRE, de si puissant pour retenir les peuples dans leur deuoir que la bonne opinion qu'ils ont de leur Roy. Que l'on couure de vaisseaux armez la mer & les fleuues; qu'on remplisse de garnisons les villes & les places fortes; que par les campagnes on face déborder des armées comme des torrens impetueux; tout cela n'asseure point tant vn Estat que la creance qu'on a de la capacité du

DE MONSIEVR

Prince; il ne faict que ruiner vne Monarchie sous couleur de la conscience: & est tout ainsi que ces remedes malheureux, qui en tuant le malade guerissent sa maladie. Que l'on essaye d'appaiser tant que l'on voudra les mescontentemens des Grands par des profusions extraordinaires, le reuenu du Royaume sera plustost espuisé que leur auarice rassasiée. Au reste, tous ces grands preparatifs de guerre, par lesquels le Prince se veut rendre redoutable & faire voir sa puissance, que sont-ce autre chose que des preuues de sa foiblesse par lesquelles il tesmoigne qu'il ne se peut maintenir sans violence? SIRE, les remedes de la vertu sont bien plus doux & plus asseurez; ceux-là coupent les membres malades, & ceux-cy les guerissent & les consoruent. Ceux-là ressemblent à vne ardeur violente qui tuë & deuore, & ceux-cy à vne chaleur modorée qui viuifie & nourrit. Il n'y a que cela seul qui puisse oster aux meschans la hardiesse d'offenser le Prince, & donner aux gens de bien l'asseurance de le seruir. L'exemple des Souuerains est d'vne telle authorité, qu'il est plus fort que toutes les menaces des peines portées par les loix; tout ce qu'ils font ils le semblent commander: C'est pourquoy, quand les Roys sont vertueux leurs peuples lo sont, & l'estans, rien ne les peut destourner de leur deuoir. Ceste vertu, SIRE, que ie requiers en la personne du Prince, c'est ceste prudence sans laquelle les grands Estats n'ont aucun affermissement, mais sont comme ce Cyclope, lequel apres auoir perdu l'œil, ne fist plus que broncher, que se heurter, & que tomber à chaque pas qu'il faisoit. Il y a deux sortes de prudence, l'vne naturelle, qui n'est iamais si abondante qu'elle n'ait besoin d'instruction : L'autre est l'acquise, qui s'apprend par la lecture & par l'vsage. Les preceptes de celle qui s'acquiert par la lecture se treuuent dans les Liures des bons autheurs. Ie sçay bien que l'experience est vne puissante maistresse qui surpasse toutes sortes d'enseignemens : mais elle a ses incommoditez aussi bien que ses auantages. Outre que les fruicts en sont si tardifs, que celuy qui n'est aidé que par ce moyen, ne sçait ordinairement comme il faut viure, que lors qu'il cesse de viure; elle apprend à estre sage par ses propres fautes, & la lecture l'enseigne aux despens d'autruy. Quel temps seroit-il qu'vn Prince cogneust que les Monarchies ne se conseruent que par vn grand soin, lors qu'il auroit perdu son Estat par sa nonchalance ? Iamais les fautes des Roys ne sont legeres; elles ressemblent à ces grandes eclipses de Soleil qui causent des tenebres vniuerselles. Ceste Histoire, SIRE, peut beaucoup aider à vostre Majesté, pour luy donner la perfection de ceste vertu. Elle a deux choses qui se treuuent rarement conioinctes, le plaisir & l'vtilité. SIRE, vous lirez comme le bras de Dieu, le Roy des Roys, & le Seigneur des Seigneurs, destruit les plus florissans Empires, & les transfere d'vne nation à l'autre, lors que l'iniustice de ceux qu'il y a commis prouoque son iuste courroux. Ie finiray ceste lettre par les paroles que l'Empereur Basile tint sur le mesme subject à son fils Leon, son successeur designé: *Regle ta vie, luy dit-il, sur les anciens exemples des Histoires ; tu y treuueras sans aucun labeur, ce que les autres ont recueilly auec beaucoup de trauail : tu en tireras la cognoissance des vertus des gens de bien, & des vices des meschans; les diuerses mutations de la vie humaine, les conuersions qui s'y font, l'instabilité du monde, & les soudaines ruines des Monarchies: Et afin que i'en die toute l'vtilité en peu de paroles, tu y verras les chastimens des mauuaises actions, & les recompenses des bonnes: tu fuiras celles-là, de peur de tomber és mains de la Iustice Diuine; & embrasseras les autres, afin de iouyr des salaires qui les accompagnent.* Voila, SIRE, vne grande partie de ce que i'auois à representer à vostre Majesté, touchant la recommandation de ceste Histoire, que ie la supplie receuoir auec vn accueil d'autant plus fauorable, qu'elle est entreprise par son commandement, & pour son seruice, par celuy qui sera à iamais,

SIRE,

Vostre tres-humble, tres-obeissant,
& tres-fidelle subject & seruiteur,
DE COVLOMBY CAVVIGNY.

LETTRES
DE MONSIEVR DE BOIS-ROBERT.

A LA REYNE
MERE DV ROY.

Il luy dedie la Paraphrafe fur les fept Pfeaumes de la Penitence de Dauid.

LETTRE PREMIERE.

ADAME,
Depuis neuf ans que i'ay l'honneur de fuiure continuellement voftre Majefté, n'ayant pas perdu la moindre

N

de ses actions, ie puis dire sans flatterie, que ie suis tesmoin de la plus glorieuse & de la plus innocente vie de nostre siecle: Et dans la iuste passió que i'ay de faire en l'hóneur de vostre Majesté quelque ouurage qui soit digne de sa gloire, à ne descrire qu'vne petite partie de ce que i'ay veu, ie connoy que i'ay beaucoup plus de matiere que de force. Mais considerant que par vostre vertu vous vous estes rendue digne de la loüange qu'on donne aux choses sacrées, & que vous meritez des honneurs purement celestes, i'estime qu'il est à propos que ie commence par vn ouurage diuin à m'acquitter de ce que ie dois à vostre Majesté, & que vous dediant cette Paraphrase sur les sept Pseaumes de la penitence de Dauid, ie face voir à toute la France, que ie suis encore plus touché de l'exemple de vostre pieté enuers Dieu, que de celuy de vostre bonté enuers les hommes, & qu'il est impossible de s'approcher de V. M. sans estre excité par ses bonnes mœurs à faire de bonnes œuures. Vne autre fois, MADAME, si i'apprens que ce petit trauail n'ait point esté desagreable à V. M. ie changeray l'humilité de mon style en des pensees heroiques pour parler dignement de vous, & pour annoncer les merueilles d'vne Reyne incomparable qui voit auiourd'huy regner sa race par l'vniuers, & qui n'a qu'à maintenir la paix entre ses Enfans pour donner vn repos general à toute la terre. Alors ie feray visiblement cognoistre, & n'auray pas beaucoup de peine à le persuader, que tout le bon-heur de la Chreſtienté depend de voſtre ſage conduite, & que noſtre Roy n'a iamais eſté ſi puiſſant, ny ſi fauoriſé du Ciel que depuis qu'il a chery vos conſeils. Mais MADAME, puis qu'il eſt vray que celuy qui commence bien, eſt à la moitié de ſon œuure, à ce premier iour de l'annee ie m'en vay commencer par celuy qui par vous nous comble de tant de graces, & ſi ie puis en l'inuoquant, à l'imitation de Dauid, flechir ſa bonté par mes prieres, ma bouche en ſa pureté entreprendra plus hardiment vos loüanges : Et ie m'aſſeure que voſtre Majeſté ne dedaignera point le ſecond zele de celuy qui eſt doublement obligé de faire des vœux tous les iours pour la continuation de voſtre ſanté, &

pour l'accroiſſement de voſtre puiſſance ; eſtant de voſtre Majeſté comme il eſt,

MADAME,

Le tres-humble, tres-obeiſſant,
& tres-fidele ſeruiteur & ſujet.
BOIS-ROBERT.

A MONSIEVR LE COMTE DE CARLILE.

Il le remercie des faueurs qu'il a receu de luy en Angleterre.

LETTRE DEVXIESME.

MONSIEVR,
Tant que i'ay vescu dans voltre maison, ie me suis trouué si confus parmy les bienfaicts & les honneurs que i'ay receus de vous, que dans ce rauissement continuel il ne m'a iamais esté possible de trouuer des paroles qui fussent dignes de vous exprimer mon ressentiment & ma gloire. Maintenant que mon esprit semble vn

peu plus libre, ie fuis contraint d'auoüer encore, que ie fuis en mefme eftat que deuant, & qu'il n'y a point d'eloquence au monde qui ne foit au deffous de voftre courtoifie. Ie n'ay plus rien à dire de vous, MONSIEVR ; la renommée a preuenu le defir que i'auois de vous faire cognoiftre à toute l'Europe. Elle n'a point de Prouinces où vous n'ayez laiffé des marques de voftre vertu, & de la grandeur de voftre Maiftre, & chacun fçait bien aujourd'huy que ie ne puis prendre tant de plaifir à bien parler de vous, que vous n'en preniez dauantage à bien faire à tout le monde. Il faut certainement que cefte generofité foit bien generale, puis qu'elle s'eft eftendue iufques à moy, qui fuis, à mon grand regret, le plus inutile de tous ceux qui se sont iamais voüez à vostre seruice. Cependant vous auez souffert chez uous les infirmitez de mon corps & de mon esprit, & non content d'auoir autant eu de soin de moy dans ma maladie que si i'eusse esté necessaire à l'Estat d'Angleterre, vous auez voulu que i'eusse l'honneur d'estre cogneu de vostre Roy, & que i'esprouuasse cette grande liberalité, qui iointe à ses autres vertus attire sur luy la benediction de tous les hommes. Vous n'auez pas trouué que ce fust assez de m'auoir redonné la vie, vous auez voulu qu'elle fust plus douce & plus tranquile que la premiere, & que la santé qui m'a esté rendue dans vostre maison fust accompagnée du plaisir & du repos que donnent les biens de fortune. Voila, MONSIEVR, les sujets de la confusion de mon esprit, qui auecques moy estonnent toute la France, au recit que i'en fais tous les iours, & qui m'obligeront à demeurer eternellement,

MONSIEVR,

Vostre tres humble, tres-obeissant
& obligé seruiteur,
BOIS-ROBERT.

A MONSIEVR
LE COMTE DE
PONGIBAVT.

Il luy tesmoigne le desir qu'il a de le reuoir à la Cour.

LETTRE TROISIESME.

MONSIEVR,
Puis qu'il ne manque plus rien à la felicité de la Cour que vostre presence, ie m'estonne que le Roy ne se haste de rendre nostre bonheur parfaict, & que Dieu ne luy enuoye vne pensée aussi iuste & aussi fauorable pour vous que pour Monsieur vostre Oncle. Ie ne me trouue en aucun lieu d'où il ne vous vienne des benedictions

& des loüanges. Vous estes le souhait de tout le monde, & dans ce bien-heureux changement d'Estat qui remet la France dans son premier lustre, il semble que personne ne doiue plus rien demander au Roy que vostre retour. Pour moy qui deurois estre autant touché que nul autre de la prosperité de ce regne, ie vous aduoüe franchemét que ie ne me puis resioüir en vostre absence, & que ie reserue le tesmoignage entier de mon ressentiment à vostre arriuée, quand ie deurois mourir d'vn excez de ioye. C'est,

MONSIEVR,

Vostre tres humble & tres-obligé seruiteur, BOIS-ROBERT.

A MONSIEVR
DE BERNIERES PRESIDENT AV PARlement de Normandie.

Il l'aduertit de la disgrace de M. de B.

LETTRE QVATRIESME.

MONSIEVR,
Si vous vous souueniez de la protestation que i'ay faicte de n'entreprendre iamais rien qui vous fust desagreable, vous ne m'accuseriez pas d'auoir esté paresseux à vous mander la disgrace d'Aristée. Il est vray que ie vous ay promis de vous faire part de tout ce qui se passeroit dans le

monde, mais i'ay toufiours penfé qu'il en falloit excepter les chofes qui vous pourroient apporter du defplaifir : Et puis que i'ay creu que cefte derniere nouuelle infailliblement vous deuoit toucher, i'ay penfé qu'il eftoit plus à propos que vous en receuffiez le coup par la main d'vn autre, mais puis que voftre cœur a defia porté patiemment ces fafcheufes atteintes, que la raifon a preparé voftre efprit à de beaucoup plus dangereufes, & que vous auez appris ce que pouuoit l'inconftance des chofes humaines auant que d'en fentir les effects; ie croy que fi ie vous dis les particularitez que vous me demandez de ce malheur qui vous touche en la perfonne d'vn de vos meilleurs amis, il ne vous en peut plus arriuer de mal,

& que ie puis satisfaire à voſtre priere & contenter voſtre curioſité ſans vous offencer. Ie ſuis,

MONSIEVR,

Voſtre tres humble, & obeiſſant ſeruiteur, BOIS-ROBERT.

A MONSIEVR
DES-HAMEAVX
PREMIER PRESIDENT
en la Cour des Aydes de
Normandie.

Il le confole de la mort de Monfieur fon pere.

LETTRE CINQVIESME.

ONSIEVR,
Si ie ne me fuis
monftré fi prompt
que ie deuois à m'at-
trifter auecque vous
de la mort de Monfieur voftre
Pere, ne croyez pas, s'il vous plaift,
que i'en aye moins eu de reffenti-
ment que vos autres amis, & dans
le refpect que ie porte à vos iuftes
larmes, n'imputez mon filence

qu'à ma difcretion. Ie croy veritablement auoir efté plus touché de cefte perte que tous ceux qui vous en ont efcrit, puis que i'ay fenty iufques dans le cœur la douleur que peut-eftre ils n'auoient qu'au bout des doigts. Mais quãd i'ay confideré les maux extrefmes qu'enduroit continuellement celuy que vous regrettez, i'ay creu qu'il euft efté plus à propos de pleurer fa trop longue & trop ennuyeufe vie, que de vous tefmoigner auiourdhuy de l'affliction de fa mort, qui le deliure de beaucoup d'autres. Quand il vous euft laiffé dans vn âge où vous euffiez encore eu befoin de fa conduite, & qu'il n'euft pas atteint celuy par lequel eft bornée la plus longue vie des hommes, ie ne me ferois pas mis en peine de vous chercher
des

des paroles de confolation, cognoiffant voftre efprit comme ie fais; car ie fçay bien que pour refifter aux plus grands maux, vous n'auez pas befoin de toute fa force; mais, graces à Dieu, vous auez paffé par tous les degrez d'honneur qui vous eftoient neceffaires pour paruenir à l'eminence de fa charge, & femble que la mort, qui felon toutes les apparences le deuoit prendre de meilleure heure, fauorifant fes deffeins & voftre attente, luy ait donné tout le temps qu'il luy demandoit pour vous la mettre entre les mains. Aujourdhuy que vous eftes heritier de fes biens & de fes honneurs, que vous eftes hors des inquietudes que vous donnoit fon eternelle maladie, & que vous poffedez à l'aage de vingt & fix ans vne des premieres dignitez de nostre grande prouince, serois ie pas ridicule de vous plaindre, & seriez vous pas iniuste de mourir d'ennuy pour celuy que vostre vertu fait reuiure. Pour moy ie croy que vous n'auez point eu besoin du conseil d'autruy pour vous resoudre à ceste perte, & que vous auez trouué dans vostre propre raison tout le secours que vous eussiez peu desirer de vos amis. Si ie vous eusse plustost escrit, vostre douleur estant encore toute fraische, i'eusse tiré quelques regrets de vostre ressentiment & du mien : Mais ie sçay bien que vous eussiez esté marry de me voir forcer la liberté de ma plume, qui ne demande que des sujets de gayeté, & qui ne s'amuse guere aux souspirs, s'ils ne sont amoureux. Voila,

MONSIEVR, toute l'excuse que ie vous feray d'auoir tant differé à m'acquitter de ce que ie vous dois, si vous me faictes l'honneur de vous souuenir que ie sois encore au monde, & que vous ne rejettiez pas mon affection comme vne chose inutile à vostre seruice, entre les nouuelles du monde, ie vous enuoyeray des pleintes d'amour, que vous trouuerés peut-estre plus agreables que celles que vostre affliction me demandoit. Ie suis,

MONSIEVR,

Vostre tres-humble & obeissant seruiteur, BOISROBERT.

RESPONSE
A MONSIEVR
DE BALZAC.

Il ne peut se resoudre à le croire malade parlant d'vn iugement si sain, quoy qu'il allegue le tesmoignage du Comte de Pontgibaut.

LETTRE SIXIESME.

MONSIEVR,
Si les morts parloient comme vous, ie m'accoustumerois de bonne heure à ne faire plus d'estat de la vie, & ie m'asseure bien que si ie causois en vous imitant quelque estonnement à mes amis, il procederoit d'autre chose que de peur. Vostre esprit paroist si net, si pur, & si sain dans vostre lettre, que

i'ay bien de la peine à me persuader ce que vous me voulez faire croire de vostre maladie. Quoy qu'il en soit ie ne sçaurois me resoudre à vous plaindre pour ceste heure dans le rauissement où ie suis de vostre eloquence; encore que ie vous aime comme moy-mesme, & que ie sois amoureux de vostre santé comme de la mienne propre, vostre mal ne me sçauroit iamais donner tant de peine que vostre lettre m'a donné de contentement. Tous ceux à qui i'en ay faict part vous iugent plustost digne d'enuie que de pitié, & trouuent aussi bien que moy les pleintes plus agreables en vostre bouche, que les chansons amoureuses en celle du Bailly. Conseruez-vous, ie vous prie, & sans vous inquieter dauantage, tenez plus en repos à l'aduenir ce diuin esprit d'où naissent des choses si belles, & si puissantes, que quand vostre mal seroit extresme comme vous dites, elles vous exempteroient tousiours de la mort. Mais, graces à Dieu, ie cognois bien que vous n'estes pas en ces termes-la, & quand Monsieur le Comte de Pontgibaut me confirmeroit de viue voix l'asseurance que vous me donnez de vostre langueur, i'en croirois tousiours plustost vostre plume que sa bouche, quoy que ie la sçache pleine de verité. Sans mentir, ie trouue ce ieune Seigneur beaucoup plus heureux d'estre en vostre bonne grace que s'il obtenoit celle qu'il pretend du Roy. Le temps & la fortune la luy donneront tousiours, où son merite seul le rend digne de la vostre. L'hôneur qu'il a d'estre estimé de vous ne luy est pas vn petit aduantage; la nature luy eust fait iniustice de vous faire venir au monde d'vn autre temps que du sien; car ie ne vous trouue gueres moins necessaire à la gloire de ses actions que son espée. Auec ces parfaicts tesmoignages que vous me donnez de sa valeur & de sa generosité, que i'ay tant de fois esprouuée, ie suis tout prest de faire cognoistre à ses enuieux que ce n'est pas seulement dans les Cours de Romme, de France & d'Alemagne qu'il est en estime, mais dans les prouinces mesmes esloignées de tout commerce, & par l'homme du monde le plus digne de iuger du merite & de la vertu. Mais il ne me souuient desia plus des pleintes que vous m'auez faictes au commencement de voſtre lettre. Il me faut prendre garde que vous ne receuiez plus de peine & d'ennuy de mon importunité que de voſtre maladie: Cela me fera finir pluſtoſt que ie n'euſſe faict, apres vous auoir rendu mille graces de l'honneur de voſtre ſouuenir, & vous auoir donné de nouuelles aſſeurances qu'il n'y a perſonne au monde qui ſoit plus que moy,

Monsievr,

Voſtre tres-humble & tres-affectionné ſeruiteur,
BOISROBERT.

A MONSIEVR
DE BALZAC.

Il l'aduertit de la mort de feu M. le Comte de Pongibaut.

LETTRE SEPTIESME.

MONSIEVR,
Depuis la lettre que ie vous efcriuis par Monfieur du Pouzet à mon arriuée d'Angleterre, par laquelle ie vous rendis conte de toutes les aduentures de mon voyage, il m'en eft arriué vne autre en Normandie d'où ie ne fuis de retour que depuis fort peu de iours; & comme i'eftois refolu de vous entretenir bien amplement de beaucoup de chofes qui regar-

dent vos interests & les miens, ma mauuaise fortune a voulu qu'arriuant de Sainct Germain en ceste ville, i'aye esté present à la mort du pauure Comte de Pontgibaut, qui m'a mis en telle confusion, que ie ne sçay si ie trouueray maintenant tout ce que i'auois à vous dire. Mais parce qu'il estoit vostre amy comme le mien; & qu'asseurément vous serez touché iusques au vif de sa perte si malheureusement aduenue, ie m'imagine quand ie n'oublierois rien à tout ce que ie suis obligé de vous escrire que vous vous occuperez plustost à le pleindre qu'à m'escouter, & crains bien par ce moyen que l'effort que ie veux faire sur ma passion ne me demeure inutile. Il vaut donc mieux que ie remette mon entretien à vne autre fois, & que pour maintenant ie me contente de vous faire part de mon affliction: puis qu'apres auoir perdu l'amitié de cet autre moy-mefme, il ne me refte plus rien de cher au monde que voftre eftime: Ie ne la veux pas perdre par l'extrauagance que ie tefmoignerois infailliblement fi ie vous en difois dauantage en ce trifte & deplorable eftat où ie fuis à prefent reduit. Adieu, MONSIEVR, ie fuis aueuglé de mes larmes, & croy que vous allez perdre deux amis tout à la fois, fi Dieu ne me confole par vn miracle.

RESPONSE
A MONSIEVR
DE BALZAC.

Il se rend aux iustes raisons qu'il luy donne du mespris qu'il faict de la Cour.

LETTRE HVICTIESME.

MONSIEVR,
Il faut que le contentement que ie reçoy de vos lettres soit bien grand, puis qu'il surpasse la peine que i'ay d'y respondre, le Messager n'arriue iamais que ie ne sois rauy, & n'est iamais sur le point de partir que ie ne sue, & que dans le trauail inutile que ie prens à vous escrire, ie ne me fasche quelquefois en moy-mesme

de ioüir d'vn bien qui me couste si cher. Mais ie suis comme les femmes qui n'accusent que dans les douleurs de l'enfantement les plaisirs qui les ont causées, & ne me suis pas si tost deschargé du fardeau qui me pese, que ie ne retourne comme elles au desir de la ioüissance. Afin d'estre deliuré de ce tourment qui vous importune aussi bien que moy, permettez qu'à l'aduenir ie vous prouoque seulement pour vostre gloire, & pour le contentement de vos admirateurs, & que sans estre en peine de contester auecque vous de courtoisie, & de repartir à vos complimens, ie vous consulte pour les secrets mysteres de l'eloquence; ie dirois comme vn oracle, si vous ne vous expliquiez plus clairement; car ie ne croy pas, si les Anges parlent quelque langue particuliere dans le ciel, que le son en puisse estre plus doux ny plus graue que celuy de vos paroles. Cognoissant en vostre esprit de si eminentes qualitez, ie vous laisse à iuger si i'aurois bonne grace de combattre vos raisons, que ie trouue aussi puissantes que iustes. Ie vous iure que i'en suis tellement vaincu, qu'au lieu de vous solliciter de venir à la Cour, & de vous sommer de vostre promesse, ie vous la rends, & confesse ingenuement qu'aux plus belles heures du cercle, les cabinets des Reines n'ont point d'appas ny de douceurs qui se puissent esgaler aux fruicts de vostre solitude. Il est vray que si ie suis coupable de vous auoir desiré parmy nous, i'ay tant de complices difficiles à conuaincre, & pleins d'authorité pour me defendre, que vous auriez bien de la peine à me faire condamner. Ils sçauent bien que ie ne vous ay point conuié de venir icy pour la perte de voſtre liberté, mais pour l'augmentation de voſtre gloire, & pour la conſolation de ceux qui ne ſe propoſent que voſtre vertu pour exemple: Mais à ce que ie voy, vous eſtes le ſeul au monde qui faites plus de cas de la ſolitude que de la ſuite, & qui trouuez le chant des oyſeaux plus doux que les loüanges des hommes. Quoy qu'il en ſoit, ſi i'apprens que vous ne ſoyez plus diſpoſé de venir à Paris à ce Printemps, i'accompagneray voſtre cher Philandre au deſſein qu'il a de vous aller voir. Cependant ie paſſeray tout l Hyuer dans mon eſtude, & chercheray parmy les bons liures à me former l'esprit afin qu'il soit plus digne de vostre conuersation quand il me faudra traiter auec vous de viue voix. Ie suis,

MONSIEVR,

Vostre tres-humble & tres-affectionné seruiteur,
BOIS-ROBERT.

A MONSIEVR
DE BALZAC.

Il se plaint de son peu de souuenir.

LETTRE NEVFIESME.

ONSIEVR,
Si vous croyez que ie sois encore en Angleterre, ou que vous vous soyez si facilement laissé tromper au faux bruit de ma mort, que mesmes vous ne vouliez pas que trois lettres que vous deuez auoir receües de moy vous ayent appris mon retour en France; ou ce qui est plus vray-semblable si vous auez de la peine à me remettre en vostre memoire com-

P

me celuy qui n'a iamais esté digne d'y auoir eu aucune part, ie vous coniure de tout mon cœur de ne vous forcer pas à m'y faire reuenir, & que ce grand esprit qui a tousiours paru diuin en sa liberté ne se contraigne pas pour si peu de chose: Aussi bien en l'estat où ie suis, accablé de maladie, & changé de toutes choses, excepté de la volonté que i'ay tousiours eüe de vous aimer & de vous seruir, ie ne merite quasi plus d'estre en consideration dans l'esprit de ceux qui ne songent qu'aux choses presentes; Mais ie ne laisse pas de m'affliger extremement & de ressentir des douleurs beaucoup plus pressantes que celles de ma fieure, lors que ie me voy visité de toutes les Muses, & presque de toute la Cour, & que depuis mon retour d'Angleterre ie ne me trouue pas consolé d'vne seule recommandation qui vienne de vostre part. Il y a quatre mois que ie me laisse abuser par vostre Climante, qui me promet de iour en iour de me faire voir dans quelqu'vne de ses lettres des tesmoignages de vostre souuenir; mais apres tant de remises ie me trouue obligé de croire que vous manquez plustost d'amitié que luy de memoire, & que vous vous estes à la fin ennuyé d'vne longue affection, dont vous m'auez honoré huict ans tous entiers. Quoy qu'il en soit, i'ay cet aduantage que ie suis icy le premier de vos amis & de vos admirateurs, & que i'ay encore assez de force dans l'ame, pour sentir que i'ay plus d'amitié que tous ceux enuers qui vous estes si prodigue de la voſtre, & que Damon & Tyrſis, tous riches & tous glorieux qu'ils ſont de mes deſpoüilles n'emportent touſiours que vos dernieres affections. Ne croyez pas, ie vous prie, que ce ſoit mon intention de faire icy le mutin, ny que ie veüille m'eſchapper par vne boutade qui ſeroit de mauuaiſe grace deuant qui que ce ſoit, & ridicule deuant vous. Ie proteſte que ce que ie vous dis n'eſt point pour mandier aucune de vos lettres, à l'imitation de ceux qui ont faict ces iours paſſez les cruels auec moy : Ie ſuis aſſez honoré de celles que vous m'auez eſcrites, & ie ſçay que c'eſt vn threſor aujourd'huy ſi precieux que les plus illuſtres & les plus releuez hommes de ce ſiecle ſ'en tiennent riches. Ie me contéteray lors que vous escrirez à Climante que vous mettiez de vostre main au bas de la lettre: Sçachez si Boisrobert est encore au monde, & aussi tost ie vous respondray que i'y suis, non pas auec la mesme santé que vous m'auez veüe, mais auec la mesme passion que i'ay tousiours eüe de vous honorer & de vous seruir comme celuy qui doit estre tout le reste de sa vie,

Monsievr,

Vostre tres-humble, & tres-
affectionné seruiteur,
Bois-Robert.

A MADAME
DE MARTINVILLE.

Il respond au remerciement qu'elle luy faict
d'auoir dit du bien de Mademoiselle sa fille
chez la Reyne Mere, où elle deuoit venir.

LETTRE DIXIESME.

MADAME,
Ie ne sçay pourquoy vous me sçauez gré d'vne chose pour laquelle toute la Cour me doit auoir obligation pluftoft que vous: Puis que c'est le lieu où les plus belles choses du monde doiuent paroistre, i'ay iugé qu'il n'estoit pas raisonnable que vous en cachassiez la meilleure partie dans les deserts, que c'estoit bien assez que vous

fussiez l'ornement de nos campagnes, & que vous deuiez permettre que Mademoiselle vostre fille fust celuy de nostre Cour. Croyez moy, MADAME, mes yeux ne m'ont iamais trompé: La derniere fois qu'auec tant d'admiration ils furent tesmoins de sa beauté, Amour, qui tout enfant comme elle, commence de se plaire en sa compagnie & de se faire remarquer en son visage auec vne merueilleuse authorité, me fit visiblement cognoistre qu'on luy faisoit iniustice de l'arrester en vn lieu où il ne receuoit pas les parfaictes adorations qui luy sont deües, & sembla s'addresser à moy comme au plus passionné ministre de ses commandemés pour m'aduertir qu'il n'estoit pas accoustumé de viure à la campagne, & qu'il eſtoit temps que lon ſongeaſt à le tirer de ſa ſolitude. Trouuant la paſſion de ce Dieu ſi iuſte que pouuois-ie moins faire que d'y contribuer tous mes ſouhaits. Il eſt vray, MADAME, ie l'ay deſiré bien ardemment, & ſerois tres-marry que quelqu'vn m'euſt deſrobé l'honneur d'vne ſi belle entrepriſe. Mais cependant que ie m'amuſe à faire des vœux pour l'accompliſſement de ce bon-heur que vous nous auez promis, & que ie flatte la Cour d'vne ſi douce eſperance peut eſtre que vous changez de deſſein, & que vous faictes conſcience d'acheuer de perdre des eſprits qui ne ſont deſia que trop enclins à l'idolatrie. Pour moy, MADAME, ie doute, auecques raiſon, qu'vn Ange au milieu de la corruption de ce siecle vueille abandonner son repos & les lieux tesmoins, depuis quatorze ans, de l'innocence de sa vie, pour habiter parmy nous. Ie crains d'ailleurs que vous ne nous aimiez pas assez pour nous enuoyer vostre portraict, & qu'estant iointe à ceste chere fille d'vne si estroite & si iuste amitié, vous ne puissiez souffrir d'estre partagée pour la gloire & pour le contentement d'autruy. Mais si vous considerez qu'en son absence vous aurez ceste satisfaction en vous-mesme, de ne plus rien voir en toute nostre prouince qui vous ressemble, & de sçauoir que la viue image de vostre beauté brillera si bien ailleurs, ie croy que vous n'apprehenderez plus vne perte qui ne vous peut estre qu'ad-

uantageuse de tous les costez, &
vous trouuerez à la fin que ie
n'auray pas moins trauaillé pour
vostre gloire que pour la nostre.
Ie suis,

MADAME,

Vostre tres-humble & obeissant
seruiteur, BOISROBERT.

A MADEMOI-
SELLE D'ATICHY.

Il se plaint modestement d'vne lettre qu'elle auoit laissé voir à celle contre qui elle estoit escrite.

LETTRE VNZIESME.

MADEMOISELLE, Ioignant les reproches que me fit Carinte à mon arriuée d'Angleterre, à ceux que vous m'auez faicts autrefois sur des sujets bien differends, procedans toutefois d'vne mesme cause, i'ay esté sur le point de faire vn vœu de n'escrire iamais à personne, & d'exprimer à l'aduenir toutes mes conceptions de viue voix, puis que mes lettres me font de si mauuais offices, & qu'elles payent d'ingratitude le plaisir que ie prends à les mettre au monde. En tout cecy ie n'accuse que mon mal-heur, qui a voulu que vous gardassiez plus long temps qu'il ne falloit celle que ie vous escriuis à Forges, qui me rend enuers Carinte coulpable du mesme crime dont ie l'accusois enuers vous. Pour le moins ce malheur est bon à quelque chose, puis que c'est vn sujet à ceste belle Dame d'exercer sa generosité. Aussi tost qu'elle m'a faict cognoistre ma faute, elle me l'a pardonnée, & i'oserois bien iurer qu'elle a receu plus de côtentement de son pardon, que de desplaisir de mon offence. Elle sçait bien que ie ne puis auoir peché que par vn excez de bonté, & que ie vous euffe accufée de la mefme forte, fi en ce temps-là vous l'euffiez traitée auec la mefme iniuftice. Il ne faut pas que ie vous cele que ie penfe l'auoir condamnée mal à propos, quoy que ie l'aye faict fur le tefmoignage d'vne Deeffe. Elle vous aime auec vne paffion trop iufte pour n'eftre pas durable, & à vous en parler fainement ie ne croy plus que rien ait efté capable d'alterer de fi belles & de fi parfaictes amitiez. Puis que vous eftes fi bien enfemble, pluftoft que vous croyez d'auoir iamais efté mal, ie fuis content que vous m'imputiez à moy feul toute la faute du paffé. Cheriffant voftre reputation comme ie fais, i'ayme mieux qu'on me blasme d'auoir esté leger en vous escriuant, que vous d'auoir esté volage. C'est.

MADEMOISELLE,

Vostre tres humble, & tres-
obeissant seruiteur,
BOIS-ROBERT.

A MADEMOI-
SELLE D'ATICHY.

Il respond aux iustifications qu'elle luy faict,
& les condamne.

LETTRE DOVZIESME.

MADEMOISELLE, I'ay receu en vn mesme iour les deux lettres que vous m'auez faict l'honneur de m'escrire, & si ie n'y ay pluſtoſt fait responſe, accuſez en mon mal-heur en la perte que i'ay faite du meilleur amy que i'euſſe au monde, qui m'a mis l'eſprit en tel deſordre, que iuſques icy ie ne me ſuis trouué capable ny de ciuilité ny de raiſon. Aujourdhuy que ie commence de respirer & de reprendre vn peu mes esprits, il faut que i'aduoüe que repassant mes yeux sur vos iustifications & sur vos excuses ie me suis trouué surpris d'vn nouuel estonnement, & si ie ne cognoissois vostre affection veritable ie m'offencerois de ces termes d'humilité dont vous vsez en mon endroit comme d'vne visible moquerie. Ie vous prie de croire que ie vous cognois plus parfaictement que vous ne pensez. I'ay mille preuues de vostre bonté qui me font voir clairement que vous auez l'ame aussi belle que le visage. Tant s'en faut que de gayeté de cœur vous puissiez rendre de mauuais offices à vos amis, ie suis tesmoin que vous obligez ceux la mesme qui vous offencent, & ne voulez pas que l'on donne à leur malice

malice autre nom que legereté. Pourquoy me demandez-vous pardon d'vn mal que vous n'auez point commis? Auez vous veu des reproches dans ma lettre qui vous demandent des satisfactions? Et m'estimez-vous auoir si peu de iugement que de vous croire coulpable de la moindre faute, apres vous auoir mille fois honorée dãs mes vers du tiltre de Diuinité, & vous auoir faitte esgale aux Anges? Si i'ay pris la liberté de vous escrire sur le malheur qui m'est arriué, ce n'a pas esté pour m'en pleindre, ny pour vous en blasmer, mais seulement pour vous faire cognoistre la generosité de nostre belle Marquise, qui ne s'est pas voulu souuenir de mon offence, & qui ne peut auoir appris d'autre que de vous l'art de pardonner de

Q

si bonne grace. I'ayme mieux que vous me soyez rude vne autrefois, que de me traiter si doucement à ma confusion. Quand ma lettre seroit digne de l'approbation que vous luy donnez, ie me repentiray toute ma vie de l'auoir escrite, tout vain & tout amoureux de loüanges que ie suis ; puis qu'elle vous a faschée & qu'elle vous reduit aux termes de vous iustifier deuant vn homme, qui cognoist aussi bien vostre innocence que toutes vos bonnes qualitez, & qui faict gloire de se dire par tout le monde,

MADEMOISELLE,

Vostre tres-humble &
obeissant seruiteur,
BOIS-ROBERT.

A MADEMOI-
SELLE DE COVSERANT.

Il la remercie des bons offices qu'elle luy a rendus pendant sa disgrace.

LETTRE TREZIESME.

MADEMOISELLE, Puis que mon malheur est si grand, qu'il m'oste mesme la liberté de vous aller voir, permettez-moy que ie prenne celle de vous escrire, pour vous tesmoigner que le vif ressentiment de mes ennuis ne m'a pas osté celuy de vos bons offices. C'est dans les afflictions que les vrais amis se cognoissent, mais ie n'auois pas besoin de ceste pierre de touche pour vous esprouuer. Ie vo⁹ auois recogneüe si prompte à me gratifier en tant d'autres occasions, que le plus grand desplaisir qui me reste, c'est de me separer de vous sans vous auoir seruie, & de ne m'estre pas rendu digne de l'honneur de vostre amitié. Vous ne sçauriez dire pourquoy vous m'auez assisté, si ce n'est que la generosité vous y ait conuiée. La fortune me punit bien seuerement pour vne faute bien legere : mais ie puis dire que i'ay moins encore merité vostre bienveillance que ma disgrace. Ie m'estois persuadé qu'elle ne seroit pas de longue durée, puis que vous preniez le soin de mes affaires, mais ma defiance s'augmente de iour en iour auec le pouuoir de mes ennemis. En l'estat où ie suis, ie n'ay plus sujet de rien craindre, si ce n'est la perte de vostre souuenir, qui me feroit beaucoup plus sensible que celle de ma fortune. Pleust à Dieu que ie vous peusse remercier de viue voix, & vous faire voir, au defaut de toute autre recognoissance, vn visage où le ressentiment de vos bienfaicts est aussi bien peint, que celuy de ma douleur. Mais puis que l'esperance m'en est ostée, contentez-vous de ce triste adieu, & vous asseurez qu'en quelque part du monde que me pousse ma mauuaise fortune, au milieu de mes peines & de mes ennuis, ie me conserueray tousiours la memoire de vostre bonté, qui seule m'oblige à faire encore estat de la vie, sur l'esperance que i'ay que Dieu ne permettra pas que ie demeure ingrat enuers vous, &

DE MONSIEVR qu'il me fera la grace de vous tesmoigner vn iour par des preuues infaillibles que ie suis,

MADEMOISELLE,

Voftre tres humble & tres-obligé
feruiteur, BOIS-ROBERT.

A PARTENICE.

Il se plaint d'vn commandement rigoureux qu'elle luy a faict.

LETTRE XIV.

'A y bien esprouué par vos dernieres seueritez combien vous estes exacte en l'obeissance que vous desirez de moy, mais ie ne sçay ce qui m'est le plus salutaire de suiure vos commandemens, ou mes desirs. Les vns m'esloignent de vous, & par consequent de ma vie, les autres vous cherchent, & non pas vous seulement, mais vostre cholere & vos dedains. Est-ce pas estre bien

Q iiij

malheureux de ne vous pouuoir treuuer que ie ne me perde? Ie sens bien qu'il me faut resoudre à vous obeir, quelque malheur qui m'en arriue. Il est raisonnable que vos rigueurs acheuent de destruire, ce qu'elles ont commécé : Ie n'estois né que pour vous, il est tres-iuste que vous disposiez de ma vie. Mais afin que vous en ordonniez plus absolument, & que de mon costé i'aye moins de regret à ma mort, permettez que i'en aille receuoir l'arrest de vostre belle bouche. Ce sera la derniere fois que vous me verrez, contraignez vous à me receuoir, pour n'estre iamais importunée d'vn malheureux amant, qui vous recognoissant diuine en toutes vos qualitez, vous conjure de paroistre humaine seulement pour le pleindre en sa mort, puis que son mauuais destin ne l'a pas iugé digne d'employer sa vie pour vostre seruice.

A CLIMENE.

Il se iustifie d'vne fausse accusation.

LETTRE XV.

'AYMEROIS mieux que l'on m'accusast d'auoir trahy mon païs, empoisonné mes parens, & cómis vn sacrilege, que d'auoir mesdit de vous. Il faut que i'aduoüe que ie me trouue merueilleusement surpris de ceste nouuelle, & que ie n'attendois rien moins à mon arriuée que des reproches de vostre part. Mais ie suis obligé de vous dire, autant pour l'interest

de mon honneur & de ma conscience, que pour celuy de la raison & de la verité, que quiconque s'est efforcé de me noircir par ceste calomnie, doit estre le plus pernicieux môstre qui fut iamais. Pour me iustifier, ie ne veux point d'autre tesmoignage que celuy de la renommée, qui sur l'asseurance de mes paroles & de mes escrits, a publié par tout esgalemét la beauté de vostre visage, la merueille de vostre esprit, & l'innocence de vos mœurs. Quelque mauuaise opinion que vous ayez de moy, ie ne laisseray pas à l'auenir de continuer mes loüanges : Mais vous me pardónerez si ie dy qu'il manque encore quelque chose à la solidité de vostre iugement, & que vous seriez parfaite en toutes les qualitez de l'ame & du corps, si vous n'auiez pas quelquefois la creance vn peu legere. Ie n'eusse iamais pensé qu'elle eust deu se laisser esbranler à mon preiudice. Si vous repassiez par vostre memoire le respect que i'ay tousiours eu pour vous, & si vous vous souueniez de la reputation que vous m'auez autrefois donnée de m'estre si longuement conserué dans la Cour par ma seule modestie, vous ne me soupçonneriez iamais d'vne si grāde ingratitude. Ie vous proteste que ie ne retourneray iamais dans ma belle humeur, que vous ne m'ayez declaré qui est l'autheur d'vne si noire mesdisance. I'auois resolu de vous entretenir de mes aduentures d'Angleterre, & de mille autres choses qui vous eussent esté peut-estre bien agreables: mais pour la punition que vous meritez de m'auoir condamné sans m'oüir, vous n'aurez auiourd'huy de moy que des plaintes & des reproches, & si ie croyois ma colere, i'aurois de la peine à vous dire que ie suis, comme i'ay tousiours esté.

Vostre tres humble & tres-
affectionné seruiteur,
BOIS-ROBERT.

A CRISANTE.

Il respond à vne lettre pleine de loüanges, qu'elle luy auoit escritte.

LETTRE XVI.

ON me viét d'apporter la lettre que vous m'auez faict l'hóneur de m'escrire, qui me trásporte d'vne telle ioye, que dans le rauissemét ou ie suis, ie me trouue quasi sur le point de me croire digne de toutes les bonnes qualitez que vous me donnez. Si c'est dans la solitude du monastere que vous auez apris l'art de flater & de persuader de si bonne grace, ie renonce à toutes les galanteries de la Cour, & vous demande la liberté de m'aller enfermer auecqne vous, pour apren-

dre à deuenir honneste-homme.
I'y porteray vn esprit de modestie
& d'humilité, pour vous obliger à
me souffrir, & pour peu que vous
me laissiez dans le petit Paradis où
vous estes, ne craignez pas que ma
conuersation sente plus le monde,
ny que vous soyez obligée, cóme
vous dittes, à vous confesser apres
mon entretien. Iugez, Crisante, à
quel point vos loüanges m'ont
touché; puis que pour en tesmoigner mon ressentiment, ie suis resolu de me ruïner pour vostre plaisir, & de vous mener vn homme
qui ne m'efface pas moins, que vos
nieces effacent toutes les beautez
de nostre siecle. Ie l'accompagneray d'vne voix diuine, afin que ie
fois le seul de la compagnie, qui
tienne quelque chose de ce móde,
que vous tesmoignez auoir à mespris.

A FLORICE.

Il luy parle de l'amour qu'il a pour sa compagne, qui est louche.

LETTRE XVII.

MA chere Cousine, Il faut bien que ie cherche vn meilleur guide que celuy que Crisante nous donna, pour me tirer du chemin où ie me suis insensiblement laissé conduire par vn aueugle. Ie vous laisse iuger à quelle extremité ie suis reduit, & dans quelle confusion ie me trouue. Ie ne veux point de plus fidelle tesmoin de ma passion que vous, puis que vous cognoissez mieux que nulle autre le pouuoir des yeux diuins

DE BOIS-ROBERT. 257
diuins que i'adore, qui pour viser
de trauers, ne laissent pas de frap-
per tout droit au milieu du cœur.
Ie confesse, chere Cousine, que ie
n'ay point de raison assez puissante pour me garentir de leurs atteintes, & que quelque resolution
que i'aye prise de me bien conduire à l'aduenir, ie ne puis empescher
que les plus iustes & les plus droites
pensées de mon ame, ne s'esgarent
auecque les yeux qui m'ont pris. Ie
voudrois mesme que ma fortune
allast de trauers, tant les choses de
ceste nature me sont agreables: En
vn mot ie croy que ie suis ensor-
cellé, & vous puis asseurer que
mes camarades de fortune ne sont
pas en meilleur estat que moy.
Vous pouuez dire à Crisante que
s'ils me faisoient à present vne tra-
hison, ie ne m'en estónerois point:
R

car ie fçay que ce font des hommes sans cœur. Ils ont l'vn & l'autre laiffé le leur au lieu où vous eftes, où le mien leur fait bonne compagnie: Faites ie vous prie qu'on le traite doucemét fi vous m'aymez, car il eft fort delicat, & pour peu qu'on le rebute, on le degage.

A LISIMENE.

Il se plaint qu'ayant à luy faire du mal, elle ne le luy daigne faire elle mesme.

LETTRE XVIII.

E voy bien que mes respects, & mon obeissance me sont inutiles, puisque vo⁹ traités aussi mal ma passion en la bouche de ceux à qui ie la confie, qu'en la mienne propre. Encore vous imaginez vous que ie doiue tirer quelque aduantage de ce mauuais traittement, & le receuoir cóme vn des effects de vostre bonté, en ce que vous me le faictes faire indirectement, par vn autre que par vous: Tant

s'en faut, ie trouue que vous imitez celuy qui fait aſſaſſiner ſon ennemy, qu'il ne croid pas digne de mourir par ſes mains. Si ie merite d'eſtre le martyr d'amour, & ſi vous me deſtinez à la mort pour eſtre le plus fidelle, & le plus diſcret Amant qui vous ait iamais ſeruie, permettez moy que ie l'aille receuoir de vous meſmes, & ne me refuſez pas en ceſte extremité, l'honneur de mourir par vos propres mains.

A CARINTE.

Il iuſtifie ſa diſcretion, & à la fin luy
declare ſa jalouſie.

LETTRE XIX.

SI ie manquois de diſ-
cretió en vous ſeruant,
Belle Carinte, & ſi
quand ie vous regarde
ie n'auois pas touſiours autant de
reſpect que d'amour dans les yeux,
ie trouuerois quelque apparence à
la priere qu'on m'a faite de ne vous
voir plus. Ie me rapporte à vous
meſme de tous mes deportemens,
& quoy que vos beaux yeux ſoient
coupables de ma mort, ie ne les
recuſe pas pour iuges de mes

actions. Qu'ay-ie faict en leur presence dont ie doiue estre repris? si ce n'est que mon respect & ma fidelité passent pour des crimes. Non non, Carinte, vous ne cognoissez que trop mon innocéce, & vous ne laissez pas toutesfois d'approuuer l'iniustice & la seuerité de vos parens, & de vouloir que ie leur obeysse en vne chose, dont la seule pensée est capable de m'oster la vie. Ie ne delibere pas si ie doy mourir, puis que vous le voulez il le faut. Ie vous ay donné trop de pouuoir sur moy, pour ne receuoir pas auec plaisir l'arrest mesme de ma mort, prononcé par vostre bouche, de qui i'ay trop vainemét attendu ma consolation & mon repos: Mais puis que l'on escoute les criminels en leur fin, i'ay pensé qu'en la mesme extremité il me seroit permis de soûpirer, & de faire connoistre mon inocence. Pardonnez moy, belle Carinte, si ie renouuelle si souuent deuant vous le discours ennuyeux de ma douleur: Vous sçauez bien que les affligez sont importuns, & pleust à Dieu que i'eusse quelque suiet de vous entretenir d'autre chose que de plaintes. Cela ne m'arriuera iamais si vous côtinuez à me bannir de vostre presence, pendant que d'autres moins considerables que moy en toutes façons, ont la promenade libre auecque vous. A ce mot picqué d'vne iuste ialousie, ie pers le courage & la parole, & si vous ne me rendez l'vn & l'autre par vn prompt commandement de vous reuoir, ie pers la vie.

R iiij

A PARTENICE.

Il se plaint d'vn commandement qu'elle
luy a fait de s'absenter d'elle.

LETTRE XX.

IE ne sçay comme il se peut faire qu'estant à vous par tant de iustes tiltres, & n'aspirant à rien qu'à l'honneur de vous seruir, i'obeysse auiourd'huy tant à regret à vos commádemens. Vous sçauez bien que ie ne puis viure qu'aupres de vous, & vous voulez que ie m'en esloigne pour six semaines; comme si vous cognoissiez assez de force en moy, pour pouuoir subsister si longuement de la seule esperance de vous reuoir. I'obeys toutefois, bien que ie ne pense pas le pouuoir faire sans mourir, afin que vous cognoissiez, que vostre contentement m'est plus cher que ma propre vie. Iugez, belle Partenice, auec quelle seucrité vous me traitez. Vous me condamnez à mourir, lors que toutes les choses mortes ressuscitent par la presence du Soleil, qui s'en estoit éloigné. Ie ne cognoy point d'autres Soleils au monde que vos yeux, & il ne faut point s'estonner si depuis que ie ne les voy plus, ie paroy comme vne chose morte, & si lors que chacun respire la plus belle vie du monde, ie m'abandonne aux soûpirs & me laisse aller à la douleur. Ie feray ce qui me sera possible parmy tant de lagueurs, pour conseruer ma vie afin de l'employer pour voſtre ſeruice, apres le terme expiré que vous auez preſcrit à mes peines, & me conſoleray cependant auec la ſeule eſperance qui m'eſt reſtée, & que ie vous conjure de ne bannir pas de moy, comme vous en auez banny le repos & la joye.

A MADAME
DES LOGES.

Il luy prouue que sa bienveillance, doit estre la seule cause de sa fortune.

LETTRE XXI.

MADAME,
Au mesme instant que i'ay receu la lettre que vous m'auez faict l'honneur de m'escrire, i'ay receu des caresses de Monsieur le Cardinal de Richelieu, accompagnées des plus solides asseurances qui sortirent iamais de sa bouche veritable: Qui est vn tesmoignage infaillible que la fortune mesme vous respecte, & qu'elle n'oseroit delaisser vn homme qui a l'hon-

neur d'eſtre cogneu de vous, & l'auantage de vous bien cognoiſtre. Si i'auois ſouuent des marques de voſtre ſouuenir, ie croy que ie pourrois aſpirer ſans temerité, à tout ce qu'il y a de releué dans le monde, & que ie n'aurois pas ſujet de craindre vn ſecond reuers de fortune ; parce qu'auec l'honneur de vos bonnes graces, onne ſçauroit iamais eſtre malheureux. Ie ſuis au deſeſpoir, MADAME, de ne vous pouuoir remercier aſſez dignement de vos bienfaicts, qui ſurpaſſent autant mon attente que mon merite. Au defaut de toute autre recognoiſſance, vous me permettrez, s'il vous plaiſt, de rendre tous les iours l'hommage qui vous eſt deu à voſtre image viuante, qui s'eſt miraculeuſement rencontrée en ce

DE BOIS-ROBERT. 269
lieu, que i'ay plus de sujet d'aimer à present, que ie n'en eus de le haïr durant ma disgrace; puis que ie n'y trouue pas seulement des marques de vostre bienveillance, mais encore de celles de vostre esprit & de vostre vertu. Ie n'ose vous en dire dauantage, de crainte de vous ennuyer. Ie me contenteray de vous asseurer que de tous ceux qui vous honorent icy, quoy que ie pense parler de toute la Cour, il n'y en à pas vn, qui soit auec plus de passion que moy,

MADAME,

Vostre tres humble & obeissant
seruiteur, BOIS-ROBERT.

A

MONSEIGNEVR
L'ARCHEVESQVE
D'AIX.

Il promet d'amender ses fautes du passé, & de luy escrire souuent à l'aduenir.

LETTRE XXII.

ONSEIGNEVR, Les reproches que vous me fistes l'année passée, m'ayant assez donné de vanité pour croire que vous me iugiez digne de l'honneur de vostre souuenir, & que vous ne mesprisiez point les offres de mon tres-humble seruice, i'ay pensé que ie m'offencerois plus que vous, si ie manquois

DE BOIS-ROBERT. 271
à vous en renouueler les asseüran-
ces, toutes les fois que vous seriez
esloigné de la Cour, & si, puis que
mes deuoirs vous sont aggreables,
ie ne vous en donnois d'assez fre-
quens tesmoignages à l'aduenir,
pour vous obliger à croire que si
i'ay failly par le passé, ie l'ay plustost faict par vn excez de respect
que de paresse. Mais, MONSEI-
GNEVR, en l'estat où vous estes,
occupé à gaigner tous les iours à
Dieu des cœurs & des volontez, &
trauaillant d'vn soin continuël au
salut de vostre Diocese, ie ne sçay
s'il me sera permis de vous diuertir
vn moment par mes complimens
inutiles, & si pour peu que ie vous
entretienne, ie n'abuseray point
de vostre loisir. Quoyqu'il en soit,
ie ne sçaurois me persuader que
vous blasmiez l'extresme affe-

ction que i'ay à voſtre ſeruice, ny que vous puiſſiez reietter vn cœur zelé qui vous va chercher iuſques en Prouence, pour ſe changer entre vos mains, & pour eſtre mis au nombre de vos glorieuſes conqueſtes. Receuez-le ie vous prie, Movseignevr, comme vne choſe qui vous appartient; & ne vous offenſez pas ſi ie me promets vn petit accueil de vous, dans la grande & iuſte paſſion que i'ay d'eſtre toute ma vie,

Monseignevr,

Voſtre tres-humble & tres-obeïſſant ſeruiteur,
Bois-Robert.

LET-

LETTRES DE
FEV MONSIEVR DE MOLIERE.

A FEV MON-
SIEVR LE COMTE DE VAVVERT.

Il l'entretient des plaisirs dont il iouyt aux champs, & du mespris qu'il faict des richesses, & des magnificences de la Cour.

LETTRE PREMIERE.

MONSIEVR,

Si parmy vos delices vous vous souuenez encore d'vne personne qui ne se souuient presque plus que de vous, ie me persuade que

S

vous prendrez plaisir à sçauoir de ses nouuelles. J'ay veu tant de preuues de l'honneur que vous me faictes de me vouloir du bien, qu'à moins que d'estre le plus ingrat homme de la terre, ie ne puis que ie n'en aye des ressentimens que le temps ny l'absence ne sçauroient effacer de mon ame. Dans le repos dont ie commence à iouïr ie n'esloigne gueres mes pensées des objects qui s'offrent à mes yeux, que pour vostre sujet, & ne vay point chercher dans le desordre de la Cour, ce que ie puis trouuer dans l'innocence de ma solitude. Vous seul me pouuez diuertir du plaisir que ie prends à voir nos innocens promenoirs, où si la beauté ne paroist auec tant d'esclat qu'aux Tuilleries, au moins ne l'y trouue-t'on pas auec tant d'artifice. Icy nous voyons les femmes telles que nature les a faictes : Leurs visages sont aussi peu deguisez que leurs actions. La pudeur les accompagne iusques dans le lict, & si elles se laissent quelquefois gaigner aux persuasions de leurs Amans, l'innocence qui le leur faict faire, les garentit aussi de la honte qu'elles en pourroient receuoir. Il ne leur arriue gueres souuent d'estre trompées dans nos deserts, car le mensonge y est vn plus grand crime, que n'est vn meurtre dans Paris : Mais s'il aduient qu'elles le soient, la compassion qu'vn chacun à de leur mal, leur oste vne partie de l'ennuy qu'elles ont d'auoir failly. La medisance est si peu conneüe parmy nous, que les femmes les plus desbauchées ont loisir de s'amen-

S ij

der, deuant que l'on ait pris garde à leurs vices, ou pour le moins qu'on les ait publiez. Il est bien vray que nous n'auons pas tant de diuertissemens que vous en auez à la Cour, mais aussi n'en auons pas de si dangereux. Tous nos iours sont semblables, il n'y à que la pluye ou le beau temps qui y mettent de la difference. Comme nous n'auons point de voyes pour nous auácer, aussi n'en auons nous point pour nous perdre. Personne ne porte enuie à nos plaisirs ; car il y en à assez pour tous ceux qui veulent y prendre part, & estans pareils, comme ils sont, chacun s'arreste à gouster les siens, sans prendre peine à troubler ceux des autres. Cela s'accorde fort bien à mon humeur, qui sans violence ne peut souffrir les inegalitez. I'aimerois mieux que tout le monde fuſt auſſi heureux que moy, que ſi i'a-uois ceſt aduantage ſur tous, & qu'vn ſeul l'euſt ſur moy. Ie ne veux pas comprendre le bonheur dans la poſſeſſion des grandeurs & des richeſſes; car ne les eſtimant que fort peu, ie ne me dois pas croire malheureux de ne les poſſe-der pas. Nature nous ayant faict naiſtre auec des ſentimens tous differents, a mis auſſi de la diuer-ſité dans les plaiſirs, afin que cha-cun y treuuaſt dequoy contenter ſon inclination. Elle n'euſt faict que des treſors, ſi elle euſt iugé que tous les hommes ſe fuſſent portez eſgalement à la recherche du bien. Toutefois ayant preueu qu'il y auroit des ames plus gene-reuſes les vnes que les autres, elle ne ſe contenta pas d'eſtablir pour

S iij

elles des plaisirs honnestes & vertueux, mais cognoffant la foiblesse des autres, elle tira des metaux de la terre, pour les occuper en ce trafic. Depuis, comme on voit de beaux arbres produire des fruicts amers, les vertus mesmes ont seruy de pretexte à la naissance des vices ; & la splendeur semble appreuuer la vigilance de ceux à qui l'insatiable desir d'acquerir des richesses, a faict rompre les plus sainctes loix que nous auons parmy nous. Les vertus ayant doncques esté contrainctes de flechir sous la tyrannie des vices, les Grands ont esté estimez plus, ou moins vertueux, selon le grand ou le petit nombre d'esclaues qu'ils traisnoient apres eux : Et les petits n'ont point treuué de si mauuaises voyes, qu'ils n'ayent embrassées pour paruenir à la grandeur. On n'a eu plus d'esgard si ces tresors estoient bien ou mal acquis, & ceux qui s'estoient aduancez par leurs trahisons, ont esté plus estimez, que ceux qui s'estoient ruinez par leur fidelité. Les superbes Hostels, les riches tapisseries, les grandes suittes, & les tables bien couuertes, ont esté les seules marques qui ont mis de la difference entre les hommes, & quiconque a esté reduit à la necessité de ne pouuoir faire tous ces excez, a tasché en vain de faire esclatter sa vertu. Quelques vns plus fins que les autres, par vne vaine magnificence se sont mis en credit, & par la bonne códuite qu'ils ont apportée en leurs actions, ont faict passer leur auarice pour liberalité. Ceux-là se sont acquis la grande renommée

S iiij

qu'ils ont, auec autant de droict que celuy qui donne vn petit grain à la terre fous esperance qu'il a d'en retirer beaucoup dauantage. Ils ne se sont pas contentez de faire par de petits presens des creatures necessaires à la conseruation de leur fortune, mais encore ont voulu que ceux qu'ils obligeroient ioignissent à leur seruitude la honte de publier par tout le bien qu'ils auoient receu d'eux. Ie loüe Dieu qu'estant nay Grand comme vous estes, vous ne soyez sujet à aucun de ces defaux. Il n'y à point de complaisance assez forte pour me faire dire les choses d'autre façon qu'elles ne me semblent: Et sur tout maintenant que i'ay renoncé à la fortune & à l'esperance de me voir plus que ie ne suis, ie dois estre encore moins suspect de flatterie, que lors qu'il sembloit qu'elle fust necessaire à mon aduancement. Il pourroit estre que vous honorant par dessus tout ce qu'il y a d'hommes au monde, l'affection que ie vous porte me fit voir plus auantageusement vos actions, qu'à ceux qui vous sont moins obligez que moy. Mais ayant commencé de vous aimer par la seule connoissance que i'eus de vostre vertu, ie ne crois pas pouuoir faillir au iugement que ie fais de vous. Ie ne vous considere pas comme le protecteur de mon innocence, & le seul asile où mes afflictions ont treuué du support, lors que la malice de mes ennemis auoit conspiré ma ruine : Car apres auoir receu tant de bien de vous, qui me pourroit blasmer de dire tout ce qui se peut dire à l'aduantage de celuy à qui l'on doit tout ce qui se peut deuoir? Certes il faut que i'aduoüe que la fortune m'a faict deux faueurs, qui m'ostét presque tout moyen de me plaindre de tant de cruelles trauerses dont elle m'a persecuté durant cinq ou six ans que i'ay perdus à la suiure: Car elle ne s'est pas contentée de me faire treuuer en vous plus de secours, que ie n'en pouuois esperer de tous ceux que par mes seruices i'auois obligez à m'assister en mes disgraces; mais encore a voulu que ie tinsse mon repos & mon bien d'vne personne, à qui ie ne pouuois rendre tant de deuoirs qu'elle en merite, quand mesme elle n'eust iamais rien faict pour moy. Ie ne me lasserois iamais de vous figurer l'extresme desir que j'ay de vous feruir, fi ie ne craignois d'abufer du temps que vous deuez à vn meilleur entretien. Toutefois ie vous fupplie de m'en donner encore ce qu'il faut pour me faire fçauoir de vos nouuelles, & croyez, f'il vous plaift, qu'il n'y aura iamais perfonne qui foit plus que moy,

MONSIEVR,

Voftre tres humble & tres-fidelle
feruiteur, MOLIERE.

A MONSIEVR
D'AVBY.

Il l'entretient familierement de son humeur.

LETTRE II.

MONSIEVR, I'ay passé ceste apresdisnée seul, combien que la beauté du iour me conuiait à m'aller promener. I'en ay donné vne partie au sommeil, & le reste à mes resueries. Ie commence à connoistre des inegalitez en mon humeur, qui me font recercher la solitude, de peur qne ie ne face voir mes defauts. Ie ne suis plus si sensible aux plaisirs comme i'ay esté autresfois, ny si capable des diuertiffemens, qui m'aidoient à faire couler le temps infenfiblement. Ie fuis comme ces femmes, qui de crainte qu'on ne remarque du changement en leur beauté, fe tiennent au lict, & attendent du temps, ce qu'il leur ofte tous les iours. Il ne me refte plus autre contentement que celuy que ie prends en la conuerfation de mes amis ; mais de vouloir tirer d'eux ce que ma mauuaife humeur ne me permet pas de leur donner, il me femble que ce feroit faire vne iniuftice à leur affection. I'ay accouftumé de dire les chofes d'vne forte, que fi ie n'ay acquis autre eftime dans le monde, au moins penfay-ie auoir merité celle de veritable aux promeffes que ie fais de mon amitié. Iufqu'icy beaucoup m'y ont trompé, mais ie puis dire auecques verité, que ie n'y trompay iamais perfonne; combien que la confideration de ma mauuaife fortune femblaft requerir de moy que ie me contraigniffe à tefmoigner de la paffion, pour ceux qui la pouuoient rendre meilleure. Ie me trompe fi mon ame n'auoit efté faicte pour vn autre corps que pour le mien, car ie la treuue fi contraire aux lafchetez qui font prefque neceffaires à ceux qui fe veüllent efleuer par deffus leur naiffance, qu'elle aime mieux fouffrir toute forte d'incommoditez, que la honte d'auoir faict aucune chofe contre fon inclination. Ie ne l'ay iamais peu flefchir iufqu'au point d'aimer ceux qu'elle en a iugez indignes, ny luy ofter la liberté de dire fes fentimés. Que fi i'ay quelquesfois contraint ma bouche à dire du bien de ceux qui ne le meritoient pas, elle l'a si mal faict, qu'il a bien paru qu'elle le faisoit de soy-mesme, & sans que mon ame y consentist. Le desir que de tout temps i'ay eu de viure doucement, & posseder les plaisirs sans amertume, m'a porté quelquesfois à souhaitter du bien, pource que sans cela ils ne peuuent ny durer, ny se laisser parfaictemēt gouster. Mais que ceste ambition m'ait iamais peu faire resoudre à m'accommoder à la tyrannie du temps, ny à en acquerir par la voye, par où i'ay veu que tant de personnes y sont paruenües, c'est chose dont mes plus grands ennemis ne me peuuent reprendre. Si i'ay du bien ie ne le veux deuoir ny à l'importunité, ny à la flatterie; car i'ay assez bonne opinion de moy, pour en esperer de ma vertu. Que si de tous ceux qui le distribuent, il ne s'en treuue pas vn assez vertueux pour m'en faire, ie tascheray d'accommoder mon naturel à ma fortune, & de reduire mes plaisirs à mon pouuoir. Il ne m'importe qu'vn autre soit plus riche, ou plus heureux que moy; mais il me fascheroit qu'il le meritast mieux. Le peu d'esprit que i'ay me fera treuuer des charmes & des douceurs dans ma petite fortune, qu'vn autre ne rencontrera pas dans sa splendeur, ny dans la possession de ses richesses. Comme les ames basses les recherchent auecques plus de peine & de soin que celles qui ont quelque chose par dessus le commun, aussi semble-il que la nature les leur ait données,

données, pour reparer leurs defauts, qui autrement les rendroiét si insuportables, qu'à peine treuueroniét-ils personne qui les vouluft souffrir. Ceux qui sçauent donner les mesmes loüanges aux vicieux qu'aux vertueux, & ne se proposer autre but que leur interest & la grandeur de ceux qu'ils seruent, ne peuuent manquer de bien Pour moy qui ne suis nullement nay à la seruitude, & qui représ aussi aigrement le vice, cóme ie me porte courageusement à la la defense de la vertu, ie mesprise leurs faueurs, & tiens vn homme miserable quand il est obligé à vn sot, de quelque condition qu'il soit. Ie ne suis point dans l'erreur de ceux qui se plaignent de l'ingratitude du siecle ; car ie croy que le nombre des ignorans & des meschans a esté de tout temps plus grand que celuy des gens de bien. Mais ie treuue si peu de personnes qui meritent qu'vn honneste homme leur rende des subiections, que ie ne me puis imaginer que les siecles passez ayent produict des hommes ridicules comme nous en voyons au nostre. Où m'emporte ma resuerie? ie pense en m'esloignant de vous, vous empescher de connoistre ma mauuaise humeur, & ie suis si mal aduisé que de vous la faire voir en ce mauuais discours, & par les plaintes que ie fais d'vne chose à quoy i'ay si peu d'interest. Que m'importe de quelle sorte de gens la Cour soit composée, pourueu que vous m'aimiez, & que vous croyez que ie vous ayme. La premiere fois que ie vous vis, mon inclination me contraignit à vous cherir, contre la couſtume que i'ay de connoiſtre l'humeur de ceux auecque leſquels ie veux faire amitié, deuant que de m'y engager. Depuis, la connoiſſance que i'eus de vos vertus, me rendit tellement voſtre, que ie connus bien que mon inclination ne m'auoit pas trahy, & fis deſlors deſſein de ne la deſdire iamais. Vous voulez bien que ie dorme, car i'en ay enuie,

MOLIERE.

A DAPHNIS.

Il le console de la perte de sa Maistresse.

LETTRE III.

A Ce que i'apprends, Daphnis, au lieu de resister à vostre mal, vous le flattez, & faites tout ce que vous pouuez pour le rendre incurable. I'attendois des nouuelles certaines de vostre guerison, lors que l'on m'en a apporté de vostre desespoir, & ce qui m'a le plus affligé, c'est qu'on m'a dit que vous teniez pour ennemis tous ceux qui entreprenoient de vous consoler. Si bien qu'à ce coup il faudra que mon affection me face encourir vostre haine, &

que ie vous fafche pour auoir trop de defir de vous feruir. Si i'eſtois de ceux qui s'accommodent laſchement à tous les fentimens de leurs amis, & trahiſſent par leur complaifance ceux qu'ils deuroiét conuaincre par leurs raifons, i'appreuuerois voſtre paſſion, & remettrois au pouuoir du temps le remede qu'il faut que vous deuiez à voſtre feule refolution : Mais n'ayant pas l'efprit fouple iufqu'au point d'appreuuer ce qui ne me femble pas bon, i'aime beaucoup mieux vous deplaire en vous reprenant hardiment, que vous tromper en loüant voſtre conſtance & toutes ces actions defefperées à quoy l'on m'a dit que vous porte l'excés de voſtre paſſion. Ie fçaurois auſſi bien qu'eux vous flatter en voſtre mal, fi ie

T iij

n'aimois dauantage voſtre gueriſon. Ie ne doute point, Daphnis, que vous ne treuuiez mes conſeils violens, & que vous n'ayez preſque autant de peine à vous en ſeruir, comme vous en auez à ſouffrir voſtre douleur: Mais que ne deuez vous pas faire pour mettre voſtre ame en repos, & la deſcharger de tant de ſoings qui l'accablent? Ne vous abuſez point de ces fidelitez imaginaires dont les recompenſes ne ſont que des larmes & des ſouſpirs, & dont les exemples nous ont pluſtoſt eſté donnez pour eſtre fuys, que pour eſtre imitez. Aimez voſtre repos, & ne ſouffrez pas que la conſideration de qui ce ſoit, vous face oublier ce que vous deuez à vous-meſmes. Ie ne veux pas eſtre barbare iuſqu'au point de vous deffendre tout à faict les ressentimens de vostre affliction. Ie sçay qu'il est des maux, où les remedes sont plus violents que les maux mesmes, & qu'en la perte que vous auez faite, il faudroit estre insensible pour n'en auoir point de regret. I'ad-uoüe, Daphnis, que vous auez raison de vous affliger; mais si vous n'estes tout à faict priué de iugement, vous treuuerez que vous en auez encore dauantage de vous consoler. I'ay tousiours creu que Siluie estant aimable comme elle est, il vous faudroit presque au de temps pour l'oublier, que vous en auez mis à la seruir. Dieu veüille que mon opinion ne m'ait point trompé, & que vous n'en perdiez pas dauantage à regretter vn bien qui deuoit finir, que vous en auez employé à en esperer la ioüissance.

C'est beaucoup, Daphnis : Si le terme que ie vous donne ne guerit voſtre affliction, il faut que vous vous aſſeuriez qu'elle durera autant que vous. Ouurez doncques vn peu les yeux, aidez à voſtre raiſon à reſiſter contre voſtre deſeſpoir, & gouſtez les conſeils de voſtre fidelle Lyſis, qui ne ſera iamais content que lors que vous le ſerez. Ne trompez point l'eſperance que tout le monde a de vous, ne rendez point vains les ſouhaits que vos amis font pour voſtre repos, & faictes voir que ſi vos malheurs ont eu le pouuoir d'eſtonner voſtre conſtance, ils n'en ont pas aſſez pour l'abattre. Conſiderez vn peu ce que vos ennemis peuuent dire de voſtre eſloignement; car pour viure en aſſeurance, il faut que vous vous imaginiez que vous auez au moins des enuieux qui ne font pas moins dangereux que s'ils s'eſtoient declarez. Comme ſans vous flatter vous auez des qualités qu'on ne rencontre qu'en fort peu de perſonnes de voſtre âge, & de voſtre condition, tenez pour certain qu'autant qu'il y a de perſonnes qui ne peuuent auoir l'eſtime que vous vous eſtes acquiſe, autant y en a t'il qui n'attendent que l'occaſion de vous la faire perdre. Que penſez vous qu'ils diront, quand ils ſçauront que contre le conſeil de tous vos amis, vous vous eſtes retiré en vne ſolitude plus capable de deſeſperer vn eſprit, que de le remettre. Mais quand ils auront apris comme vous y viuez, & le peu de courage que vous teſmoignez en vne perte, que pour augmenter voſtre honte, ils figureront petite, ce ſera alors que leur malice eſclattera contre vous, & que par leurs artifices ils taſcheront de vous oſter ce que vous auez par deſſus eux. Deſia tout l'entretien de la Cour eſt de voſtre abſence, chacun treuue eſtrange de ne vous voir point aupres du Roy, où le rang que vous tenez vous attache, & l'on en dit des raiſons qui ne laiſſent pas de vous nuire, encore qu'elles ne ſoient pas veritables. Vn homme de baſſe condition pourroit courre les champs toute ſa vie, ſans qu'on s'en apperçeuſt, ou qu'on ſe miſt en peine de l'en deſtourner; mais vous qui auez à ſuiure l'exemple de mille Ayeuls, qui depuis tant de ſiecles ont laiſſé des marques de leur grandeur, vous laisserez vous reprocher d'auoir moins adiousté qu'eux à la splendeur de vostre Race? Repassez vn peu deuant vos yeux, de quelle sorte de gens la Cour est formée, & vous treuuerez que ceux qui n'y sont pas assez malicieux pour tromper leurs amis, ont assez d'artifice pour s'empescher de les seruir. Il semble à ces esprits lasches qu'ils adioustent à leur reputation tout ce qu'ils ostét à l'estime des autres. Leur dessein est de blasmer tout ce qu'ils ne peuuent faire, & restraindre la vertu à de si estroittes limites, qu'à moins que d'auoir de fortes inclinations à la suiure, on est contraint de les imiter, pour se metrre à l'abry de leur enuie. Il n'est point de si belle fleur qu'ils n'infectent de leur venin, & comme leur nombre surpasse de beaucoup celuy des gens de bien, ils trauaillent tous les iours à faire qu'on ne le puisse plus estre sans extrauagance. Peut-estre n'est-il pas hors de propos, Daphnis, de vous faire souuenir quels ennemis vous auez à combattre, pour vous preparer à leur resister. S'ils estoient moins laches qu'ils ne sont, vous auriez moins de subiect de les craindre: Mais pource que toutes leurs actions sont dissimulées, & que la longue habitude qu'ils ont aux vices les a rendus habiles à tromper les plus fins, il ne faut pas auoir peu de prudence pour euiter leurs artifices. Il a esté vn temps, où il suffisoit d'estre vertueux pour acquerir de la loüange: Maintenant que les vices ont mis le desordre dans le monde, la conduitte y est presque auſſi neceſſaire que la vertu meſmes. La meſdiſance ne treuue plus rien hors de ſa calomnie, ſi bien que les vertus qui acquirent autresfois tant de gloire à Alexandre, ne pourroient peut eſtre, au ſiecle où nous ſommes, le garentir de honte. Pour moy, grace à Dieu, i'ay veſcu iuſqu'icy, de ſorte que ie ne puis eſtre ſuſpect, ny de meſdiſance, ny de flatterie. Quand i'ay cogneu des defauts en mes Amis, ie leur ay dit ce qu'il m'en ſembloit en particulier, & taſché que perſóne ne s'en aperceuſt que moy. Quand i'en ay trouué en mes ennemis, ſi ie les ay publiez, ie ne penſe pas, puis que la contagió des eſprits eſt auſſi dangereuſe que celle des corps, auoir plus mal faict que celuy qui deſcrie vn homme qui a la peſte, de peur que ceux qui ne fçauroiēt pas son mal, ne le gaignassent en s'approchant de luy. Ie n'ay iamais creu qu'on deust auoir honte de dire la verité, que lors qu'on ne l'ose soustenir, ny qu'on peust mieux employer sa vie, qu'en la mettant pour la conseruation d'vne si pretieuse vertu, que celle-là. Il ne m'arriue gueres de me tromper en mes sentimens, & sans vanité, de la mesme façon que les choses me paroissent, elles paroissent aux plus honnestes gens du monde. Tout ce que nous voyons se gouuerne par l'vsage & par la raison, ou se iuge par l'opinion : En ce qui depend de l'vsage, ie m'accommode au sens commun, dont l'on ne se peut esloigner sans erreur. Aux choses qui se font par raison, ie prends conseil de la nature : Et pour celles qui se iugent par l'opinion, ie crois que iamais perſonne ne l'eut plus ſaine que moy. C'eſt pourquoy ie ne m'arreſte qu'à la mienne, & ſi ie me trouue aſſez de complaiſance pour ne pas deſaſpreuuer celle d'autruy, au moins n'en ay ie pas aſſez pour la ſuiure. Tout ce que ie vous dis de ma ſuffiſance, Daphnis, eſt pour vous perſuader qu'eſtant capable de connoiſtre voſtre mal, il faut que vous receuiez les remedes que mon affectiõ me preſſe d'y apporter. I'aduoüe qu'ayant iuſques icy preferé mon repos à tous autres cõtentemens, il peut y auoir beaucoup de choſes en amour que l'experience ne m'a pas appriſes. I'ay touſiours veu les femmes comme les roſes: pas vne ne m'a ſemblé aſſez belle pour la chercher parmy les eſpines. La nature m'a faict nai-

stre auec des passions si moderées, que ie n'en ay point qui ne m'obeïsse, & combien que ie treuue celle d'amour la plus puissante, l'aduantage qu'elle a sur les autres n'est pas si grand, qu'il me puisse troubler en mes plaisirs. Ie suis d'accord auec tout le monde, que c'est vne des parties de la gétilesse, de tascher à s'acquerir par ses soings & ses deuoirs l'affection d'vne belle féme. Mais, Daphnis, à quicóque a tant soit peu de pouuoir sur soy, il est bien facile de faire passer les apparences pour les effects, & se faire recompenser de ses feintes, comme d'vne veritable amour. Ie m'en vay vous respondre à tout ce que vous me pouuez obiecter là dessus, & vous rendre vostre guerison si aisée qu'il ne tiendra qu'a vous que vous ne
soyez

soyez aussi libre que vous l'auez iamais esté. Il semble d'abord que cette dissimulation, par laquelle ie conseille de paruenir à ce que l'on desire, soit entierement contraire à la franchise. Cela ne se peut contredire, Daphnis; Mais prenons la chose comme il la faut prendre. Qnelle iniustice fais-ie à vne femme, qui ne m'ayme que pour les seruices que ie luy rēds, de ne l'aymer que pour le plaisir que i'en espere? Ceste sorte d'amour est la plus ordinaire : comme on la voit naistre sans peine, aussi la voit-on mourir sans ressentiment. Il y en a vne autre, qui est plus violente, & traisne apres soy les disgraces, les inquietudes, les ennuis & tous ces autres noms specieux que vous donnés à vos folies. Celle-là commence son empire par la tyrannie, le conserue par la violence, & le finit le plus souuent par le desespoir. Elle priue les hommes de raison, les réd ennemis d'eux mesmes, & meine en triomphe tous les plaisirs. Elle se rend si ebsoluë sur les sens, que lors que vous les voulez ramener à leur premier vsage, ils refusent de vous obeyr, & se rebellent contre vous. La definition en a esté donnée par quelque esprit profane, qui a voulu que les mesmes raisons qui nous font aymer Dieu pour sa bonté, & pour l'amour de luy, nous seruissent à cherir ses creatures : Si bien qu'aymer les fémes pour l'amour d'elles, c'est iustement les aymer, ou pour rien, ou pour ce qui les doit faire hayr. Pour moy, il faut que ie confesse, que si l'on oste l'espoir de la recompense à mon amour, on luy oste la vie. Comme les moindres faueurs sont capables de me rédre amoureux d'vne belle femme, le moindre mespris me la faict haïr. La description qu'ils en ont faite, est presque aussi plaisante, que la definition qu'ils en ont trouuée. Affin de nous rédre sa tyránie plus suportable, ils nous l'ont representé cōme vn Dieu, & ont porté leur impieté iusqu'au point de vouloir que toutes choses releuassent d'vn Aueugle & d'vn Enfant. Ie ne treuuerois pas estrange qu'ils eussent figuré leurs passions de cette sorte : Mais que d'vne chimere, qui ne passeroit que pour Monstre parmy les hommes, ils en ayent voulu faire vn Dieu, c'est chose que ie ne puis comprendre. Ie connois bien qu'il y a vne souueraine puissance qui s'assuiettit les Ames par les charmes de la beauté: Ie suis d'accord auec eux qu'elle se nomme Amour & vient d'vn Dieu. Mais que ce Dieu soit tel qu'ils se le figurent, c'est à quoy ie ne puis consentir. Ils luy ont donné des ailles, & moy ie les luy ay couppées, afin qu'il ne volast pas si haut que la cheutte en fust dãgereuse. Ils l'ont peint sans yeux, à dessein de couurir la honte de ceux qui ayment vne laide femme auec autant de passió qu'ils en auroient pour la plus belle du monde. Ie ne treuue nõ plus ce deffaut là au mien. Que s'il m'a quelquefois trompé en me faisant aymer vne chose qui n'en valoit pas la peine, le mal m'en a duré si peu que ie n'ay pas subiet de m'en plaindre. En fin si le mien a quelque chose de semblable au leur, c'eſt l'enfance ; combien que ie n'en aye point d'autres preuues, que ce qu'il me faict aymer auec dauantage d'ardeur les filles qui approchent le plus de ſon âge. Voila, Daphnis, les ſentimēs qu'il me ſemble que l'on doit auoir de l'Amour. Voyons maintenant ſi apres vous auoir fait connoiſtre la foibleſſe de voſtre ennemy, vous aurez le courage de vous defendre contre luy. Mais venons à la cauſe de voſtre mal : Auſſi bien eſt ce trop long temps vous entretenir, ſans vous parler de Siluie. Ie ne veux pas chercher voſtre gueriſon dans le meſpris ny de ſa beauté, ny de ſon merite. Ce n'eſt non plus mon deſſein de condamner ceſte violente paſſió que vous auez euë pour elle, ny de vous reprocher le temps que vous auez perdu à la seruir. A moins que d'estre extremement ingratte, elle ne peut desaduoüer qu'elle n'ait eu des deuoirs de vous, qu'elle ne doit iamais attendre de personne, & que vous n'ayez mis la fidelité à vn poinct où elle n'auoit iamais esté. Quand ie pense, Daphnis, à l'estat où ie vous ay veu, ie crains que la longue habitude que vous auez prise à souffrir, ne vous fasse maintenant treuuer de la peine à vous accoustumer au repos Qu'elle mesme se ressouuienne si de tous ceux qui ont souspiré pour elle, il y en a quelqu'vn dont la discretion, le respect, & la perseuerance ayent approché de la vostre? Où a elle trouué qu'en vous, des passiós qui ayent duré dauantage que l'esperance? A qui est-ce que sa beauté a faict oublier la satisfaction qu'il deuoit à ſes parens, le ſoin d'accroiſtre ſa fortune & de ſe conſeruer ſes amis? En fin en qui l'a elle iamais veu triompher ſi abſolument qu'en vous? Tous les autres la ſeruoient par cõſideration, vous ſeul cherchiez voſtre perte où ils treuuoient leur aduãtage, & comme ſi vous euſſiez deu auoir plus de ſoin de vous ruïner, qu'ils n'en auoient de s'aduancer, vous faiſiez contre vous meſmes, ce qu'ils n'oſoiét faire pour eux. Grace à Dieu, voſtre deſſein n'a pas reüſſy, Daphnis: Comme nos ſouhaits eſtoient plus iuſtes que les voſtres, le Ciel les a pluſtoſt exaucez. I'ay bien quelque deſplaiſir du mal qu'on m'a dit que vous endurez, mais il eſt ſéblable au regret qu'auroit celuy qui s'eſtant veu par miracle tirer d'vn naufrage euident,

V iiij

pleureroit la perte de son vaisseau. Ie vous vois enfin hors de danger, & si ce n'est si libre que ie desire, au moins n'est-ce pas si engagé que ie craignois. Pleust à Dieu, Daphnis, que vous voulussiez permettre à vostre raison de vous oster de l'aueuglement ou vous estes; ô qu'elle vous feroit voir les choses bien differentes de ce qu'elles vous semblent, & qu'en peu de temps ses conseils auroient renuersé tous les artifices d'Amour. Elle vous arracheroit bien tost de ceste solitude, dont les diuertissements n'ont rié que d'effroyable, & vous rameneroit aux Thuilleries, où sans offencer la beauté de Siluie, vous trouueriez des obiets qui ne sont pas moins aymables qu'elle: Chassés doncques toutes ces vaines pensées qui vous entretiennét en voſtre mal, & ne vous imaginez pas que pour auoir perdu vn bien, vous n'en deuiez iamais auoir. Puis qu'elle s'eſt peu reſoudre au changement ; pourquoy n'aurez vous le meſme pouuoir ſur vous ? Faut-il que pour monſtrer que vous auez plus d'Amour qu'elle, vous vous laiſſiez reprocher d'auoir moins de courage? Comme vous l'auiez aymée malgré tous vos parens, vous deuoit-elle pas recompenſer en deſpit des ſiens? C'eſt vne erreur de chercher de la fidelité parmy les femmes: La meſme couſtume qui la leur faict promettre à ceux qui les ſeruent, les diſpenſe de la tenir. Et certes il eſt tres-raiſonnable que le plaiſir eſtant l'obiect de l'amour, l'vn ne dure pas dauantage que l'autre. Eſt ce à dire que pour auoir aymé vn arbre, quád l'ombrage de ses feuilles m'empeschoit de receuoir l'incommodité du Soleil, ie le doiue encore aymer quand l'hyuer l'ayant despoüillé de tous ses ornemens, il ne me peut garentir du froid? D'où pensez-vous que prouiennent tous les mal-heurs que nous voyons ordinairement aduenir aux mariages, qui nous semble les mieux faicts, que de ce qu'ils durent trop long téps? N'y-a il pas bié de l'apparence que si la ieunesse d'vne fille me la faict aymer, la vieillesse me la fasse mespriser, & que sa laideur luy oste le pouuoir que sa beauté luy auoit donné sur moy. Ie suis bien d'accord auec vous que quand l'inclination ioint ses forces à celles de la beauté, elle laisse des impressions dans l'ame, qu'on n'en peut effacer qu'auec.

beaucoup de peine: Mais la nature nous ayant donné la raison pour reprimer la violence de nos passions, & les ramener à leur deuoir, il ne tiét qu'a nous que nous n'empeschions le desordre qui en peut arriuer. I'ay tant de choses à vous escrire sur ce subiect, qu'il faudroit qu'elles fussēt plus agreables qu'elles ne sont, pour ne vous ennuyer pas. Tout ce qui me reste à vous dire, c'est que vos amys vous desirent icy, & qu'il semble que tout vous conuie à ne diferer plus vostre retour. Reuenez doncques, cher Daphnis ; mais que ce ne soit pas auec ces resueries & ces inquietudes que vous emportastes. Venez encore rendre ceste derniere preuue d'amour à Siluie, de luy monstrer que vous auez de la ioye de son bon-heur, & que l'ayāt

DE MONSIEVR

plus aymée que vous mesmes, le plaisir que vous receuez de la voir contête, vous oste le ressentiment que vous auez de la perdre. Cependant Daphnis, asseurez-vous que de tous ceux à qui vous faictes l'honneur de vouloir du bien, il n'y en a pas vn qui en soit moins ingrat, ny qui desire tant de vous seruir que

LYSIS.

A THYSIS.

Il le console de sa prison, & fortifie son esprit contre l'aprehension de la mort.

LETTRE IV.

LE bruict que vos ennemis font courir de vostre lascheté, est presque aussi contraire à la reputation que vous auez acquise, que la persecution qu'ils vous font, l'est à vostre vie. Ils ne se contentent pas de vous vouloir sacrifier à la colere d'vn peuple, qui ne vous hait qu'à faute de vous connoistre, s'ils n'adioustent à la cruaté de la mort dont ils vous menacent la honte de voſtre vie. Ie ne doubte point que ſi ceux qui vous blaſment eſtoient en la peine où vous eſtes, ils ne treuuaſſent à redire en eux-meſmes ce qu'ils ne peuuent ſouffrir en vous, & n'aduoüaſſent qu'il y a beaucoup de difference entre le raiſonnement qu'ils font parmy leurs plaiſirs, & hors d'apparence de tout ſoupçon, à celuy que vous faittes dans vne priſon, & à la veille des ſupplices que vous croyez preparez à voſtre innocéce. Quelque bonne opinion que i'aye de la Philoſophie, ie ne luy donne pas tant d'auantage ſur l'ignorance, que par ſon moyen nous puiſſions meſpriſer les maux que nous ne pouuons éuiter, & la tiens plus pour vn ornemét neceſſaire à ceux qui ſe veuillent conduire auec moderation en leur bonne fortune, que pour vn remede vtile aux miserables. Qui ne sçait qu'il est des maux, ou si nostre constance ne nous nuit, au moins ne nous peut-elle seruir sans paroistre desesperée, & que la nature ne nous a donné des sentimens, que pour nous resiouïr du bien & nous affliger du mal? De moy ie crois que ceste égalité qu'on veut que nous aportions en toutes les choses qui nous arriuent, tient plus de l'homme insensé, que du raisonnable, & que tant qu'il y aura de la difference entre la douleur & la ioye, il nous sera permis d'en mettre aux mouuemens que nous receuons de l'vne ou de l'autre. Iusqu'icy de tant de milliers d'hommes que nous auons veus, nous n'en sçaurions presque conter vn, qui ne se soit faict fort de son courage : Mais lors qu'ils ont esté mis à l'espreuue d'vne mort honorable ou honteuse, on a connu combien les effects auoient peu de rapport à leurs paroles, & que les genereuses propositions qu'ils faisoient à table parmy leurs amis, estoient bien esloignées de celles que la lascheté leur faisoit faire ou dãs vne armée, ou sur vn échafaut. I'ay vne opinion de la mort qui auroit de la peine à passer, encore que peutestre elle soit veritable. C'est que tous ceux qui la connoissent la craignent esgalement, & que la Philosophie ne nous la rend pas plus douce, ny moins difficile; mais nous dóne de la force à dissimuler le ressentiment que nous en auons. Quelque bonne mine fit Caton, ie pense qu'il la treuua aussi aigre

aigre que Neron, & que s'il euſt peu conſeruer ſa vie honorablement, & ſans la deuoir à ſon ennemy, il ne ſe fuſt pas faict la violéce qu'il ſe fit. Nous voyons courir hardiment les vaillans hommes dans les dangers, & ſemble qu'ils faſſét moins de cas de leur vie que les ames baſſes. Toutesfois ie penſe que c'eſt que l'eſtimans dauantage, ils cherchent à la rendre plus honorable, & que par vne mort aſſeurée ils ne voudroient pas achepter la reputation de Ceſar. Le hazard qui les y meine, les en peut auſſi bien retirer, que les y faire demeurer, & n'y ayant pas vne des moindres actiós de noſtre vie qui n'y ſoit ſubiecte, il ne ſe faut pas eſtonner, ſi pour acquerir de l'honneur à la guerre, ils s'expoſent aux dangers qui leur peuuent arri-
X

uer sans gloire dans leur lict. Nous ne trompons pas seulement les autres en la bonne opinion que nous leur voulons donner de nostre courage, nous mesmes nous y treuuons bien souuent deceus. Les occasions nous font changer de visage, & tel pour se véger, à cherché long temps son ennemy, qui à sa rencôtre s'est treuué tout autre qu'il n'estoit auparauant. Ie n'estime toutefois pas tant la vie, quelque heureuse qu'elle puisse estre, que la crainte de la perdre nous doiue gesner en aucune de nos actions: Certes si tant de personnes qui nous ont monstré ce chemin, & laissé des marques du mespris qu'ils faisoient de la mort ne nous ont apris à nous y resoudre, il faut aduoüer que nous sommes bien lasches, & que cét aduantage de raiſon que nous croyós auoir ſur ces peuples qu'iniuſtemét nous nómons Barbares, eſt pluſtoſt vne foibleſſe qui nous doit faire honte, qu'vn bien dót nous deuions faire tant de cas. Si la raiſon, qui nous faict gouſter la douceur des plaiſirs, ne nous ayde à moderer l'aigreur de la mort, fuyons là comme ennemie de noſtre repos, & ne commettons point à ſon iniuſtice la conduitte de noſtre vie. Celuy qui ne peut mourir courageuſement en ſa ieuneſſe, aura autant de peine à s'y reſoudre lors qu'il ſe verra chargé de tourmens & d'années. A quiconque s'attache aux choſes du monde, il faſche de le quitter, & le vieillard à qui tous les plaiſirs defaillent, n'a pas moins de regret d'abandonner le lict où les douleurs & les ennuis l'accablent, que le ieune en a de laisser celuy auquel il a accoustumé de ioüir de sa maistresse. Pour moy, qui ne me suis iamais assuiety qu'a moy-mesme, quát il faudra que ie paye à nature ce que tous les hommes luy doiuent, mon Ame n'aura point d'autre contrainte qu'à se separer de mon corps, & croy qu'il ne sera pas grand besoin du soing de mes amis, ny des sermons des Cófesseurs, pour me faire passer par où tant de gens de bien ont passé deuant moy. En quelque temps qu'elle m'arriue, elle me treuuera tousiours si esloigné des sentimens qu'ont la pluspart des hommes, que si elle m'oyt plaindre, ce sera pluftoft de viure trop long temps dans la douleur, que de n'auoir pas assez vescu dans les plaisirs. Ie ne suis pas de ceux qui au milieu mesmes de leurs afflictions rappellent la memoire de leurs maux passez, en cherchent dans l'aduenir, & en mettent tant ensemble, que leur ame ne se treuuant pas assez forte pour leur resister, est constrainte de se rendre au desespoir. Le regret de ne laisser pas vne assez grande reputation de moy à la posterité, ny assez de thresors à mes parens ne me troubleront point aussi en la mort ; car s'ils n'ont à m'aymer que pour le bien que ie leur feray, ie ne perdray pas beaucoup en perdāt leur amitié. La difference des conditions & des fortunes faict naistre des accidens, qui empeschēt qu'on ne puisse connoistre quels sont les hommes durant leur vie : Mais quelque destour que nous prenions, nous arriuons tous en mesme lieu. Tous ces Grands dont la vaine splendeur, & les actions affectées esbloüissent le peuple, & qui ne seroient peut-estre pas remarquables en vn village, si leurs charges & leurs richesses ne les separoient du commun, viuent bien auec plus d'esclat que nous ; mais quand il les faut quitter, leurs parfums, leurs tapisseries, & ceste grande troupe de pleureurs qu'ils voyét autour de leur lict, sont autant de choses qui augmentent leur foiblesse, & la crainte qu'ils ont de mourir. Ie me souuiens, Thyrsis, de vous auoir ouy autrefois abhorrer des exemples de lascheté, & receuoir mesme au nombre de vos plaisirs la meditation de la mort. Ie vous ay veu bien auant dans la persecution, deuant que de vous auoir pû faire craindre le danger où vous eſtiez, & peut-eſtre que ſi vous l'euſſiez vn peu mieux apprehendé, vous n'auriez pas donné ſubiect à vos ennemis de triomfer de voſtre innocence & la faire punir comme vn crime. Le peu de ſoing que ie vous ay touſiours veu porter à la conſeruation de voſtre vie, m'empeſche de croire que voſtre priſon quelque eſpouuétable qu'elle ſoit, vous ait pû tellement changer, qu'il ne ſoit rien demeuré de ceſte generoſité que vous auiez, eſtant en liberté. Quelque viſage que la mort prenne pour ſe preſenter à vous, ie ne penſe pas que vous la treuuiez ſi effroyable qu'elle vous faſſe relaſcher aucune choſe de voſtre courage. Qu'elle vienne accompagnée de tourmens & de ſuplices, ie m'aſſeure qu'elle treuuera toufiours affez de force en voſtre ame pour rédre vains tous ſes efforts. Ie me ſuis eſtonné maintefois de voir des perſonnes qui en ceſte derniere action, au lieu de ſe conſoler de mourir innocens, s'en affligent, & ſemblent pleurer la faute des Iuges qui les ont condamnez iniuſtement. La meilleure vie du monde ne leur pourroit faire eſperer vne fin plus heureuſe, & toutefois c'eſt appareil funebre, & ces autres circonſtances, que le vulgaire eſtime honteuſes, les troublent de telle ſorte, que ce qu'il tiendroit à vne grande grace de Dieu, s'il leur arriuoit dans leur lict, leur ſemble inſuportable ſur vn eſchafaut. Il me faſche de voir que ne pouuuant mettre de la difference entre les ſuplices des criminels, & les leurs, ils n'en mettent au moins en la façon de les souffrir. Il n'importe non plus de mourir en Greue qu'ailleurs, pour-ueu que ce soit innocemment, & la place destinée à la punition des coulpables, a peut-estre bien souuent receu le sang des Martirs. Dieu s'est seruy autant de fois de ces voyes extraordinaires pour espreuuer la vertu de ses seruiteurs, que pour punir la malice des meschans; & luy mesme n'a pas espargné sa propre personne, ny craint la honte, ny les tourmés pour nous rachepter des maux, où la desobeïssance du premier homme nous auoit plongez. Nous voulós tirer de la gloire pour auoir suiuy l'exemple de ceux qui ne sont pas plus que nous, & nous tremblons quand il nous faut quitter nostre Maistre. O mon cher Thyrsis, ne cherchons point dans le secret de sa prouidence la cause des maux qu'il nous enuoye. Si nos desbauches & nos libertés n'ont merité la mort selon les loix humaines, souffrons la pour satisfaire à l'offence que nous auons commise côtre celles qu'il nous a laissées. Tirons profit de l'iniustice de nos Iuges, & de la calomnie de nos ennemis: Aussi bien quand nous nous ferons sauuez de leurs mains, il faudra que nous finissions par l'ordonnance d'vn Medecin. Toutes ces cruautés & ces gesnes par lesquelles ils taschent de nous rendre la mort hideuse, receuons les pour rendre la nostre honorable & hardie. Il est des hommes qui par leur adresse portent leur reputation iusqu'à vn poinct, où d'autres ne peuuent paruenir par leurs propres vertus : Mais en ceſte derniere action, il faut qu'ils ſe deſcouurent malgré qu'ils en ayent, & que la douleur faisât eſuanoüir l'vſage de leur prudéce, laiſſe voir la foibleſſe de leur ame. I'accommode preſque en toutes choſes mes ſentimens à ceux du peuple, reſerué en ce qui heurte directement la raiſon. C'eſt vne couſtume receuë de tout temps parmy nous, de s'eſmouuoir moins de la pauureté de ceux que nous aymons, de leur honte, & de tous les autres malheurs auſquels les loix de la nature les aſſuietiſſent, que de leur mort. En cela ie ne me puis accorder auec eux, & plains dauantage celuy qui s'eſt ſauué de ſes ennemis en fuyant, que celuy qui a eſté tué en combattant vaillamment. I'ayme mes amis iufques là, que le regret de leur feparation, quelque chere que me foit leur compagnie, n'entre point en cóparaifon auec la fatisfaction que i'ay de leur voir acquerir de l'hóneur à quelque pris que ce foit, & n'ay pas tant de peine à les voir fortir des miferes par vne mort precipitée, qu'à les y voir entrer par vne trop longue vie. Si les accidents qui font meseftimer les hommes, & les rendent infortunez, eftoient ineuitables comme la mort, l'exemple du mal-heur des autres me confoleroit du leur. Mais puis qu'il s'en treuue, qui fe deliurent de ces maux, ou par leur bóne fortune, ou par leur vertu, il me fafcheroit que mes amis ne fuffent pas de ce nombre là. Quand ie les voy fouffrir dans les longueurs d'vne maladie, qui leur oſte l'vſage de tous leurs plaiſirs, ie m'afflige de leur peine: Lors que la mort les a mis en liberté, ie ne pleure plus que pour moy, & treuue dequoy me conſoler en leur perte; puis que par elle ils ont mis fin à leurs trauaux. Ie ſuis alors plus à plaindre qu'eux; car leur mal ayant paſſé iuſqu'à moy, ils emportent tout mon contentement auec eux, & ne me laiſſent que des larmes & des regrets de leur abſence. Quád ils en fuſſét reſchapés il leur euſt fallu touſiours recommencer, & ce qu'ils auoient deſia enduré, n'euſt rien diminué de ce qu'ils deuoient endurer pour y arriuer vne autre fois. Ce n'eſt pas vn aduantage au voyageur, qui eſt à la porte du lieu où il veut aller, de s'en voir reculer ſi loing, qu'il luy faille faire encore le meſme chemin, & repasser par les mesmes precipices, qui l'ōt desia faict trembler. Pour moy i'aurois presque assez de courage, pour me venger de la cruauté de ma fortune aux despens mesmes de ma vie, si Dieu permettoit ce remede aux miserables, & m'arrachant de la tyrannie où elle m'a tenu iusqu'icy, luy oster les moyens d'exercer plus long temps son insolence sur moy. Mais quoy! Thyrsis, encore nous est il deffendu de mourir, combien que toutes choses nous y conuient. **** C'est bien vn grand aduantage d'auoir par dessus le reste des hommes quelque eminente qualité qui nous separe du commun: Mais comme la garde d'vn thresor nous oblige à des defiances des voleurs, que nous n'auriós pas si nous n'auions rien à perdre, aussi nous faut-il apporter des soings à la conduitte de ces vertus releuées, qui ne nous permettent presque pas d'en bien gouster la douceur. Peut estre que les siecles passez auront de la peine à nous fournir encore vn homme, dõt la reputatiõ ait esté si vniuerselle que la vostre. Toutesfois quelque gloire que vous ait acquis vostre esprit, ie m'asseure que si vous la comparez aux maux que vous a suscité l'enuie de ceux qui ne vous pouuoient imiter, vous trouuerez qu'il vous eut presque mieux vallu n'auoir qu'vne gloire commune, que d'acheter si cher vne grande renommée. ADIEV.

A OLINDE.

Quelque mauuais traittement qu'il reçoiue d'elle, il promet de l'aymer tousiours.

LETTRE V.

'ESTOIT assez pour me faire mourir, ma chere Olinde, de me separer de vous, sans joindre vostre rigueur à celle de mon absence. Ie connois maintenant combien vous faictes peu d'estat de ma vie, puis que pour la conseruer vous me refusez vn remede qui ne peut offencer vostre honnesteté. Mais traitez comme il vous plaira mon amour, ie deffie vostre cruauté de

de rien adioufter aux maux que ie souffre, ny de diminuer aucune chofe de l'extreme paffió que i'ay de vous feruir. Il n'eft plus tẽps, ma chere Olinde, d'efpreuuer ce qu'il n'y a perfonne qui ne connoiffe que vous. Il vous eft bien facile de refufer de m'aymer, & certes i'aduoüe qu'eftant indigne de ce bien comme ie fuis, vous ne me le pouuez faire fans iniuftice. Mais il n'y a point d'apparence de douter, que ie ne vous ayme plus violemment que perfonne n'a iamais aymé. Ie ne puis croire que ces cruels mouuemens viennent de vous: Quand ie me deurois tromper, ie me figure qu'il y a quelque ame malicieufe, qui à mon preiudice abufe de voftre facilité, & vous donne des impreffions qui font auffi efloignées de la verité com-
Y

me ie le suis de l'infidelité dont on m'accuse. Ie ne deffends point mes actions passées, & desaduoüe tout ce que i'ay faict deuát que d'auoir l'honneur d'estre à vous: Mais si depuis i'ay eu seulement vne pensée qui vous puisse offencer, ie veux que vous soyez tousiours inexorable, comme vous l'auez esté iusques icy. Acheuez de me perdre promtement, belle Olinde; ou si vous me iugez digne de compassion, commencez à me traiter auec vn peu plus de douceur.

A OLINDE.

Il luy demande la liberté de luy pouuoir escrire.

LETTRE VI.

Es maux passez m'ont presque laissé sans resistance, comme vostre cruauté m'a laissé sans espoir. Ie ne puis plus me deffendre contre tant de cruels ennemis, & si ie me trouue assez de constance pour demeurer ferme au dessein que i'ay pris de n'aymer iamais rien que vous, ie n'ay pas assez de force pour conseruer ma vie parmy tant de trauerses. Que si vous estes resoluë

de continuer à me faire du mal, au moins ne me deffendez pas de me plaindre, & prenez plaisir à voir comme vostre beauté triomphe absolument de moy. Ie ne puis me persuader que vous me soyez ingratte iusqu'à me desnier vne satisfaction si petite, comme est celle que ie vous demande. Et certes ce me seroit vn mal-heur bien estrange, qu'il n'y eust que vous qui refusassiez de voir mes lettres, & que vous ne pussiez rendre autre raison du mespris que vous en faites que celle de l'amour que ie vous porte. Voyez vn peu, belle Olinde, l'iniustice que vous faites à mon affection, & pour la reparer souffrez que par mes deuoirs & ma perseuerance. Ie vous oste de l'erreur où les ennemis de mon bien vous ont mise.

CONSOLATION
A MADAME
DE TERMES, SVR
LA MORT DE MON-
SIEVR SON FILS.

MADAME,

Ie ne puis apreuuer la couſtume de ceux qui s'oppoſent aux premiers mouuemens de la douleur. Il y a certain temps ou nous ne pouuons eſtre vtiles aux affligez, que par la compaſſion que nous auons de leurs maux, & où les conſolations que nous leur voulons donner ſont pluſtoſt marques de noſtre inſensibilité, que de noſtre affection. C'eſt choſe iniuſte qu'au lieu d'accommoder noſtre ſentiment au leur, nous puiſſions non ſeulement nous empeſcher de pleurer, mais encore par de foibles raiſons taſchions à leur faire voir, ou que leur perte n'eſt pas ſi grande qu'ils ſe la figurent, ou que le regret qu'ils en ont, paſſe les termes de la conſtance. Ie ſçay qu'il eſt des afflictions ou tout ce que l'on peut faire iuſqu'au deſeſpoir eſt permis, & que lors que quelqu'vn eſt reduit en ceſt eſtat, tous les conſeils l'importunent plus qu'ils ne luy aydent. De ceſte eſpece de maux il n'y a que la bóté de Dieu qui nous puiſſe retirer : Et cóme elle ne daigne pas touſiours agir miraculeuſemét en nous, ſoit pource que nous nous en rendons indignes, ſoit pour quelque autre cause dont il ne nous est pas loisible de nous enquerir, il faut laisser faire au temps ce que les plus fortes raisons ne sçauroient faire sans luy. Combien que l'ame soit beaucoup plus excellente que le corps, toutesfois leurs maladies ont certain rapport, qui est que comme en celles du corps les remedes violents aduancent la mort, ou retardent pour le moins la guerison, aussi rendons nous le plus souuent celles de l'ame incurables, lors que par les vains artifices de la Philosophie nous essayons de la guerir. Il y a si long temps qu'il s'est treuué des personnes, qui pour se separer du commun, ont enseigné vne coustume qu'ils n'ont peu pratiquer dans leur mal-heur, qu'il me semble, que puis qu'eux mesmes qui en estoiét les autheurs ne s'en sont peu seruir, on deuroit pleurer auecque ceux qui en ont subiect, & non pas triompher de leurs disgraces, ny leur faire honte des actiós que l'excez de leur douleur leur faict faire. Qui ne sçait que si ces afflictiós dependoiét de nous le ressentiment n'en dureroit qu'autant qu'on voudroit, & que par ce moyen là les consolations seroient aussi inutiles à ceux qui les pourroient prédre d'eux mesmes, comme elles le sont à ceux, qui ne leur pouuant resister, sont contraints de resister à la violence qu'elles leur font Ne croyez pas, Madame, que ce soit mon dessein de vous figurer vostre mal moindre qu'il n'est. Ie sçay combien il est raisonnable que vous vous affligiez, que vous donniez à la nature tout ce qu'en vn si deplorable atcident, elle peut exiger de vous, & que vous passiez mesme les bornes qu'elle prescrit à ceux qui ont fait vne grãde perte comme vous. Il y a de l'apparence qu'ayant plus perdu que personne ne perdit iamais, vous fassiez ce que personne n'a iamais faict, si Dieu ne vous auoit donné vne ame pour resister aux plus grãdes afflictiõs. Il ne faut que voir l'eccez de vostre douleur, pour iuger combien vos larmes & vos regrets sont iustes. Vous ne regrettez pas seulement Monsieur vostre fils, comme estant sa mere; mais comme promettant des choses de soy, qui meritoiét que vous l'aymassiez, quãd mesme il ne vo⁹ eust point touché de si pres. Ceste playe faict rouurir celles qu'il sébloit que le temps eust fermées, &

treuuant voſtre eſprit encore accablé de la perte de ſon Pere, & de ſon Frere, le met en eſtat de ne pouuoir reſiſter à tant de malheurs. Ces pertes ne ſont pas communes, Madame, & quand elles le ſeroient, elles ſe ſuiuent de trop pres pour ne pas renuerſer le plus ferme iugement du monde. Quelqu'vn pourra treuuer eſtrange, qu'au lieu de vous conſoler de la derniere affliction qui vous eſt arriuée, il ſemble que ie veuille rappeller la memoire de vos pertes paſſées, pour augméter voſtre ennuy. Mais ceux qui ſçauent auecque combien de paſſion vous auez aymé feu Monſieur voſtre mary, pourront bien iuger que mon diſcours ſe rapporte à vos penſées, & que ie ne faits autre choſe que ioindre mó reſſentimét au voſtre.

Ie n'ay iamais rien dict ny par confideration, ny par flatterie, pource que ie n'ay iamais peu flefchir mon humeur à acheter vne bonne fortune par vn menfonge. Mais ie puis dire auecque verité que vous auez efté la plus heureufe en voftre mariage, que vous auez poffedé le plus accompli Seigneur, & que vous en auez eu les plus beaux enfans qu'on aye iamais veus. Tous ces commencements auoient trop de rofes, pour ne vous pas faire apprehender de rencontrer à la fin des efpines. Iamais la fortune ne s'eftoit môftrée fi foigneufe de faire du bien à perfonne, comme elle auoit faict à vous efleuer iufqu'au poinct où il fembloit que vous n'euffiez plus rien à fouhaiter. Il falloit craindre qu'elle ne fe rédift auffi opiniaftre à vous faire du mal, comme elle l'auoit esté à vous combler de toute sorte de felicitez. C'est la foiblesse des choses humaines, qu'aussi tost apres qu'elles sont montées à vn certain poinct de grandeur, il faut qu'elles en descendét. Et quelquefois, c'est auec tant de violence qu'elles tóbent en vn moment en lieu d'où elles auoient mis tant de peine à paruenir. *** Combien que la mort soit tousjours la mesme chose, toutesfois il semble que le temps auquel elle arriue, & que les accidéts qui la donnent la rendent differente. Quand nous voyons mourir, ou ceux qui sont paruenus à vne extreme vieillesse, ou ceux à qui leur enfance n'a pas encore permis de faire distinction du bien d'auecque le mal, nous les regretrons, presque auec de mesmes ressentimens, pource que les vns ayans assez iouy de la vie, & les autres n'en ayans aucune cognoissance, nous ne croyons pas qu'ils ayent aucun droict de se plaindre, ou de ce qu'ils ont eu si long téps, ou de ce que n'ayans iamais eu, ils ne peuuent sçauoir s'il est ou bien ou mal. Ie parle de ceux qui considerent ces pertes sans aucun interest que celuy que la pitié leur donne; car il n'y a nulle apparence de prendre garde à ceux qui estans preuenus d'vne grande passion, pleurent plus les pertes comme ils les ressentent, que comme elles sont. Il n'est rié de si raisonnable, estás mortels cóme nous sommes, que lors que ceux qui ót presque eu d'auátage de vie qu'ils n'en eussent osé demander viennent à desfaillir, nous ne reſſentions pas ſi viuement leur perte, comme de ceux qui n'eſtant encore qu'en la fleur de leur âge, nous ſont comme arrachez violemment, & quaſi contre l'ordre de nature. C'eſt encore à mó aduis auecque moins de raiſon qu'on regrette les enfans : Car ne pouuant cognoiſtre par les actions qu'ils font, quelles doiuent eſtre celles qu'ils feront à l'aduenir, n'y ayant point en eux de preuues de leur affection, à quoy l'on ſe doiue arreſter, quel ſi grand ſubiect auós nous de nous affliger? Que pleurons nous que de la cendre à qui nous ne deuons rien que certains deuoirs que peut-eſtre la nature nous faict rendre iniuſtement? A qui deuons nous ces extraordinaires reſſentimens de douleur qu'a ceux de qui nous auons receu d'extraordinaires marques d'amitié. Ie ne suis pas insensible iusqu'au poinct de desaprouuer aucune chose que la compassion nous fasse faire : Mais ie ne puis treuuer de raison en ceux qui ressentent tous leurs malheurs de la mesme sorte, & donnent autant de larmes au moindre subiect, qu'à la plus grande affliction qui leur arriue. Quelque infortune qui nous puisse aduenir, nous ne sommes iamais si miserables que rappellant nostre raison, & cõtraignant nostre ame à se seruir de son conseil, nous n'y treuuions quelque remede. Que si par nostre lascheté nous voulons entretenir nostre mal, ou que nous n'ayons pas la hardiesse de faire quelque violence à nostre ame? qui doute qu'il ne dure long temps, ou que se voyant flatté, il ne se rende à la fin incurable. Ie ne desire pas, Madame, que vous me fassiez ce tort de croire que ie parle comme n'estant point interessé en ceste perte. Ce que mon païs doit à l'Illustre maison dont vous estes sortie. Ce que toute la France, &c.

L'IMPRIMEVR
AV LECTEVR.

Cette lettre ayant esté trouuée imparfaitte parmy les papiers de feu Monsieur de Moliere, ie te l'ay voulu donner comme elle est, pour remplir quelques pages de cette feuille.

LET-

LETTRES
DE MONSIEVR DE PLASSAC.

A ERASTE.

Il luy conseille de se retirer de la Cour, & de fuir les lieux deshonnestes.

LETTRE PREMIERE.

Vis que l'iniustice est maistresse du siecle, & qu'il semble que les honnestes gens n'ont esté faicts que pour desplaire à la fortune, ie te prie, Eraste,

Z

retire toy de ces embarras d'ambition, & laisse ces appasts trompeurs qui deçoiuent tout le monde. Ce n'est pas vne marque d'vn bon iugement de souffrir qu'aux choses d'importance nostre bonheur soit incertain, & viure à l'aduenture, quand nous pouuons ioüer au plus seur, & nous resoudre à ce qui nous est necessaire. Ie sçay bien que de te conseiller de chercher ton repos dans le desert, de quitter la Cour, & toutes tes esperances, pour venir à nos villages: ce seroit te presenter vne prison, d'où toutes les ioyes du monde seroient bannies: Mais croy moy, qu'il y a bien difference d'auoir du bien, & de n'en auoir pas, & que nous deuons cognoistre que les choses qui nous en donnent, doiuent tousiours estre plus estimées, que celles qui nous l'ostée. Cela veut dire, Eraste, qu'apres que ta legitime sera perduë, les Roys & les Princes ne t'ayderont point à la regaigner, & qu'en te pensant approcher de leur grandeur, tu te ietteras insensiblement dans l'Hospital. Au reste, on m'a dit que tu continuois tousjours ton ancienne vie, & que cette legion de mauuais esprits, qui n'a pour but que les pechez, t'a de telle sorte charmé le iugement, que tes amis sont à la veille de desesperer de ton salut? Et quoy, Eraste, est-ce ce que tu me promis en partant de Fontaine-bleau? Aymes-tu mieux offencer Dieu & les hommes tout ensemble, en te laissant emporter, cóme tu faicts, à vn debordement de vices, que d'estre homme de bien, & me tenir ta parole. Quoy qu'il en soit, au moins ie te prie de moderer vn peu ceste passion si desreiglée que ie t'ay veu auoir pour les lieux deshonnestes. Tu sçais que c'est la source de toute perdition, & que l'air le mieux temperé qui s'y treuue, est si dangereux, qu'on ne le peut respirer sans y prendre la verolle. Quel desplaisir ne receurois-ie point, si ie voyois ceste belle teste ressembler à celles qui sont à sainct Innocent, & qu'au lieu que chacun de tes cheueux pouuoient lier vne Princesse, tu les eusses tous donnez dans la prison d'vne gueuse ? Sans mentir il me seroit fort sensible de te voir en vn si piteux estat : Et tout bien consideré, Eraste, tu dois songer à l'aduenir de t'attacher auprès de quelque femme de condition, où l'esperance de toutes fortes de biens t'arresteroit par force, quand mesme son honnesteté ne t'y pourroit pas retenir. Tu as des qualitez qui donneroient de la passion à la vertu mesme, & qui pourroient faire passer des mers & des montagnes, & mener vne Reyne en seruitude. Pense d'en bien vser, & croy que ce sont des tresors qui doiuent estre bien mesnagez. Mais cependant que ie iouys icy du contentement de t'entretenir, ie viens d'appprendre des nouuelles que ie te manderay, quand i'auray le loisir de t'en dire dauantage, & que i'auray appris par ta responce, quel estat tu fais des conseils de ton seruiteur.

PLASSAC.

DE MONSIEVR

A ERASTE.

Il l'inuite aux plaisirs des champs.

LETTRE II.

L n'est plus temps, Eraste, d'aller à Paris, l'hiuer est passé, & le Printemps est reuenu embellir nos deserts & nos campagnes. Certes tu serois ennemi des belles choses, si tu abandonnois nostre hermitage, auec tant de presens que nous donne ceste saison, & quittois ainsi les fleurs, & la liberté, pour aller voir vne prison, & des murailles. Iamais lieu ne fut si beau que cestui-cy, & ie pense

qu'il s'est paré de toutes les graces de la nature, afin de rendre tous les yeux amoureux. Ses allées ne sont pauées que d'œillets & de violettes, les rosiers & les iasmins les ont couuertes d'vne si forte espaisseur, qu'il est hors de la puissance du Soleil d'y forcer les ombres: Mais il faut que ie te die que parmy tout cela Melisse a succedé aux beautez d'Amynthe, & qu'elle meurt d'impatience de venir s'y promener. Nous la conduirons là dedans, & quoy que les Tuplipes & les Anremones semblent en vouloir deffendre le passage, neantmoins elles ne feront de resistance qu'assin de la retenir, & d'estre plus long temps animées de l'esclat de son beau visage. Ie m'imagine que i'aurois mauuaise grace d'en dire dauantage pour te conuier d'y venir, & te promettre par mon moyen quelque bonne fortune, puis que malgré tát d'ennemis & d'infidelles, tu as eu de si hautes entreprises & de si glorieuses recompenses. Ie ne te dis point les felicitez qu'on y reçoit, pource que tous les sens y en treuuēt d'infinies, & qu'il n'y en a point en toute la volupté que tu t'imagines à la Cour, qui ne soit au dessous de celle que tu rencontreras icy.

Vne claire & douce riuiere
S'y promeine tout à l'entour,
Qui parle incessamment d'amour
Aux vents touchez de sa priere.
Grand nōbre d'arbres & d'oiseaux
Friands des apasts de ces eaux
En suiuent la course feconde,
Vn Printemps eternel y rit,

Qui d'un verd le plus beau du monde
Tire des rideaux à son lict.

Peut-estre t'estonneras-tu qu'en si peu de temps ie sois deuenu Poëte, & que i'aye tant voyagé que d'estre allé sur le mont Olympe chercher des loüanges pour te ramenteuoir la beauté de nostre riuiere. Mais ne sçais tu pas que les choses rares ne peuuent rien produire qui ne soit extraordinaire, & partant ie ne pouuois t'enuoyer rien de commun. Ie meure si tu ne serois raui de la voir comme elle s'est parée pour te receuoir: Elle a ietté dessus ses bords vne si grande quantité d'ambre-gris, que les senteurs de l'Arabie heureuse ne l'esgalent pas. Et pour moy ie me promets quand tu te

presenteras pour la passer, qu'elle
t'en fera vn pont. Au reste, elle est si
accoustumée de porter des amoureux, & de leur estre fauorable,
qu'vn amant peut descouurir son
feu à sa Maistresse d'vn costé à
l'autre, sans apprehender que l'eau
qui passe entre-deux l'esteigne; &
qui plus est, son murmure est si
doux qu'vn cœur oppressé de douleur n'y reçoit pas moins de soulagement que si c'estoit des plaintes
amoureuses de sa maistresse. Pour
nostre forest, elle est tousiours si
belle qu'Isidore, dont tu sçais l'histoire, se figure y deuoir rencontrer son Amant, & *** ces lieux
ne seroient pas *** ils ne le
receuoient. Ie ne *** dire les
contentemens qu'il y a de la suiure
par vn nombre infini de sentiers
que sa passion luy font tenir: car

DE PLASSAC. 363
les plaintes & les inquietudes d'vne si agreable fille sont si charmátes, qu'il semble qu'elles doiuent resusciter ce pauure mort, & faire rendre compte à tous les Echos de ce qu'il est deuenu. Vien donc, cher amy, redonner la lumiere à ce beau Soleil aueugle, & que cet esprit qui erre soit vne des plus belles parties de nostre Cour.

PLASSAC.

Il escrit à vn Cheualier de Malte, qui estoit allé au voyage des Antipodes.

LETTRE III.

ENCORE que nous soyons separez par deux mers, & que le Soleil ne nous puisse donner en mesme temps sa lumiere, neantmoins ce long espace n'empesche pas que le nom de Cleomede ne soit tousiours en nostre bouche, & que nos pensées ne nous entretiennét aussi bien de ce grand esprit, que lors qu'il nous faisoit ioüir d'vne conuersation aussi douce que celle des Anges. Mais il est vray que parmy ce bonheur qui nous reste, nos yeux s'affligent de ne receuoir qu'vne faueur qui est commune à nos cabinets, & qu'vn peuple plus esloigné de nous que les damnez, possede vn bien dont nous n'auons que la memoire & des tableaux. A ne mentir point, ceste iniustice nous offence de telle sorte, que si tu laisses encor couler cét Esté, sans venir nous reuoir, ie te iure que nous nous resoudrons d'equiper vne armée naualle, & faire le tour du monde pour t'aller conquerir. Ie te prie (cher amy) ne nous donne point ceste peine, & ne souffre pas que le desespoir nous porte à voler l'Arsenac de Paris, & la flotte de Malthe pour faire ce voyage. Represente toy que tu ne treuuerois plus d'Infidelle pour combattre, & que tout l'Ocean seroit plus desert que le

Louure & la foire S. Germain. Nous possedions l'Empire de cet autre monde aussi absolument que nous faisons icy les estoilles, & toute la puissance des armes. Depuis que tu t'en es allé, les dangers nous sont tournez en coustume. Il n'y a celuy d'entre nous qui ne rende des preuues de son courage à toutes les heures du iour, & qui ne coure risque d'estre aussi bien creué de tourtres grasses, & de perdrix, qu'vn Soldat qui seroit au milieu de dix mil hommes de cheual qui se hureroient bataille. Que s'il se trouue quelqu'vn qui soit trop sage, nous luy ordonnons vn supplice qui n'est pas moins dangereux que la corde, car nous mettons de si gros morceaux d'ambre-gris en son hypocras, qu'à tous moments il se void aux termes d'estre estranglé, & de rendre la vie où i'ay veu le temps que tu l'eusses voulu chercher. Rgarde donc, Cleomede, si de telles gens ne sont pas bien capables d'vsurper iusques aux bords du Gange & de l'Euphrate, & rendre le Perse & le grand Turc valets des Hospitaux. Mais croy moy, que ton retour préuienne ceste grande entreprise, & ne nous oblige point à voir ce nouueau Ciel, & le pays des perles & des diamants. Aussi bien nous sommes assez riches, puis que l'esperance ne nous refuse rien, & qu'il semble que ce ne soit que pour nous que les beaux iours reuiennent. Au reste, il faut que ie te die que depuis ton depart, ie n'ay iamais veu le Soleil que ie ne luy aye demandé de tes nouuelles: car c'est luy seul, de toutes les choses que nous voyons, qui te peut voir tous les iours. Sans mentir il est temps que nos plaintes cessent, & que ce ne soit plus auec tant d'artifice que ce lieu enchanté ou tu nous dys adieu, nous abuse de l'esperance de te reuoir. Là cependant que tu dors, & que la longueur des nuicts t'importune, nous sommes en festin, & parmy des plaisirs où nous te meslons. Il ne faut point que tu apprehendes d'estre malade, car nous beuuons souuent à ta santé. Si toutes les offrandes que nous t'adressons pouuoient faire quinze cens lieuës d'eau sans se noyer, & que tant de nations qu'elles passent ne leur desrobassent point le bon-heur qu'elles te portent, tu viurois plus que les elements, & verrois vn iour la salle de nostre cabaret disputer

puter contre l'embrafement du monde, pour la grande quantité de vin que nous y auons repandu. Neantmoins ie te diray que quád tu verrois toutes les années qui font à venir, il feroit impoffible que tu peuffes voir la fin de cefte paffion que nous auons de te reuoir, puis qu'elle eft veritablement infinie.

A Paris ce 10. de May
1626.

PLASSAC.

A MONSIEVR FARET.

Il le prie de luy donner son iugement, sur quelques escrits qu'il luy auoit enuoyez.

LETTRE IV.

MONSIEVR, Ie vous demande ce iugement que vous me promistes de faire sur les ouurages que ie vous donnay de la part d'vn de mes amis. Ne pensez pas luy signifier la mort, quand vous les mettres au nombre des sottises du siecle, ny mesme qu'il se veuille mal d'auoir employé quelques heures inutilement. Quoy qu'il en soit, il peut bien se consoler d'auoir fait de mauuais songes, puis que le iour ne les a iamais veus, & que vous estes le seul tesmoin deuant lequel il ait encore failli. De sorte que de le flatter en ses pechez, ce seroit tesmoigner de ne haïr pas le vice, & vostre reputation courroit fortune d'en faire vne partie de la penitence. Ie vous prie donc de sauuer vos deux interests du pillage public, où vous les abandonneriez, & qu'on ne die pas de vous, que vous auez exercé vne mesme charité que celle qu'exerça sainct Martin, & donna l'aumosne au Diable, & s'incommoda sans obliger personne. Mais ie ne sçay à quoy peut seruir le dessein qui me fait vous parler de cette sorte. C'est perdre sa peine & abuser de vostre loisir

A a ij

que de vous donner des conseils, puis qu'il est comme impossible que vous puissiez faillir. Cecy estát la verité mesme, ne deuez vous pas croire qu'il tirera tousiours vn aduantage esgal de la reprobation que vous en ferez, aux loüanges que quantité d'autres luy en pourroient donner, qui ne recognoissent pas le prix de ce qu'ils voyent? I'attens là dessus de vos nouuelles, & suis

Monsievr,

  Vostre tres-obeïssant seruiteur
  Plassac.

A MELICE.

Il se plaint de son ingratitude, & de sa rigueur.

LETTRE V.

'Aduoüe Melice, que ie n'eus iamais vn si grand pouuoir sur moy, que celuy que i'ay eu à me resoudre de vous faire encore ceste lettre. Et certes quand ie deurois receuoir des iniures de ceste belle bouche, & que vostre colere se deust autant apprehender que le tonnerre & les coups de canons, si ne laisserois-ie neantmoins de me plaindre de vostre infidelité, & vous dire pour la derniere fois que vous estes la plus ingrate femme du monde. Veritablement ie suis de telle sorte las du traitement que vous me faites, & sens mes forces si prestes de se rendre, que i'ay grand peur que ma patience ne se reuolte deuant que i'aye receu de vos nouuelles, & apris s'il est hors d'apparence que mes plaintes ne puissent rien gaigner sur vostre esprit. Mais dites moy Melice, que pensez vous faire, de prendre si peu de soin à me contenter? Vous imaginez vous que vos faueurs meritent toute ma constáce, qu'elles soient du prix des diamants & des couronnes, qu'il faille pour les acquerir trauerser des mers, & donner des batailles. Ie vous prie ne vous laissez iamais flatter d'vne erreur si desaduantageuse, & si ridicule que celle là. Vous deuez sçauoir que les femmes ne poſſedent pas les Empires, & partant qu'elles ne peuuent pas recompenſer vne ſeruitude comme la mienne. Celà eſtant, quelle conſideration vous peut empeſcher que ie ne reçoiue de vous ce que ie demande, & qui eſt la ſeule choſe qui vous reſte pour vous faire aymer ?

A LA MESME.

Il se plainct d'estre hay d'elle, au lieu
d'en estre recompensé.

LETTRE VI.

E vois bien qu'il faut cesser d'esperer qui veut cesser de se plaindre, & que c'est inutilement que ie pretends à vos bonnes graces. Vostre humeur est si contraire à la mienne, que i'ay bien peur qu'à l'aduenir vous ne vous hayssiez, à cause que ie vous ayme, & que si la felicité vous estoit donnée de mes mains, elle ne vous fust plus

insuportable que les persecutions d'vn autre. Si ie me trópe en cecy, vous me le deuez bien pardonner: car vous me donnez tant de preuues de ce que ie vous dis, que ie serois ennemy de moy-mesme, d'en chercher de plus certaines. Et certes n'eſt-il pas vray, Melice, que vous ne m'auez iamais rien donné, qui ne ſoit pluſtoſt vne marque de mon mal-heur que de ma bonne fortune ? Ie penſe que vous me croyez aſſez recompenſé de permettre que ie vous voye. A la verité i'aduoüe que mes yeux n'y reçoiuent pas peu de contentement, & que ie ne ſçaurois leur ſouhaitter rien de plus agreable: Mais ne ſçauez vous pas bien que c'eſt vn ſens qui trompe tous les autres, & qu'il ne les attire iamais à ſes plaiſirs, que pour leur faire receuoir des blesseures qu'ils ne sçauroient guerir. Veritablement comme vous auez vn visage qui se faict aymer de tout le monde, vous deuriez auoir soin de rendre vostre humeur semblable, & me donner quelque iour vne solide recompense, au lieu qu'il y a si long temps que ie suis reduict à me contenter du desir. Vous ne deuez pas trouuer mauuais ce que ie vous dis, Melice ; ces paroles vous sont iustement adressées, puis que le cœur qui les a fait naistre est à vous.

A LA MESME.

Il se met en colere contre sa cruauté,
& luy conseille de la moderer.

LETTRE VII.

N fin me voicy de retour, Melice, tousiours amoureux & tousiours miserable.   Ne vous resoudrez-vous iamais à quitter ce nom d'infidelle, & ceste mauuaise humeur qui me fait si iniustement la guerre. Sans mentir c'est vne chose bien estrange, que ie n'aye point d'ennemy si grand que vous, pour qui i'ay de si fortes affections, & que mes seruices

vous offencent comme vn signalé deshonneur. Veritablement vous deuriez apprehender de me traitter de cette sorte, & de souffrir que tant de douleurs surmontent ainsi ma patience, & me fassent chercher mon salut où tous les Amans perdroient la vie. Ne pensez-vous pas qu'à la fin apres tant de deuoirs que ie vous rends, ie ne sorte du respect que ie vous dois, & que ie ne foule auec autant de mespris la puissance de cet Empire que vous auez vsurpé sur moy, que vous faites ma passion ? Mais peut-estre c'est que vous vous imaginez que vostre prison est comme celle des criminels, d'où l'on ne peut sortir que pour aller au supplice. Mais sçachez qu'il faut que la tyrannie soit bien pleine d'appas, pour se faire aymer, & qu'à moins de charmes que n'en a toute la Negromancie, vos rigueurs ne se peuuét souffrir. Ie vous dis cecy, Melice, pour vous monstrer que ce n'est ny ma simplicité, ny vostre pouuoir qui me retiénent dás vos fers, & que si ie me dis encore vostre seruiteur, c'est par vne ambition que i'ay de vaincre toutes les belles choses qui me font resistance.

A LISIMENE.

Il l'entretient d'vn songe.

LETTRE VIII.

L faut que ie vous die, Lisimene, que ie suis mort de regret d'auoir possedé ceste nuict tāt de diuines choses, & qu'à mon resueil i'ay tout perdu. Ie n'ose seulement penser à vous conter mon mal heur, puis qu'adioustant tāt de foy aux songes comme vous faites, ie crains que le mien ne vous fasse peur. Car representez-vous que si celuy qui ne m'a point abandonné tant que i'ay esté au

lict estoit veritable, ie serois le plus heureux de tous les hommes, & vous m'auriez faict plusieurs fois vn present, que ie tiens quasi impossible de receuoir iamais vn seul coup. Cependāt quand ie considere bien ce que ie vous dis, ie treuue que vous deuez auoir autant de subiect de plainte que moy, & que cet abuseur nous offence tous deux esgalement. En effect n'aduoüerez vous pas qu'il y a autant de gloire de donner des faueurs, que de les meriter? C'est vne verité qui est recogneuë de tout le monde, qu'en ce cas là ceux qui perdēt gaignent le plus, & que pour estre victorieux, il faut se rendre. Or puisque nous y sommes tous deux interessez, ie ne dois point apprehender de vous dire vne chose qu'en me trompant ie treuue si aymable, & qui vous deuroit inftruire de ce que vous deuez faire. Reprefentez vous qu'il m'a femblé vous auoir rencontrée dans ce cabinet dont ie vous parle fi fouuent, & qui eft maintenāt fi beau, qu'on diroit qu'il n'eft fait que pour infpirer l'amour & la joye. Là foit que l'occafion m'ait efté fauorable, ou que mes prieres ayēt eu plus de force qu'elles n'auoyēt iamais eu, vous m'auez promis vne recompéfe en feinte que vous me deuez veritablement. Noftre lict eftoit d'vne panne verte, fon ciel & fes rideaux d'vne douzaine de miroirs, où nous confultions toutes les graces de la nature: Si bien qu'en quelque part que ie tournaffe les yeux ie voyois toufiours des Amants qui s'entredonnoient la foy, & iuroient de brufler

fler eternellemét d'vn mefme feu. Or parmy tout cecy i'ay reçeu de fi douces faueurs qu'il ne m'en refte plus qu'vne à defirer, & ce charme auoit occupé de telle forte tous mes fens, que i'ay bien eu de la peine à ce matin de les retirer d'auprés de nous, & de reuenir en vie, pour remourir apres de triftef- fe, d'auoir efté ainfi abufé. Mais quel eftrange accident? qu'vn Empire n'ait duré que dix heures, & que le Soleil qui faict riche tout le monde, ne faffe auiourd'huy de dons qu'a mes defpens? Sans mentir c'eft vne grande iniuftice, qu'vn feul tefmoin me rende fi mal heureux, & que ie perde vne chofe, à caufe qu'il ne me l'a pas veu donner. Pleuft à Dieu, belle Lifimene, ne m'eftre iamais ef- ueillé, ou que la lumiere eftant morte, mes iours se fuſſent eſcoulez dans vne nuict ſi agreable. Ie n'aurois plus la peine de faire la guerre à cette mauuaiſe humeur, & ie ſerois aſſeuré d'vne choſe, que vous refuſez continuellement à la raiſon. Toutefois il eſt temps que vous la croyés & qu'enfin de ce ſonge nous faſſions vne verité.

A ISIDORE.

Il la veut destourner d'vn mariage.

LETTRE IX.

IL m'est impossible d'oüyr les nouuelles qu'on dit de vous, auec vn mesme sentiment que le commun. Toutes mes inclinations sont si conformes à mon iugement, que ie ne sçaurois voir d'obiects malades, sans estre attaint d'vne secrette douleur, ny d'aueugles, que ie n'aprehende les precipices. Or puis que cela est, quelle apparence y a il que ie peusse souffrir de vous voir sur les termes d'estre sacrifiée, sans vous donner quelque secours, & que ie n'adiouſte au moins mes plaintes à celles de tant d'honneſtes gens, qui déplorent voſtre malheur. A n'en mentir point, belle Iſidore, il n'y a point de bon iugement qui ne vous conſeille de paſſer encore dix ans en ceſte belle faiſon, c'eſt à dire Reyne de vous meſme, auec ceſte qualité de pucelle qui rauit tout le monde, & qui vous promet toutes choſes. Penſez-vous qu'vn tel mariage ſoit la derniere fortune qui vous reſte, & que vous deuiez borner toutes vos eſperances à vne ſi baſſe condition. Ie vous prie ne ſoyez pas ſi aueugle en la cognoiſſance de vous meſme, que de prendre ce party, qui vous eſt auiourd'huy auſſi deſauátageux, qu'il voº feroit encore peu neceſſaire quand il n'y auroit que celuy-là en tout le monde. Vous deuez sçauoir que vous estes née auec tant d'auantage par dessus les autres femmes, que vous ne pouuez tirer d'exemples du dommage que les ans leur apportent d'ordinaire, qui ne vous soient suspects; puis que les rides qui les font souuent repétir de n'auoir pas pris des choses qu'elles ont mesprisées, ne paroistront de demy siecle sur nos ioües. Que si tous ceux qui pretendent à vos bonnes graces n'y pouuoient aspirer qu'auec des qualitez dignes de vous, il faudroit quelque chose de plus grand que ne sont les hommes pour vous posseder, & que le Ciel vous donnast la conduitte de la Nature, & l'empire du monde pour reconnoistre dignement vostre beauté. Si vous doutez de ce que ie vous dis, & qu'il faille des preuues pour confirmer ceste verité, demandez à vostre miroüer si vous n'auez pas le plus beau visage du monde, & par là vous connoistrez qu'il n'y a point de dessein si glorieux, qui ne soit au dessous de celuy de vous conquerir. Ie vous declare tout de bon, Isidore, que si i'estois Seigneur de toute la terre, ie vous en rendrois des tesmoignages, & que cet effronté qui ose vous desirer, seroit puni comme s'il auoit vollé des autels, & commis tous les crimes qui se peuuent imaginer. Veritablement ie ne me puis figurer vne telle action, ny croire que vous ayez si peu de courage que de souffrir qu'on vo⁹ meine au supplice de cette sorte, & qu'à vos despens le plus ridicule de tous les hommes, fasse vn triomphe digne du plus grād Monarque de la terre. Quelle aduanture feroit-ce, si vne telle disgrace vous estoit arriuée, & combié faudroit il que vous fissiez de merueilles pour reparer cette faute : Ie pense pour moy, que le Soleil perdroit sa lumiere de peur de vous voir, & que toute la terre porteroit le deuil de vostre infortune. Croyez vos amis, Isidore. Il vaut bien mieux que vous enuoyez ce móstre aux deserts d'Affrique faire l'amour auec les singes, & que vous ne vous amusiez plus qu'à faire des miracles. Vous sçauez qu'il n'y a point de gens bien faicts en toute la Cour qui ne languissent pour vous. Reseruez donc pour quelqu'vn d'entre-eux, vn bien qu'ils mespriseroiét si vous l'auiez prostitué à vn infame. Que si vous desirez en acquerir quantité pour seruiteurs, faites les mourir d'amour, & les resuscitez secrettement; car par ce moyen là, ils vous seront tous redeuables de la vie.

LETTRES
DE MONSIEVR
LE BRVN.

A LA
SERENISSIME
INFANTE ISABELLE
ARCHIDVCHESSE, &c.

Il la console sur la mort du Roy d'Espagne son Frere, & de l'Archiduc Albert son Mary.

LETTRE PREMIERE.

ADAME,
Si les extremes afflictions
dont cette Prouince a

esté accablée depuis quelque téps, nous peut permettre d'esperer encores quelque chose, ie puis bien dire auecques verité qu'apres la bonté de Dieu, la seule consideration de vostre Altesse est celle qui nous y conuie. Nous recourons à vous comme à vn port asseuré, apres deux naufrages esgalement dangereux que nous venons de faire. Et certes à peine auons nous eu loisir de ressusciter, & de connoistre que nous estions encores en vie, que considerans l'estat où la douleur vous auoit reduitte, nous auons desiré de remourir. Nos yeux ont à peine pû se resoudre à reuoir la lumiere que nous pensions auoir perduë, que nos bouches se sont ouuertes pour demander à Dieu qu'aumoins apres tant de mal-heurs, il luy plust vous conseruer pour le salut de vos Peuples, & donner à voſtre eſprit autant de force pour ſupporter auec moderation ces derniers accidéts, qu'il vous a autrefois donné de courage pour faire renaiſtre le ſiecle des Amazonnes. Que ſi la pitié de vous-meſmes ne vous peut eſmouuoir, qu'au moins celle de tát de Prouinces deſolées vous puiſſe toucher. Où ſeriós no⁹ reduits, Madame, s'il arriuoit que la continuation de vos regrets affoibliſt tant ſoit peu voſtre ſanté? Conſiderez, s'il vous plaiſt, que nous ne reſpirons que par vous, & que vous eſtes l'Eſtoille qui nous guide parmy l'orage. Penſez à nous, Madame, & que le deſir de nous conſeruer ſoit plus fort, que celuy que vous auez d'aller retreuuer dans le Ciel, ce Prince que vous regrettez.

Qui sçait mieux que nous le iuste suiet que vous auez de souspirer? Nous auons pris part à vos maux, & vos moindres deplaisirs ont faict parmy nous vne calamité publique. Vous auez perdu Philippe Troisiesme le meilleur Frere, & nous le plus sage Roy qui fut iamais. Vous auez encore perdu Albert le plus aymable Espoux, & nous le Prince le plus debonnaire que les Histoires ayent celebré. Voila les termes dont vostre douleur & la nostre se seruent ordinairement. Mais, Madame, n'en abusons pas s'il vous plaist. Car de cette sorte non seulement vous condamneriez leurs vertus, mais encore vostre affection propre, & la Iustice mesme de Dieu. Leurs vertus les ont placez tous deux dans le seiour ordinaire des ames bienheureuses. Ils vous regardent de là haut, assistent vos desseins par leurs prieres, entrent dans vostre Conseil, reiglent vos Ordonnances, & gouuernent toutes vos actions. Vostre amour les conserue tousiours au milieu de vostre cœur, dresse vos pensées au Ciel, & les rapelle à tous moments dans vostre memoire. La justice de Dieu, qui ne laisse iamais les merites sans recompense, leur faisant receuillir les fruicts de tant de glorieux trauaux qu'ils ont soufferts en terre, ne permet pas qu'ils vous abandonnent, mais semble leur donner pour vne partie de leur felicité, le plaisir d'estre tousiours auecque vous. Ainsi Madame, puis que tant de considerations vous interdisent les larmes & les regrets, n'appellez plus perte ce qui n'est que changement, & encore changement de la tourmente à la bonace, du trouble à la tranquilité, de la mort à la vie, & de ces lieux, où l'inconstance regne absolument, où les maladies sont infinies, & où les plus douces esperances mesmes donnent de la peine, à des lieux où la charité sert de loy, l'eternité de durée, la presence de Dieu & la compagnie des Anges, d'ordinaire entretien. V. A. dira peut-estre qu'il nous est mal seant de vouloir contredire en elle, ce que nous approuuons en nous mesmes: Mais qu'elle me pardonne si i'ose l'asseurer qu'il y a beaucoup de difference en la condition de nos infortunes: pource que nous apprehendons que nos pechez n'ayent attiré ce chastimét sur nos testes, & craignós que nous ne nous foyons en quelque façon rendus dignes de ces mal-heurs. Outre cela nous voyons que nos biens, & nos familles font expofées en proye aux Eſtrangers. Parmy tant d'images de terreur, & de deſeſpoir, nous ſommes comme ce miſerable que l'Antiquité depeint agité des Furies, lequel n'eut point d'autre moyen de s'en deliurer que de ſe ietter dans le Temple d'Aſile, dót l'entrée eſtoit deffenduë à ces Miniſtres de la vengeance des Dieux. Nous recourons à vous, Madame, & n'eſperons aucun remede aux maux qui nous enuironnent, ſinon celuy que voſtre Prudence nous voudra donner. Vous ſeule pouuez faire eſuanoüir nos craintes, & calmer les tempeſtes dont nous ſommes menacez. Mais que ſeroit-ce, Madame, si au lieu de nous conseruer vous dóniez la premiere en proye à la Fortune, qui feroit gloire à iamais d'auoir triomphé de vostre constance? Quand l'obiect de vostre fascherie viendra exiger de vous de nouuelles plaintes, souuenez vous, s'il vous plaist, que ceux de qui vous regrettez l'absence, estoient enfermez, aussi bien que nous, dans de fragiles vaisseaux de terre, & que leurs puissances, comme toutes celles d'icy bas, estant establies sur le vent, & sur le sable, comme elles estoient, ne pouuoiét euiter la ruïne à laquelle les Roys, & leurs Empires sont suiets, aussi bien que toutes les autres choses que nous admirons dans le monde. Pensez aussi que la force d'esprit & la grandeur de courage sont aussi ordinaires à tous ceux de vostre

ſtre maiſon, comme la mort eſt vn accidēt ineuitable à tous les hommes. Souuenez vous encores que Dieu ne nous a pas moins departy de biens, au pois de ſa clemence, qu'il vous a faiẛ ſentir d'afflictiõs, au pois de voſtre magnanimité. Vous deuez pleurer comme Femme, & comme Sœur les malheurs qui vous sõt arriuez, mais vous deuez auſſi vous affermir comme l'Image de la Diuinité que vous repreſentez parmy nous; & vous reſoudre comme eſtant Maiſtreſſe de tant de peuples qui n'attendent leur ſalut que de voſtre repos. Puiſque c'eſt vne reigle aſſeurée en l'ordre de la nature que toutes choſes paroiſſent auec plus d'eſclat par l'opoſition de leurs contraires, & que le bien tire ſa beauté & ſon luſtre de la defformité du mal, il a fallu que vous ayez souſtenu l'effort de quelques trauerſes bien extraordinaires, pour faire paroiſtre la generoſité de voſtre eſprit. La fortune vous attaquant auec opiniaſtreté cóme elle faict, ne doit pas pour cela vous eſtonner, lors que vous luy voyez employer toutes ſes forces contre vous, elle ſemble vous obliger à luy oppoſer toutes celles de voſtre conſtance. Si vous le faites, Madame, il eſt aiſé de iuger à qui de vous deux l'auátage du combat doit demeurer. Toutesfois ce n'eſt pas vne ennemie qu'il faille meſpriſer. Toute aueugle qu'elle eſt, elle ne laiſſe pas de choiſir les endroits les plus dangereux; & la pluſpart des bleſſures qu'elle fait ſont mortelles. De moindres forces que les voſtres auroient de la peine à luy refister; mais estant accoustumée à vaincre, comme vous estes, ie pense desia la voir à vos pieds, vous rendre les armes, & s'auoüer vostre esclaue. Cependant, Madame, apres cette victoire vous ne deuez pas luy permettre de r'entrer à de secondes prises côtre vous, & n'aller pas rechercher ce que vous croyez estre de plus fascheux en ces accidents qui vous font souspirer. Ne vous entretenez pas des choses qui pourroient renouueller vostre affliction. Ne dittes pas que le puissāt Philippe vostre glorieux frere, n'estoit qu'au milieu de sa course, & que sa vie estoit encores grandement necessaire à toute l'Europe. Que le grand Albert vostre genereux mary auoit bien eschappé de plus grands hazards, & qu'il vous a laissée en vn temps, où les vents de sedition soufflent par toute l'Alemaigne. Mais plustoſt contentez-vous de tout ce qu'il plaiſt au Souuerain Maiſtre. Ce que vous deuriez souffrir par contrainte, souffrez le volontairement. Receuez des mains de voſtre conſtance, le soulagement que les autres reçoiuent de celles du temps. Vous sçauez bien que les decrets de la Prouidence eternelle sont ineuitables, & que de murmurer contre eux, ou penser s'en deliurer en leur reſiſtant, c'eſt teſmoigner plus de folie que de courage. En effect, Madame, V. A. se mocqueroit elle pas de celuy qui ayant attaché son vaiſſeau à quelque rocher, croiroit en le tirant auecque force, que le rocher le suiuiſt lors que luy meſme s'en approcheroit. Il en eſt de meſme de nous, qui eſtans attachez aux ordonnances ſuperieures, nous debattons follement, & voulons qu'elles nous obeïſſent, lors que nous deuons leur obeïr. Si les malheurs ſont moins ſenſibles qui n'arriuent que par degrez, & ne nous ſurprennent pas à l'impourueu, V. A. a bien du ſuict de ſe conſoler, & de rendre graces à Dieu, que voſtre cher Eſpoux ait pû rendre en ſa fin des preuues de cette exacte pieté qu'il auoit ſi religieuſement obſeruée durant ſa vie. Il vous a eſté permis de luy rendre les derniers deuoirs, & de vous preparer à ſa mort durant ſes longues maladies. En cette cruelle ſeparation, ſi voſtre viſage a porté les marques des peines que voſtre ame enduroit; ſi vous auez eſté le pourtrait de la triſteſſe meſme, & ſi

V. A. renuerſée ſur le corps de ſon cher Albert a faict douter quelque temps qui des deux eſtoit le mort, perſonne ne doit trouuer eſtrange ces teſmoignages de douleur, leſquels ſi iamais ils peuuent auoir de la bien-ſeance, ils en ont en cette extremité Nous donnons d'vne voix commune des loüáges à ces premiers reſſentimens. Les rochers ont pleuré quelquesfois, & les Barbares meſmes ne ſçauroient ſans ietter des larmes, voir arracher d'entre leurs bras, ceux à qui la nature les auoit conjoincts. Mais à la fin la raiſon doit ſucceder à ces furieux mouuements, & reprendre la place d'où la triſteſſe, & le deſeſpoir l'auoient bannie, Quelle apparence y a il d'entretenir entre elle, & ces premiers tranſports de l'eſprit, vne querelle ſi longue? Elle est souueraine, Madame, & ne sçauroit souffrir que les passions prennent sur soy l'empire qu'elle doit auoir sur elles. Si vous daignez l'escouter, c'est elle qui vous propose maintenant la paix auec toutes ces puissances rebelles qui s'estoient souleuées en vostre ame. C'est elle encores qui vous prie de vous ressouuenir qu'estant accordée pour Espouse à ce Prince que nous regrettons, le Pape vous fit present d'vne rose d'or, pour vous monstrer que toutes les grandeurs du monde sont suiettes à tomber comme les roses; mais que celles du Ciel sont incorruptibles comme l'or. Cette mesme raison vous represente encore, que si les vertus extraordinaires de ce Prince vous ont fait douter quelque temps s'il estoit mortel, si est-ce que quand il eut le visage tout baigné de son sang, il deuoit, comme vn autre Alexandre, asseurer vn chacũ qu'il estoit homme. Depuis les maladies l'ayant si rigoureusement assailly, puis que vous aymiez autant son bien que le vostre propre, ce vous doit estre vn suiet de consolation, qu'il en soit maintenant deliuré. Ce qui vous reste à dire, c'est peut-estre que vous auiez encore quelque esperance de l'accroissement de son authorité. Et quoy, Madame, ne sçauez vous pas bien qu'il ne vouloit pas estre plus grãd qu'il estoit? & qu'aussi ne le pouuoit-il deuenir qu'en prenant le chemin qu'il a pris? Lors qu'il refusa l'Empire, ne vous en laissa-il pas vn tesmoignage assez euident? Et quand cela ne seroit pas, ne sçauez vous pas que l'esperance est comme ces beaux arbres, qui ne portans point de fruicts, nous contentent de leur ombre. Que si vous le prenez autrement, & que V. A. croye qu'il deuoit estendre bien auant les limites de son Estat; ie vous l'accorde Madame. Cependant, qu'est-il aduenu. *Le temps est accourcy, & l'Empire est alongé.* Mais pour ne vous ennuyer pas plus long téps il suffit de dire que Dieu l'a voulu de cette sorte. Vous estes trop obeïssante à ses commandemens pour en murmurer: Car vouloir ce qu'il veut, c'est la premiere sciéce que vous auez apprise. Tout ce qui me reste à faire maintenant, c'est de continuer les souhaits que ie fais pour la longue durée de vostre Regne, & de vous desirer autāt d'affermissement que vous auez eu de trouble; affin, Madame, que vous puissiez voir d'vn œil plus serein l'affection que i'ay à vous tesmoigner que ie suis

MADAME,

De voſtre Alteſſe,

Le tres-humble & tres-obeïssant
subject & seruiteur,
BRVN.

A
MONSIEVR
FARET.

Il examine les moyens qu'il doit suiure pour se rendre content.

LETTRE II.

ONSIEVR,

Puis que vous desi-rez que ie vous escri-ue de quelle humeur ie suis, de-puis la perte que i'ay faitte de ce-luy durant la vie duquel ie ne pouuois vous esclaircir de mes intentions : Ie vous diray, que depuis ce temps là ie n'ay vescu qu'auec vn degouft prefque general de toutes chofes. Et certes apres auoir examiné foigneufement tous les moyens par qui nous pouuons entrer en la poffeffion du vray bien, ie fuis demeuré dans vne incertitude fi grande, que ie ne vis plus que comme la perfonne la plus inutile qui foit au monde : Car pour eftablir la ftructure de ce folide contentement dont ie n'ay qu'vne idée imparfaitte, i'ay creu que le Repos & la Gloire y deuoiët feruir de fondement. Et cependãt ce font deux chofes que i'ay trouuées fi peu compatibles, que i'ay defefperé de les pouuoir iamais accorder enfemble. Mais pour vous expliquer plus clairement ce qui m'a fufcité ce trouble en l'efprit, il faut premierement que ie vous die quelle forte de repos, & quelle forte de gloire ie defire : Pource que fi i'auois entendu ce mefme repos que quelques perfonnes recherchent au paifible maniement de leurs affaires, & dans la tranquillité de leur famille, vous auriez raifon de dire qu'il feroit impoffible de voir demeurer la gloire auec vne fi lafche oifiueté: Car c'eft vne fleur trop belle pour n'auoir point d'efpines, & fe laiffer ceuillir fans picqeure; auffi ne me fuis ie iamais promis d'en acqüerir la poffeffion fans beaucoup de peine. Le repos que ie m'eftois propofé confifte principalement à m'eftudier moymefme, & donner à mon ame vn empire abfolu fur mes paffions, affin qu'eftant tout à moy, ie puiffe contenter l'inclination que i'ay à la connoiffance des fciences, & à rechercher ardemment tous ces trésors, qui sont encore enseuelis dās les premieres ruïnes de l'Antiquité. I'esperois par ce moyē contenter autruy en me contentant moy-mesme, & par vn honneste trauail faire couler mes iours en douceur, en attendant la mort sans la craindre, ou plustost en croyant de la surmóter par ce qui resteroit de moy apres que ie ne serois plus en vie. Voila le repos que ie m'estois figuré: Pour la gloire, il vous est aisé de iuger, par ce que ie viens de dire, & par la connoissance que vous auez de mon humeur, quelle ie la desirerois. Elle n'est autre que celle qui doit seruir de recompense à quiconque s'occupe à la connoissance des bonnes lettres, & que la Philosophie nomme le plus grand de tous les biens exterieurs. Pource qu'en effect elle est la mere de la vertu, & faict naiftre en nous tous ces loüables defirs, qui nous font afpirer aux chofes hautes, & nous animent à entreprendre toutes les genereufes actions qui rendent les noms illuftres & recommandables à la pofterité. Ie penfois de cette forte de repos & de gloire compofer cette felicité dont fort peu de perfonnes ont eu la pratique iufques à prefent: Et combien qu'il femble que l'vn fuiue l'autre comme l'ombre fuit lé corps, fi eft ce que i'y ay remarqué vne fi grande contrarieté, que pluftoft que de m'opiniaftrer à les acquerir, i'ayme mieux viure moins content comme ie fuis, que d'acheter auec beaucoup de peine vn bien qui ne confifte qu'en l'opinion. Vous n'auriez qu'vn trop iufte fuiet de vous eftonner de ce change-

ment, si vous n'estiez auiourd'huy dans la Cour, où vous voyez cette gloire se promener auecques le masque & le fard, pour tromper ceux qui la suiuent. Celà estant, quelle apparence y-a il qu'elle puisse estre accompagnée de ce repos, qui n'a rien de plus recommandable que son innocence ? Vous n'ignorez pas qu'elle se distribuë aussi bien maintenant par les mains de la fortune, que toutes les autres faueurs, & qu'elle depéd presque absolument de ceux qui ne l'ayant iamais conneuë, ne laissent pas d'vsurper auec impudence l'authorité de donner ce qu'ils n'ont pas. Connoissant ces choses comme ie fais, & l'erreur où sont presque tous ceux qui s'obstinét à courir apres vn ombre qui les fuit, & embrassent vne chimere qui
se

se dissipe quand on pense la tenir entre les mains, ne trouuez pas estrange que ie sois deuenu sage. Ie veux viure desormais pour mes Amys & pour moy, & faire vne Philosophie à mon vsage. S'il aduient apres mes occupations ordinaires, que ie trauaille à ces galanteries, que vous m'auez veu cherir auec tant de passion, ie le feray pour me diuertir seulement, & s'il m'en arriue quelque gloire, ie la trouueray d'autant plus douce, que ie ne l'auray point esperée. Ie serois satisfaict, si ie pensois que vous deussiez approuuer ma resolution. Mais quand vous ne seriez pas d'humeur à y consentir, ie n'entens pas pour cela que vous m'en aymiez moins qu'auparauant: puis que quelque dessein que ie

Dd

fasse, ie n'en auray iamais qui me rende moins que i'ay tousiours esté

Vostre tres humble seruiteur,
& fidelle amy,
BRVN.

A CLEONICE.

Il iuſtifie ſon innocence.

LETTRE III.

E vous demande pardon Cleonice, ſi apres auoir apris d'vne ſi belle bouche que la voſtre, l'arreſt de ma mort, ie ſuis encore en vie, & ſi ie ne puis m'empeſcher de murmurer contre voſtre iniuſtice. Et certes quelle faute ay-ie commiſe, ſi ce n'eſt d'auoir eu la temerité de vous aymer, & de quels pretextes pouuez-vous colorer voſtre cruauté, & me rendre aumoins en apparence, coupable des crimes

dont vous m'accusez ? Et s'il est vray que ie sois innocent, comme sans doute ie le suis, pouuez-vous trouuer quelque plaisir à me donner tant d'ennuis & d'inquietudes que vous faites ? Toutesfois puis que vous l'auez agreable, ie passeray le reste de mes iours en langueur, & me consommeray de regret, sans oser mesme implorer vostre pitié. En fin si vous voulez ie mourray, affin que vous soyez plus contente : Mais pour le moins ie vous demande auparauant vne faueur qu'on ne refuse pas à ceux qui sont vrayement coupables, & que l'on va códuire au dernier supplice : C'est que ie sçache la cause de ma mort. Que si vous auez encore de la peine à m'accorder cette grace, accordez moy au moins celle de mourir en vostre presence. Si ce bon-heur m'arriue, i'estimeray ma fin plus heureuse, que la vie des plus glorieux Monarques de la terre. Cependant s'il aduient que le deplorable estat où vous m'auez reduit, vous touche de quelque trait de pitié, & si apres n'auoir peu me conuaincre des crimes qu'on m'impose, vous daignez receuoir mes iustifications, vous aurez peut-estre regret des peines que vostre credulité m'a faict endurer, & maudirez les artifices de ceux qui vous ont faict entrer en doute de ma fidelité. Si Amour faict ce miracle en ma faueur, ie ne vous demande autre satisfaction, sinon que vous me traittiez de la mesme sorte que l'on traitte les enfans; aussi bien suis-ie encore plus innocent qu'eux. On leur faict baiser les verges auec lesquelles on les a chaſtiez. Que ie baiſe donc encore vne fois cette belle bouche, qui m'a condamné ſi rigoureuſement! Que ie baiſe ces belles mains, qui ne ſeruent maintenant qu'a me repouſſer! Que ie baiſe ces beaux yeux, qui ne ſont plus animez pour moy que de colere & de meſpris! Voila le coup de grace que ie vous demande, Cleonice: Si ie l'obtiens, continuez ſi long temps que vous voudrez à me faire endurer, ie ne ſçaurois mourir que content.

LETTRES
DE MONSIEVR DE SILHON.

A
MONSIEVR
DE TIREPEAV.

Il s'excuse de son long silence, & parle de la corruption de la Cour.

ONSIEVR,

Au lieu des reproches que vous me pouuiez iustement faire, Ie n'ay treuué

Dd iiij

dans vostre lettre que des complimens & des tesmoignages extraordinaires d'affection. Apres cela ie suis contraint d'auoüer, que comme vous entendez parfaitement l'art d'obliger de bóne grace, vous sçauez encore mieux le secret de tirer raison sans la demander de ceux qui vous doiuent, & qu'il n'y a point assez d'ingratitude dans l'esprit d'vn homme pour resister à vostre bonté. Ie vous confesse donc franchement ma faute, & me declare coupable d'auoir violé vne de ces Amitiez, qui sont le seul bien hors de nous, dont le sage doit apprehender la perte, & qui eust sans doute rendu la beatitude des Stoiciens plus parfaite, s'ils l'eussent adiousté à la vertu. Ce n'est pas que ie n'aye tousiours reueré au fons de mon ame ces belles qualitez qui m'obligerent premierement à vous aymer, & que ie n'aye cheri à l'egal de ma vie la bonne volonté que vous auez euë pour moy, & de qui vous m'auez tant de fois iuré que la durée seroit eternelle. Mais certes i'ay creu durant quelque temps, que les grands malheurs ressembloient aux maladies contagieuses, & qu'ils auoient cela de commun auec elles, qu'ils pouuoient en conscience suspendre les deuoirs de l'amitié. Toutefois puis que cette excuse ne seroit pas de vostre goust, & qu'elle pourroit diminuer le merite de la faueur que vous m'auez faite, il vaut mieux que ie la condanne, comme vne de mes erreurs du téps passé, & que ie me persuade pour l'auenir, que la vraye Amitié ne doit pas estre moins pure que la chasteté d'vne Religieuse, qu'elle est desia gastée au dedás, lors qu'elle souffre au dehors quelque chose qui l'offése, & en vn mot, qu'elle n'est iamais assez innocente, si elle est en peine de se iustifier. Mais pour respondre plus particulierement à ce que vous m'escriuez, ie vous conseille pour vostre hóneur d'estre desormais plus retenu à me donner des loüanges, & de ne perdre pas comme vous faites pour l'amour de moy les plus belles paroles du monde. Autrement vous courriez fortune de faire mal penser de vostre vertu, & au lieu d'estre estimé liberal, vous seriez pris pour vn prodigue. Ie vous veux desabuser, quand i'ay faict dessein d'escrire icy, & d'exposer au plus grand iour de la France les productions de mon esprit, i'ay reconnu de bonne foy ma foibleſſe, & que c'eſtoit vne eſpece de diſgrace pour moy, de venir dás la rencontre des meilleurs Eſcriuains qui ayent eſté iuſques icy parmy nous. Mais auſſi i'ay conſideré que les plus petites eſtoiles qui ſont dans le Ciel ne ſont pas inutiles au monde, & que s'il n'y auoit que le Soleil, & les grands Aſtres qui enuoyaſſent leur lumiere & leurs influences ça bas, nous ne verrions pas peut-eſtre tant de merueilles en la nature. C'eſt pourquoy quelque auantage que les autres ayent ſur moy, & quelque perfection qui reluiſe dans leurs eſcrits, tout cela n'eſt pas capable de me faire abandonner ma reſolution, ny d'affoiblir le deſir que i'ay de deffendre de toutes mes forces le party de Ieſus-Chriſt, & d'aſſeurer les fondemens de nostre Religion. Encore suis ie certain, que comme en la disposition des sens, la nature a fait que les moins nobles sont les plus necessaires, & que nous n'auons pas tant besoin pour nostre conseruation, de la veuë, que de l'attouchemeut : de mesme les ouurages que ie medite, pourront estre recommandez par la necessité du temps, s'ils n'ont la grace, ny la beauté, que l'art donne à ceux des autres. Sur ce que vous m'escriuez pour me desgouster de la Cour, & pour me retirer de son importune & desreglée agitation, ie vous diray, que si i'eusse seulement veu il y a huict ans le portrait que vous m'en auez enuoyé, quelque ardente que fût en ce temps là ma curiosité, elle eut sans doute cedé à la raison. Et si i'auois à choisir maintenant que ie connois par experience ce qui en est, pluftost que de m'y embarquer, ie me resoudrois à courir toutes les mers, & faire le tour de la terre, moy qui ay apprehendé iusqu'icy le traiect d'vne riuiere. Mais quoy, il arriue à la plufpart de ceux qui se iettent à la Cour, ce qui arriua à quelques vns des compagnons de Colombe en la descouuerte des Indes Occidentales. Ceux-là impatiens de leur premier bon-heur, & excitez par les grands succez de l'autre, se mirent à chercher de nouuelles mers, & des terres inconeuës : mais comme aux affaires du monde, les mesmes desseins ne rencontrent gueres les mesmes euenemens, ils perirent miserablemét, ou engloutis par la mer qu'ils vouloient despoüiller de perles, ou massacrez sur la terre qu'ils pésoiét espuiser de metaux: Ainsi l'exemple de peu de gens qui ont bien reüssy, & qui se sont esleuez au dessus de leur condition, attire la ruïne d'vne infinité d'autres, dont plusieurs auroient chez eux dequoy estre contents, s'ils sçauoient supporter leur bonne fortune, & la conduitte desquels est d'ordinaire si estourdie, qu'on pourroit douter s'ils n'auoient pas fait resolution de se perdre. Ce sont pourtant les moindres desordres, & les plus suportables accidents qui me font haïr la Cour. Il y a outre cela vne si grande corruption des mœurs, & les opinions du bien & du mal y sont tellement changées; que vous diriez que les loix de la conscience n'ont pas esté faites pour les Courtisans, & qu'ils

DE SILHON. 431

ont vne raiſon toute differente de celle des autres hómes. Le vice qui ne marche ailleurs qu'auec crainte, & que la honte tient touſiours à l'eſcart & dedans les tenebres, cherche icy la lumiere & la foule, & ne ſort iamais en public que pour triompher : De ſorte que dás la plus laſche ſeruitude qu'on puiſſe s'imaginer, ie ne voy qu'vne ſeule marque de liberté de reſte, qui eſt d'oſer publier le mal que l'on faict. Au côtraire la Vertu s'il y en a, ſe cache de peur d'offenſer la bien-ſeance, ou s'il en paroit quelque choſe, ce n'eſt pas la Vertu, mais ſon ombre, & vne ſubtile apparence de bien, pour couurir de mauuais deſſeins, & deceuoir les ames credules. On n'y connoit point d'amitié ſans intereſt, & cette pure vnion des volontés telle qu'Aristote & Ciceron nous la figurent, & dont ils nous alleguent des exemples, n'est qu'vne peinture faite à plaisir, & vne de ces belles fables qui composoient la felicité du siecle d'or. Le desir de la gloire n'y trauaille point les esprits; & cette noble passion qui ne laissoit point dormir Themistocle, qui a rendu Alexandre ialoux des conquestes de son Pere, & qui a faict pleurer Iules Cesar, s'est toute changée en enuie, & est deuenuë vne miserable inquietude, qui s'entretient de la prosperité des autres, & ne s'appaise que par leur ruïne. Tellemét que ceux qui aspirent aux charges & aux honneurs, ne fondent pas tant leurs esperances sur l'opinion qu'ils ont de leur propre merite, que sur le suiet des disgraces qui arriuent tous les iours

iours à ceux qui les poſſedent : Celuy-là eſt le plus habille qui ſçait tromper le plus finement, & à voir abuſer comme l'on fait des paroles & des promeſſes, ie croy fermement que la vie ciuile n'a point icy d'autre lien que la mauuaiſe foy, & que le commerce s'y eſteindroit, ſi l'on en banniſſoit la tromperie. Peu de gens y deſpenſent leur bien auec iugement, la prodigalité conſume les petits, & l'auarice bruſle iuſques dans l'ame des Princes : Et bien que ce ſoit vne choſe eſtrange que deux contraires s'aſſemblét ſans former vn temperament, on voit pourtant aſſez ſouuent vn meſme homme eſtre auare & prodigue tout enſemble, ſans eſtre iamais liberal. Les ſimples debauches de la chair y ſont tenuës pour innocentes, ou du moins trop po-

E e

pulaires, & il ne reste plus à l'Italie pour auoir vne riuale de ses crimes, que d'enseigner encore à la France l'vsage des poisons, & les moyens d'exercer des vengeances inconnuës; apres luy auoir appris des ordures qui deshonorent la nature, & les inuentions des subsides qui mangent les peuples. Mais c'est trop parler de la Cour, & ie ne me fusse pas tant étendu sur vne matiere si odieuse, n'eut esté pour vous faire voir comme ie demeure d'accord auecque vous, qu'il n'y a point de seiour si dangereux que celuy où ie suis, & que pour se bien porter en vn air si corrompu, il faut auoir d'autres preseruatifs que ceux de la raison, & des forces plus grãdes que ne sont les ordinaires. Neantmoins pour venir à la consequence de tout ce discours, & pour vous satisfaire sur le conseil que vous me donnez de songer à la retraite, & à mon repos, ie n'ay qu'vn mot à vous dire, qui est que le port est tousiours desirable à ceux qui sont dãs la tourmente, mais qu'il n'est pas tousjours en leur pouuoir d'y aborder lors qu'ils le desirent. Ie suis

A Paris ce 10. Ianuier
1627.

Vostre tres-humble &
fidelle seruiteur.
SILHON.

A MONSIEVR
DE
MARCA PRESIDENT
AV PARLEMENT
DE NAVARRE.

Il luy enuoye quelques fragmens du Prince de Monsieur de Balzac.

LETTRE II.

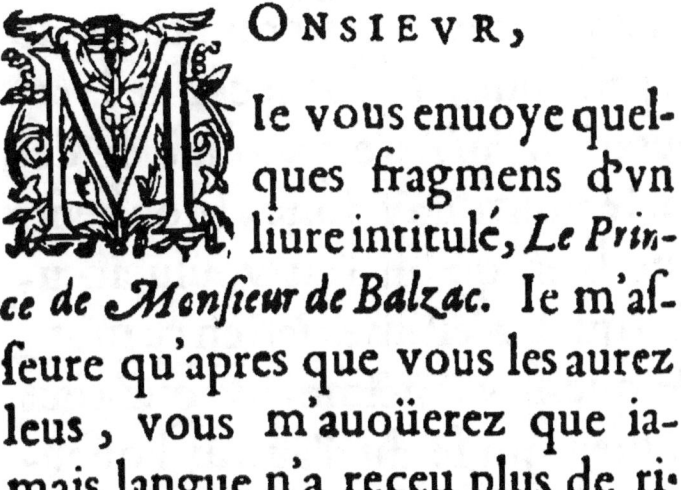

ONSIEVR, Ie vous enuoye quelques fragmens d'vn liure intitulé, *Le Prince de Monsieur de Balzac*. Ie m'asseure qu'apres que vous les aurez leus, vous m'auoüerez que iamais langue n'a receu plus de richesses en si peu d'espace, que la nostre, & que ces fragmens sont des mébres d'vn des beaux corps, que l'art & la nature nous puissent iamais faire voir. Or d'autant que ie sçay que vous estes de ceux, qui ont le plus admiré les premiers ouurages de ce grand Esprit, & qu'estás l'année passée à Fontaine-Bleau, nous eusmes plusieurs discours sur la nouueauté de son Eloquence ; ie m'imagine que vous ferez bien aise d'apprendre encor quelque chose des conditions de sa personne, & du succez de la reputation qu'il s'est acquise de deçà. Ie vous diray donc, Monsieur, que bien qu'on l'ait voulu accuser qu'il n'estime rien en ce monde que soy-mesme, & que tout le bien qui se dit d'autruy l'offence; ie n'ay iamais pourtant conneu homme moins coupable de ce defaut que luy, & comme c'eſt vne des plus aſſeurées marques d'vne ame grande, & que le reſ-ſentiment d'vne extraordinaire vertu tient exempte des mouue-mens de l'Enuie, de parler auan-tageuſement du merite des autres; il eſt certain que iamais perſonne n'a donné plus liberalement des loüanges qu'il en donne. Et neant-moins quoy que cela ſoit fort vray, on n'a pas laiſſé de luy vou-loir rauir celles, qu'il a meritées du conſentement de tous les hon-neſtes gens, & de luy deſrober vn bien que la plus genereuſe am-bition ſe propoſe pour ſa fin, & que la vertu reçoit de dehors pour ſa recompenſe. Ce n'eſt pas que ie trouue eſtrange que les grands Eſ-criuains ayent eu d'abord de la ialousie pour ses escrits, & comme ie sçay qu'vne lumiere esclatante offence la veuë, iusqu'à ce qu'on s'y soit accoustumé, ie ne m'estonne pas aussi qu'ils ayent esté troublez à l'auenement de sa gloire, & qu'ils ne l'ayent regardée croistre qu'auecque déplaisir: Mais puis que l'enuie n'a de coustume de s'esleuer que parmy ceux qui ne sont pas de condition fort inegale, & que nous n'auons pas oüy dire iusques icy qu'vn simple soldat n'ait pû souffrir les triomphes & les honneurs d'vn General d'armée ; ie ne puis comprendre comme quoy de petits Autheurs, (car tels sont les Accusateurs de Monsieur de Balzac, comme vous sçaurés bien tost) ayent osé luy declarer la guerre, condamner tous les bons esprits qui se sont rengez de son party, & dementir la voix publique qui conserue sa reputation. Ce desordre pourtant n'a pas esté inutile à la France ; car de là on a pris sujet de composer vne Apologie si belle, qu'on void bien qu'en cette occasion l'Eloquence a plaidé sa propre cause, & si honorable pour Monsieur de Balzac, qu'il faut croire que celuy qui l'a composée s'est trompé au titre qu'il a donné à son œuure, & qu'il a eu dessein de faire vn Panegyrique : ou bien qu'vn si noble criminel ne pouuoit estre defendu, qu'auec des Eloges, ny accusé que pour sa gloire. Mais affin que ie vous informe plus particulieremét de l'inclinatió qu'il a tousiours euë pour l'Eloquence, & de l'obligation que nous luy auons de ce que c'est luy le premier qui en a rendu noſtre langue pleinement capable. Vous deuez ſçauoir que la nature qui l'auoit deſtiné à vne ſi grande choſe, luy imprima elle-meſme le deſir de l'entreprendre, apres l'auoir pourueu des principes neceſſaires, & de toutes les qualitez propres pour en venir à bout. Ayant donc la teſte pleine de ce deſſein, il vid bien que ceux d'entre nos Autheurs qui auoient le mieux eſcrit, n'auoient pas trouué tout ce qu'il cherchoit, & qu'il luy eſtoit neceſſaire de paſſer nos deſtroits, & d'aller fort loin au delà, pour paruenir à la grandeur qu'il s'eſtoit imaginée. Et de fait, ſi les hommes ſe fuſſent touſiours contentez de nauiger terre à terre, & s'ils n'euſſét oſé regarder la mer que du bord de leurs riuages; Ils n'auroient pas quitté leur premiere pauureté, & les trefors qu'on a enleuez, & les richeſſes qu'on a tranſportées par le monde, ſeroiét encore auiourd'huy dans les Indes, ou aux lieux où la nature les auoit miſes. Ainſi ſi Monſieur de Balzac ne ſe fut ſeulement propoſé que la pureté & la douceur qui faiſoient toute la perfection de noſtre langue; nous ne ſerions pas riches, comme nous ſommes, de tant d'ornemens qu'il a inuentez, & de tant de merueilles qu'il nous a decouuertes. De ſorte qu'au lieu de trauailler apres la veritable Eloquence, nous ſerions eſclaues des reigles de la Grámere, & des ſubtilitez d'vne fauſſe Logique, & ne connoiſtrions pas ny la force des figures, ny les principales beautez du diſcours. Or en cette ardente

DE SILHON. 443
pourſuitte, il luy a fallu ſurmonter des difficultez incroyables, & ſe ſauuer d'vne infinité d'eſcueils. Il à attiré tant de maladies dans ſon corps, par le trauail & les meditations de l'eſprit, que s'il ne ſe ſouſtenoit ſur la ſatisfaction qui luy demeure de ce qu'il fait, il auroit ſouuent peine à ſupporter la vie, & la mort ne luy ſembleroit pas le plus terrible de tous les maux. Icy c'eut eſté trop peu à ſes ennemis de ſe declarer iniuſtes, ſi à meſme temps ils ne ſe feuſſent monſtrez cruels en ſon endroit. Ils ne luy ont pas ſeulement voulu faire paſſer pour crimes ſes maladies, dont toutes les cauſes ſont ou naturelles, ou telles que ie viens de dire; mais ils l'ont encore blaſmé de ce qu'il n'eſt pas inſenſible pour l'excellence de ſes œuures, & qu'il

ioüyt du plus honneste contentement, & de la plus innocente volupté de cette vie. Toutesfois ie ne veux pas faire le vaillant hors de saison, ny continuer la guerre à des ennemis entierement ruïnez. Ie vous veux seulement faire part d'vne pensée qui me semble assez forte pour chasser vne erreur qui se rend commune, & dont plusieurs ont peine de se defendre. Ils sont bien d'accord qu'on ne peut refuser sans iniustice à Monsieur de Balzac le premier rang entre les Escriuains François, & qu'il n'y a personne iusques à present qui puisse disputer auecque luy de l'Eloquence ; mais ils ne veulent pas auoüer qu'il doiue tousiours conseruer cette eminence, & que l'auenir ne doiue porter quelque homme qui se mette en sa place,

& luy fasse quitter les auantages qu'il a sur ceux qui l'ont deuancé. Ils se figurent, comme il n'y a rien de plus agreable aux François que la nouueauté, & que le changement des mœurs & des opinions est vne proprieté de leur nature, que nostre langue pourra aussi changer auecque le temps, & prendre vne face toute differente de celle qu'elle a maintenant. Mais ils ne considerent pas qu'il n'en va pas de mesme des bonnes choses, & dont nous auons les semences dans les pures inclinations de la partie raisonnable, & des mauuaises ou superfluës, qui naissent du desordre de nos passions, & de la force de l'exemple. Celles-là ont vn certain degré de perfection qui les limite, & au delà duquel elles ne peuuent point aller. Cette perfection se descouure fort inegallement, tantost plustost en vn endroit, maintenant plus tard en vn autre, pour des raisons que ie n'ay que faire d'escrire: Mais lors qu'elle se monstre, & apres que les premiers mouuemens des esprits ont passé, & que les efforts de l'enuie sont rompus, elle attire à soy l'estime & l'amour des hommes de son temps, & s'asseure de la faueur, & des applaudissemens de ceux de l'aduenir. Ainsi depuis tant de siecles l'Eloquence de Demosthene & de Ciceron est venuë tousiours en triomphe iusques à nous. Ainsi les vers de Virgile & d'Horace n'ont pas auiourd'huy moins de charmes pour nostre esprit, qu'ils en ont eu autrefois pour celuy d'Auguste & de Mecœnas: Ainsi ceux de Monsieur de Malherbe ont encore la mefme grace, qu'ils auoient il y a vingt ans, & il faut croire que les âges fuiuans ne ferót rien perdre à ceux de Monfieur de Racā que la nouueauté. Pour bien connoiftre cela, & ne fe tromper point au iugement qu'on en faict, on doit s'affeurer qu'vne faculté, (permettez moy que ie me ferue de ce mot) & vne connoiffance qui fe rapporte à l'action comme à fa fin, eft arriuée à sõ entiere & derniere perfection, lors qu'elle peut facilement, puiffamment & infailliblemét produire l'effect qu'elle s'eft propofé. Or la fin de l'Eloquence eftant d'enchanter les fens dont elle a befoin, de gouuerner les paffions, de rauir l'entendement, de commander à la volonté, & en vn mot d'exercer fur tout l'homme vne tyrannie fans violence, si quelqu'vn doute que celle de Monsieur de Balzac n'ait ce pouuoir, principalement apres auoir leu l'Apologie que ie vous enuoyeray bien tost; Ie seray contraint de croire qu'il y a des erreurs parmy les hommes, pour lesquelles la raison n'a point de remede, & que nos ames ont aussi bien que nos corps des maladies incurables. Pour moy tant s'en faut que ie m'imagine que quelque autre Eloquence doiue estre substituée à la sienne ; qu'au contraire ie me persuade tout à faict que la posterité sera idolatre de ce que nous admirons en luy, & qu'elle ne laissera perdre vne de ces paroles, qui composent tant de belles locutions, qui enferment de si excellentes pensées, & qui peuuent porter la verité à trauers les

les sens iusques dans le fons de l'ame. Ie finis là dessus, attendant de vous entretenir du mesme suiet, & de vous faire des complimens par ma premiere lettre.

450 DE MONSIEUR

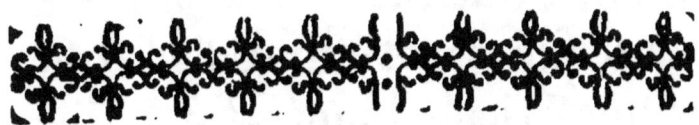

A
MONSEIGNEVR
L'EVESQVE DE
NANTES.

Il luy enuoye le deffein d'vn ouurage qu'il veut faire pour la defence de la diuinité de Iefus Chrift. Cette lettre eſt longue, mais la diuerfité des matieres qui y font traitées oſtera l'ennuy de la lecture.

LETTRE III.

ONSEIGNEVR,
I'ay eſté fi fort touché du iugement que vous auez fait de mes deux Verités, que ie n'ay pû vous cacher plus long temps mon reſ-sentiment. Cet honneur m'eſt fi

senfible, que quand ie confidere que ie fuis dans l'eftime d'vn Prelat que Dieu a donné à fon Eglife en vn temps, où toutes fes grandes qualitez feruent d'exemple, & nulle ne reçoit de comparaifon, ie me laiffe tranfporter d'aife, & cette paffion me fembleroit moins loüable, fi elle eftoit moderée. Certainement i'ay exprimenté à ce coup qu'il n'y a rien de pur en ce monde, & que les plus grands maux de cette vie, ne font iamais fans quelque alliage de bien; car apres tant de bleffures de la fortune, euffe-ie pû defirer vne plus douce recompenfe à mes trauaux, que voftre aprobation, & vne aprobation d'autant plus franche, que vous l'auez donnée en faueur d'vn liure, dont vous ne connoiffiez point l'Autheur? Mais, Monseigneur, n'y auroit-il pas aussi du dessein de vostre costé, & que vous m'ayez gratifié de loüanges qui ne m'estoient point deuës, affin que ie m'efforçasse de les meriter? Aussi ce que vous auez veu n'est autre chose qu'vn trauail tumultuaire & si mal poly, que si ie n'esperois de luy donner vne autre face, ou de contenter le public par vn meilleur ouurage, ie serois marry qu'il eust veu le iour. Or d'autant que i'ay desia promis d'escrire en faueur de la religion Chrestienne, & que vous m'auez fait l'honneur de m'en solliciter, i'ay voulu vous informer plus particulierement de mon dessein, & vous enuoyer le plan de ce que ie pretends faire.

Encore que les erreurs n'osent paroistre à descouuert deuát vous,

& que l'esclat de vostre doctrine & l'opinion de vostre saincteté, impriment la peur, ou la honte sur la face des esprits libertins; Si est-ce que ie ne doute pas, Monseigneur, que les plaintes ordinaires des gens de bien ne vous ayent fait sçauoir celles qui ont plus de cours au monde, & s'emparent plus generalement de la conscience des hommes. Il en est peu qui soient passez si auant dans la brutalité qui n'ayent quelque sentiment que Dieu est: Nous auons mesme dans la nature de grandes & viues lumieres de l'immortalité de nos ames, qui est cause qu'il ne s'en treuue pas beaucoup qui se tiennent à l'opinion contraire sans chanceler. Mais quand au fait de la Religion, c'est vn detroit plein d'écueils pour les esprits esgarez,

& le champ des plus communes erreurs: Et ce qui est de plus dangereux, c'est qu'elles ne sont pas seulement redoutables par le nombre, mais elles se rendent encor illustres par la qualité des personnes qui les suiuent. Machiauel & sa secte faisant seruir la Religion à l'Estat, semble ne reconnoistre point de Diuinité, ny vn autre estat pour les hommes que le present: car autrement, quelle apparence de preferer l'interest d'vn homme à celuy de Dieu, ou les aduantages d'vne vie si courte, aux esperances d'vne eternelle?

Ceux qui font la plus grãde foule sont quelques deliez, & qui pensent auoir raffiné la sagesse du monde; ceux là di-je confessent vn Dieu Autheur de l'Vniuers, reconnoissent sa Prouidence, auoüét l'Immortalité de l'ame, condannent l'Idolatrie, blâment les Philosophes Payens d'auoir conniué au culte de tant de Dieux que l'ambition des grands, & l'artifice des Legislateurs auoit introduits, & croyent que la vraye Religió n'est autre que viure selon la raison, & que le plus agreable sacrifice qu'on puisse offrir à Dieu, est la pratique des vertus morales : consentent neantmoins & approuuent pour le bien de la societé humaine, & la fermeté du repos public, de suiure le culte & les ceremonies exterieures qui seront en vsage en châque Republique ou Estat, & laisser cette bride au peuple, pour le retenir dans le deuoir : bien que eu égard à Dieu, qui veut estre seulement seruy en esprit & verité, cet ordre soit indifferent, & ces ceremonies impertinentes: opinion contraire à celle de Themistius, qui representoit à l'Empereur Valens, que tout ainsi que Dieu auoit repandu la diuersité dans la nature, & que la beauté de l'Vniuers consistoit en la proportion de plusieurs choses differentes, il se plaisoit de mesme en cette grande varieté de Religions, & de cultes qu'on luy rendoit.

A ceux-cy la Religion Chrestienne est la meilleure de toutes, à cause qu'elle est la plus morale, & Iesus-Christ admirable entre tous les hommes, pour auoir osé attaquer l'idolatrie, deuant laquelle les plus grands Philosophes auoient fermé les yeux, & faict la guerre aux vices que l'âge, & vn consentement presque vniuersel auoient mis en honneur. Mais (voicy le poison) quant à la Diuinité qu'il s'est attribuée, ça esté, disent-ils, vne inuention en cela excusable, que la difficulté d'establir vne si saincte Doctrine la rendoit necessaire : voire qu'il a esté besoin pour donner plus de couleur à la fourbe, de forger tous ces mysteres & articles de foy, qui sont estimez par le vulgaire d'autant plus diuins qu'ils sont estranges, & qui surpassans la portée naturelle de nostre connoissance, ne pouuoient estre conuaincus de faux : Tels sont les mysteres de la Trinité, de l'Incarnation, de la Resurrection, &c. Tellement qu'au iugement de ces Impies, tout cela n'est qu'vn accessoire pour remettre plus specieusement nostre raison pratique en sa pureté naturelle, & la rendre plus venerable.

Quant aux herefies qui troublent peu souuent ceste primitiue lumiere, & ne blessent d'ordinaire que ces surnaturelles creances, il les faut tolerer ou reietter selon le bien des affaires du Prince, ou de la Republique. I'ay opinion que les Autheurs de l'Heresie dont Dieu a permis que ce pauure Royaume soit affligé, estoient marquez à ce coin. Car ie me souuiens d'auoir oüy tenir communement cette creance aux Huguenots, qu'on pouuoit faire son salut en toutes les deux Religions, que c'estoit mal penser de la bonté de Dieu d'attacher sa misericorde à l'vne ou à l'autre, qu'il ne falloit pas iuger pour n'estre iugé, ny condanner pour n'estre condanné. Maintenant ils ont changé d'accent; & asseurent que hors de la vraye Eglise, dans laquelle ils se disent estre, il n'y a point de salut. Ie pense qu'en voicy la raison. Les reformateurs estans plus sages mondains que bons Theolegiens, ont suiuy vne maxime que Machiauel fait grandement valoir en ses discours sur Tite Liue, & qu'il remarque auoir esté pratiquée par les anciens Romains: Qu'en tout changement d'Estat, de peur que la nouueauté ne se rende trop odieuse, il faut retenir quelque forme du premier gouuernement, & de ce qui plaist le plus au peuple. Ils voyoient bien que de persuader d'abord à vne infinité d'ames, que la Religion Catholique estoit vne voye de damnation, & que leurs Peres, Ayeuls & Ancestres depuis tant de generations s'y estoient perdus, c'estoit entreprendre l'impossible, ou qu'il falloit auoir le don des miracles: D'autre part ils preuoyoient, quoy qu'ils laissassent le choix de faire son salut dans l'vne ou dans l'autre, que celle qu'ils introduisoient, ayant de grands appas pour les sens, & quelques apparences pour la raison, il ne s'en treuueroit que trop qui s'en laisseroient surprendre. Ainsi sous le masque de la pieté ils ont aduancé leur ambition, ou assouuy leur despit, & par ce changement de Religion ils ont fait voir aux plus aduisez qu'ils n'en auoient point pour tout.

Du despuis la fortune s'estant lassée de fauoriser la nouueauté, & les causes qui auoient ietté les grands dans ce party estans cessées, les plus prudens sont reuenus parmy les Catholiques, & il y auoit apparence que les autres à leur exemple feussent passez du costé où pouuans faire leur salut ils asseuroient leurs affaires : & que comme la licence des mœurs, & l'indulgence charnelle retenoit les esprits bas dans l'erreur, l'interest & l'ambition en tireroit les hômes de merite, si cette maxime de faire son salut par tout, auoit lieu. Cela a obligé les Ministres de la casser, & fonder vn article de foy contraire ; tant cette reformation a peine de s'acheuer, & de prendre des resolutions certaines. Ce n'est pas tout, ie feray voir clairement (& c'est vne partie de mon dessein) que cette heresie est le precipice de l'impieté, & que comme les petites riuieres s'enfermant dans les grandes, se deschargent dans la mer ; plusieurs propositions heretiques aboutiſſét à d'autres erreurs qui toutes ſe vont rédre dãs la grãd mer de l'Atheiſme : Et ie feray cela d'autant plus efficacement, qu'eſtabliſſant les points que les Athées nous conteſtent, ie môſtreray que quelques vns de leurs articles ruïnent les fondemens que la Chriſtianiſme ſuppoſe, & dont eux & nous ſommes d'accord. Car quant aux queſtions poſitiues & de fait, quoy que les Catholiques les ayét battus & preſſez à l'extremité, & qu'ils les mettent tous les iours aux abois; ſi eſt-ce qu'ils treuuent plus aiſement des defaites: & comme ceux qui ſe noyent embraſſét tout ce qu'ils rencontrent; il n'y a ruſe, impertinence, ny mauuaiſe foy dont ils ne ſe ſeruent, pour ne paroiſtre pas vaincus.

I'eſpere donc auec la grace de

celuy à la gloire duquel ie destine cet ouurage, de defendre tellemēt sa Diuinité, & de donner tant de iour & de force aux argumens qui la persuadent, que s'il y en auoit d'auantage, ils détruiroient & la nature & le merite de la foy. Si ceux qui la combattent demandēt vne clarté sans nuage, & aussi sensible que le Soleil, ils sçauront que Dieu ne releue pas en l'ordre de sa prouidence de leur volonté: que nous deuōs marcher en cette vie à la faueur des lumieres dont il luy a pleu nous esclairer, & qu'ayans tāt de motifs qui noº obligēt à croire, & n'en ayās nul qui nous doiue faire mécroire la Diuinité de Iesus-Christ, les incredules encourront à bon droit la peine de cet article, qui porte, que *qui ne croira sera condanné*. I'ay touché cette consideration en ma feconde verité. Or en l'explication de ces motifs; i'ay beaucoup de belles matieres à reprefenter, comme

La prédiction des chofes auenir qui dependent du franc arbitre, eft fans doute vn puiffant indice de la Diuinité, & vn des plus neceffaires argumens que nous en ayons : voire la force de preuoir vn effet qui doit fortir d'vne caufe libre eft fi eftrange & incomprehenfible, que toute la Theologie eft demeurée courte iufques icy pour en rendre la raifon : Car les chofes aduenir n'eftans point prefentés à Dieu, comme on parle communement, veu que ce qui n'eft point, ne fçauroit eftre prefent, & la caufe n'ayant rien en foy qui puiffe feruir à Dieu de fondement pour preuoir infailliblement

ce

ce qui en arriuera, d'autant que plus il penetre diftinctement & parfaitement la nature d'vne puiſſance libre, plus il la void indifferente & moins determinée à l'effect qui doit fuiure. Il s'enfuit que cette force de preuoir eſt attachée precifement à la feule nature de l'intelligence, & que cette intelligence qui en vertu de fa propre force préuoid vn effect qui doit proceder d'vn principe libre, les comprédra tous en vertu de la mefme force; la raifon eſt egale : fi elle comprend tous les euenemens libres, beaucoup plus tous les neceſſaires: & fi elle comprend toutes les chofes à auenir, beaucoup mieux toutes les prefentes & toutes les paſſées, & par confequent qu'elle eſt toute fçauante, &

en suitte toute-puissante, puis que l'idée & la connoissance est la racine du pouuoir : Or il n'est point de nature toute puissante que la diuine, donques la prediction des choses à auenir qui dependent du franc arbitre, est vn euident indice de la Diuinité. Sur ce point ie descouuriray les vanitez de l'Astrologie iudiciaire, & la folie de ceux qui croyent aux Horoscopes, comme aux Euangiles, & les raisons pour lesquelles les euenemens se rencontrent quelquefois conformes aux predictions de ces imposteurs, & autres suppots du Diable: I'ameneray beaucoup de remarques curieuses touchant les Oracles, les Augures & les autres moyés de deuination pratiquez par les Payens, pour les mettre en comparaison, & releuer dauantage la verité du concours de Dieu, pour les predictions de la loy Iudaïque & Chreſtienne.

Faiſant le rapport & l'aſſortiment de ces deux loix, & monſtrant que la premiere n'a eſté que l'ombre & la figure de l'autre, & par conſequent qu'vn eſprit ſouuerain, & le maiſtre de l'ordre du monde en a fait le proiet. I'attaqueray la Cabale, & particulierement les chimeres de Conrad, & d'autres qui font trauailler le ſainct Eſprit, & ſuer tous les Prophetes pour voiler vn myſtere de la nature, lequel s'il eſt veritable n'eſt pas ſi merueilleux que la generation d'vn eſpy de blé. Et là par occaſion ie iuſtifieray l'innocence de de Raimond Lulle, perſecuté en ſes eſcrits durant ſa vie, à cauſe de l'obſcurité qu'il y a à deſſein meſ-

Gg ij

lée, & maintenát la butte de quelques Theologiens, qui luy imposent d'auoir creu que le mystere de la Trinité entre autres se pouuoit naturellement demonstrer : Que si eux mesmes en treuuent des crayós & des figures imparfaittes dans le Soleil, dans le feu, dans vne fleur; pourquoy ne luy aura-il esté permis d'employer celles qu'il a descouuertes dans vne science conneuë à peu de gens, si elles expriment ce mystere plus naïuement, quoy que tousiours imparfaitement?

Sur le miracle des Resurrectiós, ie destruiray l'abominable procedure auec laquelle Paracelse a enseigné qu'on peut faire naistre des hommes sans la communication charnelle de l'homme & de la femme: Dieu ayant permis en punitió d'vne si execrable curiosité, qu'vn Demon au lieu d'vne ame, ait remué ces masses reuestuës de figure humaine qu'il appelle *Homunciones* (s'il en faut croire le conte.)

Rapportant les guerisons miraculeuses que Iesus Christ a faites, ie descouuriray la fourbe du mesme Paracelse, de Crollius, & de leurs sectateurs, qui ont voulu glisser la magie à l'ombre des vertus *Magnetiques & Constellees* qu'ils appellent. Ie reprimeray aussi l'extrauagante force que Cardan, Pomponace, & Vaninus attribuent à l'imaginatió, qui pourroit affoiblir l'esclat des operations surnaturelles de Iesus-Christ & de ses saincts. Ie n'entends pas pourtant rien oster de la vertu de cette faculté qui est grande, ny reietter les estranges effets dont elle est capable, & que ces autheurs ont curieusement recherchez.

Quant au dernier, à cause que la licence de ses opiniós, & le malheur du siecle luy auoit acquis de la reputation, ie suis obligé d'en dire mon sentiment pour ne laisser pas l'erreur en authorité. I'ay leu curieusemēt son Amphitheatre & ses Dialogues: Au premier où il s'oppose à la doctrine des Athées qui nient la prouidence, ie ne treuue rien que de fort plat & de commun, excepté quelques remarques sur l'Astrologie iudiciaire qu'il a copiées de Ptolomée & de Cardā, & qui estans de pures frenesies & auancées sans preuue, ont à grand peine dequoy se faire refuter. Certes i'en fais aussi peu d'estat que des extrauagances des hostes des petites maisons: Par tout ailleurs quád il entreprend quelque opinion difficile & forte, il l'enfante auecque tant de tranchées & de conuulſiós, qu'on void bien qu'il y a eu du vice à la Conception : & l'excellence eſt qu'il veut faire paſſer ceſte obſcurité qu'il ſentoit bien, pour vne ſubtilité;tant la vanité eſt artificieuſe. Pour ce qui eſt de ſes Dialogues dont il fait le theatre de ſa gloire, & le champ de ſes triomphes, & qui eſtans les derniers de ſes eſcrits contiénent l'ame de ſon ſçauoir : i'auoüe qu'il y a aux trois premiers liures des remarques aſſez rares ſur la Philoſophie naturelle : mais qui en retrancheroit ce qu'il a deſrobé à Cardan, à Pomponace, à Fracaſtor, & à Iule Scaliger, le reſte feroit bien ſec. Le quatrieſme dore la pillule & cache ſubtilement le poiſon; quoy qu'il fasse semblant de fraper la Religió Payenne, le contre coup va sur la nostre. Ores il recommande en passant la Religió des Philosophes Payens, qui est de viure selon la loy de nature, de laquelle il proteste ne s'estre iamais departy: tantost il met toutes les Religions au rang des choses perissables, & les fait naistre les vnes de la corruption des autres: Opinion qu'il a tirée de Machiauel en son Prince, & pour la bien reuestir il la fonde auec Cardan, dans la reuolution des Cieux, & dans la rencontre des constellations; Et là il se donne carriere & prend peine à estaller vne doctrine qui n'a point de fódemét qu'en só imagination, & apres auoir ouuertement chocqué la diuinité de Iesus-Christ, pour se mettre à couuert de la iustice humaine, qu'il n'a pû eschaper, il conclud que telles meditatiós sont des fruits precieux de sa tres-subtile Philosophie, qu'il deteste & qu'il a mesme detestés en les produisant en faueur de la Religion Chrestienne.

Sur cette consideration *que cette Religion qui non seulement enseigne la pureté de la vertu, & ne flate nul vice; mais encore conduit à vne perfection si eminente, qu'elle surpasse & la force de la nature pour y paruenir, & sa lumiere mesme pour la connoistre, est d'institution purement diuine.* Or la Religion Chrestienne est telle, doncques Dieu seul en est le fondateur, & par consequent elle est la colomne & la firmeté de la verité.

D'autant qu'on suppose d'ordinaire la maieure (& moy qui sçay qu'auecque les desesperez il ne faut rien supposer, mais ramener le tout iusques aux derniers principes & naturellement conneus, ie la releueray auec estenduë de discours, & la mettray en telle euidéce qu'il n'y aura peine qu'à persuader la mineure qui est vne questió d'experience, que les libertins nient, & les Heretiques ne peuuent ressentir. Ceux qui ont traité cette matiere la prouuent tres-pertinemment, qui est cause que ie ne me destourneray point de leur chemin, i'en osteray seulement quelques espines, & quelques difficultez, qui laissent les autres moins disposez à receuoir la verité. Ie tiens ce motif pour le plus puissant de tous, & pour la pierre à laquelle les autres se doiuent toucher; & de celuy-là & de la predictió des choses à aduenir qui dependét du franc arbitre, i'en fais les deux poles quand aux fondemens externes du Chriſtianiſme.

Icy ie leueray vn charme qui lie preſque tous les eſprits populaires, & principalement les Heretiques, qui ne ſçauent pas diſtinguer la doctrine des mœurs, & penſent mal de la Religion, à cauſe de la mauuaiſe vie de ſes Miniſtres. Certes de s'imaginer vne Religion qui arrache neceſſairement toutes les ſemences des vices, c'eſt mal comprendre l'eſtat de la vie preſente: & ne pouuoir ſuiure que le chemin de la vertu, ce ſeroit n'auoir point de franc arbitre, ny d'inclinations au mal: tellement que cette Religion eſt veritablement diuine, non pas qui ne compatit auecque la liberté de pecher, mais qui porte à l'exercice des vertus plus qu'humaines : l'vn eſt vn appanage de la nature, l'autre vn effect de la grace : & les Heretiques sont grandement desraisonnables de receuoir plus de scandale de la licence de quelques vns de nos Prestres & de nos Religieux, que d'edification de la vie admirable des autres, comme les mouches qui s'attachét aux parties raboteuses d'vn miroir, & ne peuuent se tenir sur les lisses & polies : & ne considerét pas que par vn iugement si oblique ils offensent pour le moins autant leur Religion, en laquelle parmy vne grande corruption de mœurs, il ne se treuue que quelque pratique des vertus morales.

Et d'autant que ie viens de dire que la Religion Chrestienne auecque la liberté de pecher qu'elle laisse, fournit de le force au dessus de la nature pour ne le pas faire : ie prendray de là occafion de combattre cette maxime de Machiauel qui eft la fondamentale de fon Prince, *que pour paruenir à quelque biẽ on peut fe feruir de moyens iniuftes*, cótraire à celle de fainct Paul, qui dit *que la damnation de ceux là eft iufte qui font du mal afin qu'il en arriue du bien*. Sur l'explication de ces deux maximes fe formera l'harmonie que ie medite des maximes d'Eftat, aucque celles de Confcience. C'eft vne connoiffance qui n'eft pas moins neceffaire à vn Miniftre d'Eftat pour le bien gouuerner, que le Soleil à la nature pour la maintenir: car quoy que ceux qui ne reconnoiffent point d'autre biẽ, que l'vtile, ny d'honnefteté qu'en la bienfeance, foient toufiours pernicieux ; ceux qui ont l'ame bonne ne caufent pas quelquefois de moindres ruïnes par les scrupules de la conscience : & neantmoins cette science si importante se treuue par ie ne sçay quel malheur la plus sophistiquée de toutes. De ceux qui en font profession les vns se iettent sur l'extremité de l'iniustice, comme Machiauel & sa secte que Iule Cesar semble auoir fondée par ce dire, *s'il faut violer le droit que ce soit pour regner*: d'autres penchent vn peu trop vers l'autre extremité, & n'elargissent pas assez les bornes de ce que l'interest public rend legitime, comme ceux qui pour redresser vn bois courbé le plient de l'autre costé : il y a encore quelque milieu ce me semble que la conscience peut souffrir & que les affaires requierent. Ceux qui ont touché ce milieu aiustent seulement les preceptes à la fin où ils tendent, & ne les ramenans pas aux raisons vniuerselles d'où leur iustice depend, laissent l'entendement moins esclairé pour les appliquer aux occurrences.

Or d'autant que cette science consiste à ioindre auecque dexterité l'vtile à l'honneste, & à repousser tousiours le mal sous quelque visage qu'il se presente, il importe de connoistre parfaitemét les conditions du dernier, & de sçauoir ce qui est mauuais par nature, & ce qui l'est par accessoire. L'Arsenic est de soy vn poison tres-violent, le vif argent deuient tantost poison, tantost remede, selon qu'il est preparé. Il est des choses dont l'essence est teinte d'vne malice inseparable, & qui sont defenduës pour estre telles, d'autres qui ont seulement de la malice pour estre defenduës, & pour blesser l'authorité du Superieur : Les premieres sont la matiere des commandemens naturels, les secondes des positifs : Ie joins aux premiers, pour assortir mon proiet, les obligations qui naissent du droit des gens, comme des suites necessaires des naturelles : Les seconds sont ou diuins ou humains, & ceux-cy ou ecclesiastiques ou seculiers : Les premiers sont inuariables, les seconds sont susceptibles de chágement, & cessent d'obliger en certaines occasions : & d'autant que les loix n'obligent point que selon l'intention du Legislateur, on interprette cette intention, on cherche les causes qui ont donné occasion à leur establissemét, si elles ont cessé, ou si elles continuënt, si ces loix deuiennent dómageables ou inutiles,

les, s'il est permis pour oster vne obligation d'en faire entrer vne autre en sa place, ou pour l'interest particulier, ou pour le public. Il faut sçauoir faire la difference de ce qui est de droit ordinaire, ou de ce qui est par priuilege : les causes de ce Priuilege cessâs s'il peut estre osté, ou s'il le doit pour les consequences. Il faut sçauoir faire la comparaison des biens, si l'vn sert d'empéchemét à vn plus grand, ou à vn eigal, si l'on peut permettre, ou si l'on se doit opposer à vn mal, si l'on agit ou si l'on souffre simplement, si quelque chose est licite en soy, & illicite à cause du scandale ou de la dissolution de quelque police importante où elle aboutiroit.

Sur tout il est necessaire que le Ministre de l'estat possede parfaitement, & en leur vray sens quelques maximes, affin de marcher sans trouble dans les affaires. Ie discourray sur les principales, & marquant les circonstances & les raisons qui les tiennent dans les termes de la iustice, ou qui les iettent dans l'iniustice, ie les mettray en leur droit vsage. Comme l'vne des peines de la legitime excommunication est d'interdire le commerce & les offices qu'on a acoustumé de rendre à la personne excommuniée. Il sçaura que cette peine ne regarde que les particuliers, que neantmoins la puissance Ecclesiastique en peut dispenser pour de grandes cósiderations, mais qu'elle n'y peut iamais obliger vn Souuerain pour le garder de ses subiets: Et affin que nul ombrage de scrupule ne s'esleue dás son esprit, il s'asseurera sur vne maxime de cõsciéce reçeuë de tous les Theologiés, *qu'à la rencontre de deux commandemens opposez, & dont l'execution de l'vn empesche celle de l'autre, l'obligation du plus foible cesse*, que d'euiter la frequentation d'vn excommunié, est vne obligation du droit positif soit Ecclesiastique, soit diuin, que les deuoirs que le sujet doit à son Souuerain sont de droit naturel, ou au moins du droit des gens qui le suit en force, confirmé par le diuin positif: & partant que l'obligation de celuy-cy est plus forte & plus pressante : & là dessus auecque repos d'esprit, & seureté de conscience il contiendra le peuple dans l'obeïssance, & dans tous les deuoirs qu'il a accoustumé de rendre à son Prince, & s'opposer auec courage au dessein

Hh ij

de ceux qui emportez d'vn zele indiscret, ou de quelque interest particulier l'en destournêt. Il sçaura seulement que l'exemple du Souuerain ne doit iamais attirer en ses suiets l'imitation de l'erreur, ou du vice, d'autant qu'elle renuerseroit vn deuoir premier que l'autre, & le fondemental de la nature hnmaine, *qui est de viure selon la raison, & il est certain que l'homme est plustost né pour la raison que pour la société*, celle cy est la branche, & l'autre le tronc.

Aux questions douteuses il embrassera tousiours le party le plus aduantageux pour son maistre, bien que le moins probable : Et cela en liant ensemble deux maximes, l'vne de conscience, l'autre de prudence : La conscience nous permet de choisir de deux opiniós probables celle que nous voudrós: La prudence nous côseille de deux opinions dont le choix nous est permis, de faire valoir celle qui est la plus profitable. La raison pour la conscience est, d'autant que bien que nous soyons obligez de nous tenir tousiours du costé de la verité conneuë, elle est neantmoins d'vne si difficille queste, & le mensonge imite si finemeut ses couleurs, qu'elle est souuent le moins, où il y a plus d'apparence qu'elle soit; la raison pour la prudence estant si naturelle, n'est que trop sceuë de tous.

Voire plus il passera outre, & ne permettra d'enseigner ou d'escrire autre opinion que celle que le bien du Prince luy aura faite choisir : surquoy les suiets ne doiuent pas se battre, ny faire les fascheux;

car bien que le Souuerain n'aye point de pouuoir sur l'esprit, ny sur ses productions tandis qu'elles se tiennent à leur principe; & qu'elles ne sortent pas dehors, cela estât de la seule iurisdiction diuine; Si est-ce qu'il peut disposer de l'exterieur selon la necessité ou la bienseance de ses affaires, & hors l'interest de la conscience. Or aux cas dont ie viens de parler la conscience demeure sans blesseure, & partant ils ne doiuét pas faire difficulté d'accommoder leur doctrine à l'intention du Prince.

Et ne faut point que l'exemple de ses voisins l'esbloüisse, & le fasse chanceler, qui permettent quelquefois vne doctrine qui peut offenser l'authorité du souuerain, & troubler le repos de l'Estat, mais non pas du leur, soit pour estre

DE SILHON. 491

exempts des pretextes, soit pour y auoir preparé des preseruatifs : & font semer cette doctrine chez leurs voisins, où elle peut estre la semence des troubles. & des diuisions dont ils pretendent se preualoir : car au reste ils sont si sensibles en cet endroit, que pour peu qu'on les y ait d'autrefois touchez, ils n'ont pas bruslé des liures comme en France, ils ont assiegé, pillé, emprisonné, rançonné, bref fait litiere de tout ce qu'il y a de plus sainct & de plus auguste parmy les hommes.

Interpretant cette maxime tirée de Tacite, *que tout grand exemple a quelque chose de rare, par laquelle le dommage des particuliers est recompensé par l'vtilité qui en reuient au public.* Apres auoir discouru des conditions auecque lesquelles le Prince

Hh iiij

s'en peut seruir, & sans lesquelles elle est pernicieuse, ie veux faire vn bon office à la iustice, , & la descharger des plaintes dont elle est persecutée par la voix de ceux qui souffrent plustost par leur malheur, & pour seruir à l'ordre reçeu, que par la faute des Iuges. Car de penser pouruoir en France à la grande corruption qui gaste ce corps, ce seroit entreprendre de bannir de la nature la mort & les maladies.

Sur ce dire tant recommandé & pratiqué par Louys vnziesme, *qui ne sçait dissimuler ne sçait pas regner.* Ie rechercheray les cas ausquels la dissimulation peut estre permise, & discourray amplement de la nature & de l'vsage des Equiuoques. l'abus en est si grand, & le commerce & la societé en est tellemét

DE SILHON. 493

offencée, qu'il feroit befoin que iamais perfonne n'eut efuanté vne matiere fi dangereufe. Il arriuera auec le temps que nous ne nous entreconnoiftrons plus, & que le parler qui a efté donné aux hommes pour exprimer les penfées, ne fera plus fon effect qu'à contrefens, & que la verité ne fe treuuera que dans la contradiction. Vn Cordonnier faifoit femblant de fe coupper la gorge, vn finge le vid & le voulant imiter il fe la couppa en effet. Il eft arriué qu'en des occafions de grande importance, & toufiours pour arriuer à vn bien tres-neceffaire, ou pour fe garentir d'vn grand mal autrement ineuitable, & iamais auec deffein de nuire, quelques grands perfonnages ont exprimé leurs penfées moins ouuertement, & fous des parolles qui pouuoient receuoir vne autre interpretation que l'ordinaire: cela a la semblance, mais non pas la nature du mensonge. La plus part des autres sont des singes qui pensans imiter les premiers, tuent leur ame, & rendent la tromperie & la mauuaise foy d'autant plus dommageable, qu'elle est couuerte.

Sur cette maxime *que le Prince est maistre de la vie & des biens de ses suiets, lors que la necessité publique le requiert*, qui authorise & rend legitime l'vsage des Vsucapions & prescriptions, & fait qu'il peut despoüiller le vray maistre de la proprieté de son bien, & la transferer au presumptif qui en a iouy certain temps de bonne foy, & sous vn titre apparent. Ie rechercheray si son ordonnance peut aussi rédre licite l'vsage des interests, & si en ce temps où l'auarice est si ardente, & la charité si froide, la necessité publique requiert qu'il permette sous certaines conditions, ce qui autrement est illicite & deffendu.

Bref il importe que le Ministre de l'Estat connoisse l'estenduë & les limites des deux puissances *Ecclesiastique & Seculiere*, dont l'vne est le Soleil, & l'autre la Lune de l'humaine societé, affin que l'vne n'empiete pas sur les droits de l'autre, mais que chacune tende sur ses propres moyens à la fin de sa fondatió. Il doit aussi sçauoir le fonds de la puissâce de son maistre sur ses suiets, pour empescher que son gouuernement ne soit violent, & qu'ils ne se portent à la licence. Pour faciliter cette connoissance il faut monter iusques à l'origine & à la source de ces puissances. Il est certain que comme Dieu est l'autheur de l'estre de toutes les choses, il l'est aussi de l'ordre qui les assemble & les lie : l'vn est vne marque de son pouuoir, & l'autre de sa sagesse, & toutes les deux sont vn suiet d'admiration pour les hommes : l'Estre est comme le corps de l'Vniuers, & l'ordre est côme l'ame sans laquelle il seroit & sans beauté, & sans consistance : l'ordre des choses corporelles est veritablement excellent; mais à cause que la necessité les enchaisne, la sagesse diuine esclate plus admirablement en la dependance & en la liaison des causes libres & morales, & en vn temperament si difficile que celuy de la liberté & de la subiection : & quád il n'y auroit que ce seul argument pour prouuer qu'il y a vn esprit souuerain qui gouuerne le monde, i'en serois conuaincu. Dieu donc est la source des puissances de la terre, mais il a contribué en diuerses sortes à leur establissement.

Les Seculieres ont leur premiere fondation au consentement des particuliers, qui guidez par la lumiere de la nature dont Dieu est l'autheur, & poussez par le besoin qu'ils auoient de se maintenir, ont formé vne authorité à laquelle ils se sont assuiettis : du depuis Dieu a côfirmé par sa reuelation ce qu'il auoit inspiré par la lumiere de la nature. Ie ne parle qu'en general, car ie ne veux pas m'estendre icy sur cette matiere. Pour les Ecclesiastiques comme estans les plus nobles puissances, & les plus clairs rayons de la sienne, Il les a fondées d'vne autre façon : sans s'en remettre aux inclinations humaines, il les a immediatement & authentiquement creées, & leur a planté les bornes qu'il luy a pleu, & suiuant la fin qu'il s'en est proposee, sans qu'il soit permis de les eslargir ou de les estrecir, & il a esté à propos que cette institution ait esté claire, affin que l'esprit humain ne vint à la corrompre par ses interpretations : & si l'institution a deu estre claire, pour brider la licence? combien plus la substitution pour euiter le trouble ? & si l'abrogatió d'vne loy & d'vne puissance Ecclesiastique a deu estre manifestement faite par la mesme authorité qui l'auoit establie, & qui luy en a substitué vne nouuelle ; combien plus ouuertement doit elle auoir declaré son intention, si elle a retranché quelque chose de la puissance seculiere, qu'elle a aussi fondée, ou au moins confirmée, pour en faire l'attribution à la nouuelle Ecclesiastique ? d'autant que les hommes s'interessent plus sensiblement pour elle, & ont vne plus grande force en main pour disputer leurs interests : que si en la plus chètiue possession du monde, il est necessaire que celuy qui veut euincer produise des tiltres plus clairs & plus forts, que ceux du possesseur ; autrement la conditió du dernier est tousiours censée la meilleure ! quelle apparence d'en produire de douteux & d'embroüillez contre des clairs & irrefragables ? Il est donc icy questió de declarations formelles, & non pas de ietter de la pouffiete aux yeux des simples auec des similitudes, analogies, ampliatiós de bienseance & autres tels moyens auec lesquels on pourroit donner du credit à l'Alcoran, & telle procedure est vne manifeste chicane. Il faut donc cóclurre que cette puissance dont la fondation est obscure, & les tiltres embroüillez est nulle: Et de fait, ie ne puis m'imaginer que la sagesse de Dieu est annexé à l'ordre le plus releué du monde qui est l'Ecclesiastique, vne puissance, laquelle il a preueu ne deuoir iamais estre reconnuë (ie dis par ceux sur qui elle se doit exercer) ny arriuer à sa fin, & par consequent inutile, luy qui n'a rien fait inutilement au plus vil & au plus bas ordre des choses? beaucoup moins vne puissance qui ne ne s'est iamais monstrée qu'auecque des effects violens & contraires à sa fin, bien qu'on en desguise, & qu'on en falsifie les causes. I'examineray, Dieu aydant, sans passion & sans me porter l'arbitre de ce grand different, les productions faites de part & d'autre, & ce que ie pense estre encore à produire.

Il importe donc que le ministre de l'Estat affin qu'il soit non seulement fidele, mais encor vtile à son maistre, comprene parfaitement l'accord des maximes de consciéce auecque celles de l'Estat, & qu'il sçache les raisós vniuerselles sur lesquelles elles s'appuyent : autremét s'il n'est guidé que par la seule pratique des affaires, il va bien le grád chemin, & sans broncher s'il ne veut : mais d'autant que l'experience est douteuse, chancelante, & variable, les nouuelles occurrances luy sont autant de pieges & de precipices dans lesques il se perd souuent, & attire la ruïne de son Maistre. Aussi aux Royaumes mieux policez il y a double conseil, l'vn d'Estat & l'autre de conscience: l'ordre seroit bien plus parfait, mais cela est casuel, si les mesmes testes qui sont capables de l'vn, estoient instruites en l'autre: comme nous voyons en la nature plusieurs perfections êparses en diuers suiets, se r'alier en la simplicité d'vn plus noble: quand cela se rencontre la conduitte de l'Estat en est plus seure, & son bon-heur plus durable. Le Cadinal Kimenez l'a fait voir à l'Espagne, & la memoire du Cardinal Dossat sera tousiours chere à la France, pour les grands feruices qu'il a rendus au feu Roy en des affaires chatoüilleufes: mais quel plus illufte exemple que celuy de ce grand Cardinal qui fait connoiftre à tout le monde, qu'il y a quelque prudence parmy les hommes, qui eft maiftreffe de la fortune, & qui difpofe des euenemens.

Enfin, Monfeigneur, pour fortir de ce difcours que i'ay fait plus lõg que ie ne penfois, & peut-eftre que ie ne deuois pour ne vous eftre importun, ie parcourray les autres motifs qui rendent euidemment croyable que Dieu qui ne peut fauorifer le menfonge, a authorifé la Doctrine de Iefus-Chrift. Ses admirables qualitez: les conditions de ceux qu'il a choifis pour la publier: la façon contraire aux regles de toute prudence: la viteffe auec laquelle elle a couru toute la terre, à trauers les contradictions & les efforts des puissances humaines & Angeliques, & s'est ancrée par cela mesme qui deuoit la destruire : l'estrange changement que ce qui estoit le scandale des Iuifs, & la folie des Gentils, soit deuenu la sagesse des grāds esprits, & la gloire des Monarques; Ramassant toutes ces choses ensemble, & les comparant auecque toutes les sectes qui ont iamais paru, il faudra qu'il en reüssisse vne euidence morale du concours de la Diuinité, & conclurre que s'il y a vn Dieu & vne prouidence, & si cet appetit de beatitude dont nul n'est exempt, n'est imprimé vainement, il n'y a point d'autre chemin qui nous mene au lieu où il doit estre contenté, que la Religion Chrestienne.

Apres pour monstrer qu'il ne fût iamais dessein mieux entendu, ny liaison plus parfaite que celle de la Doctrine de Iesus-Christ, ie traiteray de ces principaux poincts ; Et apres les auoir aiustez aux fins que Dieu peut auoir euës pour nous la reueler, qui sont sa gloire & nostre salut, ie m'asseure qu'on auoüera que cé ne peut estre que l'ouurage d'vne sagesse infinie. Les mysteres donc de la Trinité, de la Predestination, de l'Incarnation, de la Iustification, de la grace, & du franc arbitre, &c. seront le suiet de la seconde partie de mon liure.

Et affin qu'elle rende encore quelque seruice aux Predicateurs (i'entends les mediocres & les foibles) ie ne presenteray point cette doctrine à la mode de l'Escole, & auecque les espines dont elle y est herissée : Ie luy donneray de la clarté tout autant que ie pourray pour la faire intelligible, & des ornemens & de la douceur pour la rendre delectable : Ie m'estudieray sur tout à la pureté & à la proprieté des termes ortodoxes pour euiter les surprises ; affin qu'au lieu des contes de Herodote, de Pausanias, & de Pline, on nous communique les pensées du S. Esprit Si ie n'auois peur, Monseigne r, de vous deplaire, & s'il ne sembloit que ie voulusse esclairer le Soleil ; Ie vous proposerois comme le plus parfait exemple qu'ils deuroient imiter ; Mais quoy tous ne peuuent pas auoir le bien d'escouter cette grande eloquence qui a remply les plus celebres chaires de ce Royaume.

Mon deſſein eſt donc grand comme vous voyez, Monſeigneur, & bien que beaucoup de parties me manquent pour l'executer dignement; ſi eſt-ce qu'vne des principales eſt le loyſir & le repos. Celuy qui calme quand il veut les vents & la tempeſte, apaiſera s'il luy plaiſt la violéce de mes affaires. Si cela eſt, & ſi ie puis eſperer que ce trauail que ie proiette ait quelque durée, & de la communication auecque la poſterité, elle ſçaura, Monſeigneur, qu'apres la gloire de Dieu, rien ne m'a tant animé à l'entreprendre que voſtre deſir. Si l'agitation continuë, & que les diuertiſſemens m'emportent, acquieſçant auecque douceur aux loix de la prouidence,

I i iiij

Ie diray auec Sainct Paul, que ie ne fais pas le bien que ie voudrois, & ne feray iamais autre que celuy que vous m'auez obligé d'eſtre, c'eſt à dire

MONSEIGNEVR,

Voſtre tres-humble, tres-fidelle, & tres-obeïſſant ſeruiteur.
SILHON.

LETTRES
DE MONSIEVR GODEAV.

A

MONSIEVR
L. C. B. S.

Il le console de sa disgrace.

LETTRE PREMIERE.

ONSIEVR,

Si ie n'auois vne parfaite connoissance de la force de voſtre eſprit, le mal heur qui vous vient d'arriuer me ſeroit infiniment plus ſenſible, & ie rechercherois auec d'auātage de ſoin des raiſons pour vous conſoler ; Mais la Philoſophie a deſia gueri vne playe qui eut eſté mortelle pour vn autre, & vous auez teſmoigné qu'il n'appartiét qu'aux ames foibles d'attendre la gueriſon de leurs douleurs, de la ſuitte des années. Ce qu'vn autre eut nommé vn exil inſuportable, n'a eſté pour vous qu'vn heureux paſſage de la priſon à la liberté, ce qui luy eût mis les plaintes, & le blaſphême dans la bouche, n'a pas cauſé le moindre changement ſur voſtre viſage ; & on peut dire auiourd'huy que vos ennemis ne vous euſſent ſceu plus cruellement punir qu'en vous traitant auec moins de rigueur. Leur haine vous est plus glorieuse que leurs respects passez, & tous les artifices qu'ils ont cherchez pour vous nuire, sont d'honorables preuues de vostre vertu, & des tesmoins irreprochables de leur meschanceté. Vne femme ne se peut dire chaste qui n'a point resisté à la cajollerie: Vn Soldat ne merite pas le nom de vaillant, qui n'a iamais veu des sieges qu'en peinture, & vn homme vsurpe à tort la qualité de sage, qui n'a point donné de preuues de la force de son ame dans la mauuaise fortune. Il est bien aisé de conduire vn vaisseau durát la bonnace, mais quand le Ciel & la mer s'vnissent pour le perdre, quád de quelque costé que l'on iette les yeux, on ne voit que des objets d'horreur & de desespoir, il ne se rencontre gueres de Pilotes qui ne laschent le gouuernail, & qui n'abandonnent leur fortune & leur vie à la mercy de la tempeste. De mesme lors que toutes choses nous rient, les resolutions contre les infortunes qui peuuent arriuer sont faciles à prendre, & on songe aisément aux remedes d'vne douleur que l'on ne sent point. Mais quand nostre pompe s'est esuanoüie, & que ceux qui nous adoroient le matin, font vn crime de nous saluër l'apresdinée, nous rendons les armes à l'ennemi que nous auõs mesprisé: Comme nostre combat, nostre victoire est en peinture; & nous ressemblons à ceux qui faisans les braues dans vne salle, perdent le cœur quand ils se treuuent sur le pré. Or cette foiblesse à mon aduis procede du peu de connoissance que nous auons de la vraye felicité, car si vn homme qui voit tous ses desseins conduits par le bon-heur, ne se laissoit point esbloüir à l'esclat de sa fortune presente ; Si dans la joüissance des plaisirs, & l'applaudissement de ceux qui l'enuironnent, il consideroit qu'il vogue sur vne mer infidelle, & que cette inconstante Deesse qui le comble de gloire & de grandeur, manque autant de raison dans son amitié, qu'en sa haine ; Il n'y a point de doubte qu'il ne fût moins attaché aux biens qu'il possede, & que par consequent leur perte ne luy causât moins de douleur. Mais nostre opinion fait le prix des choses, tout ce qui contente nos sens est souuerainement aymable, & comme si nostre veuë & nostre esprit auoient de mesmes bornes, ce qui est hors de la portée de l'vne, ne peut gaigner l'estime de l'autre. Les enfans aymeroient mieux qu'on leur prit vn diamant que leurs joüets, pource que ces derniers objets sont proportionnés à la foiblesse de leur iugement, & qu'ils ne sont pas capables de reconnoistre la valeur d'vne chose plus precieuse. Et c'est ainsi que la perte du repos & de la liberté, thresors plus rares que tout ce que la Cour peut offrir à nostre ambition, ne nous touche point: Ainsi nous violons sans crainte tous les respects de la pieté pour contenter nos passions desreglées, & ce qui deuroit tirer de nos yeux des larmes de sang, nous trouue insensibles cóme des marbres. Vous n'auez point de part en ce discours.

Monsieur, & comme vne belle femme auroit tort de s'offencer si l'on blasmoit la laideur en sa presence, i'estime que ces inuectiues contre la foiblesse de la plus part des hommes, ne vous seront point desagreables ; vous que cette tempeste n'a pas seulement estonné, & qui auez receu les nouuelles de vostre esloignement d'vn mesme visage, que celles de vostre promotió à la premiere charge du Royaume. La verité redoute la grandeur, & comme vne fille honteuse n'a pas la hardiesse de se treuuer en la compagnie d'vne fortune insolente. Les flateurs sont les ombres inseparables de ceux qui les peuuent secourir dans leurs miseres, & quelquesfois les plus gens de bien craignant que la liberté de leurs parolles ne soit ou dangereuse ou inutile pour ceux qu'elle regarde, se contente de n'approuuer pas les fautes sans les blasmer. De sorte que ceux qui sont dans les grandes charges, en estat de nuire, & d'obliger beaucoup, sçauent les derniers ce qui les touche. Mais quand ny la crainte ny l'esperance n'arrestent plus personne aupres d'eux, s'ils reçoiuent des loüanges, il ne faut point les soubçonner de flatterie ; Car quelle autre consideration que celle d'vne puissante verité, nous obligeroit à deffendre les actions d'vn homme qui n'est plus capable de reconnoistre cette grace, dont la rencontre est contagieuse, & l'amitié suspecte. Resiouïssez vous donc, Monsieur, de voir vne si grande diuersité d'esprits s'accorder en l'estime de vostre vertu, benissez

vne

vne infortune qui vous donne autant de gloire, qu'elle apporte de honte à vos ennemis, voyez leur naufrage d'vn port asseuré, & croyez que la part que les peuples prennent en voftre difgrace, punit leur perfidie auec affez de rigueur. Et certes, quand voftre modeftie s'en deuroit offencer, il faut aduoüer que iufques à vous on n'auoit point encore veu vn feruiteur qui preferât auec tant de courage les interefts de fon Maiftre à ceux de fa maifon, en qui le fçauoir, l'experience & la fidelité fuffent plus heureufement alliées, qui parmy tant de precipices fceut marcher fi droit, & refifter auec tant de gloire aux menaces & aux promeffes. Mais il faudroit vne bouche plus eloquéte que la mienne, pour parler de vos loüanges, &

vne ame moins amoureuſe de la modeſtie que la voſtre pour les ſouffrir. Ie finis donc, Monſieur, & vous proteſte que deſormais rien ne m'empeſchera de me publier voſtre ſeruiteur, qu'aux occaſions qui s'en preſenteront, ie rendray à voſtre vertu le teſmoignage qu'elle merite, & que n'eſtant pas aſſez fort pour reſtablir voſtre fortune, i'auray aſſez de courage pour blaſmer tout haut la perfidie de ceux qui l'ont ruïnée.

A
PHILANDRE.

Il l'aduertit qu'il a eu l'honneur de faire la reuerence à Madame Desloges.

LETTRE II.

APRES vous auoir si long temps entretenu de mes afflictions, il est bien raisonnable, Philandre, que ie vous face part de mes bonnes fortunes, & que vostre prudence m'ayant fait souffrir les vnes sans desespoir, elle m'ayde à receuoir les autres sans insolence. Ie donne le premier rang à la connoissance de cette ditine Dame, de laquelle ie vous ay si souuent parlé auec estonnemét, quoy que ie n'eusse l'honneur de la cónoistre que par sa reputation. Il sufit de vous dire que la nature la fait naistre pour la gloire de son sexe, & pour la honte du nostre, que sa conuersation a des charmes ineuitables, & que toutes les loüãges que l'Antiquité donne à ces grandes Princesses, dont la memoire nous est encore auiourd'huy si precieuse, sont la moindre partie de celles qui luy apartiennent. Car vous iugerez aisément que cóme on ne peut dire cela que de Madame Desloges, c'est d'elle de qui ie vous veux parler. Et certes ie ne fus iamais plus doucemét trompé qu'à sa premiere veuë, car quelques belles paroles qu'on eut employées pour me la depeindre,

& quelque opinion que i'eusse conçeuë de son esprit, vne heure de son entretien me fit confesser que pour estre capable de l'estimer, il falloit auoir le bon-heur de la connoistre, & ie ne regretay iamais si fort de n'estre pas eloquent, comme ie fis en cette occasion ; ne pouuant trouuer des loüanges qui ne fussent infiniment au dessous de sa vertu. Ne disons donc plus pour nous flatter, que celles de son sexe doiuent ignorer beaucoup de choses, que la beauté est le seul auantage dont elles doiuent tirer de la vanité, & qu'il est aussi messeant de leur voir manier des liures, qu'vne espee ; Puis qu'on ne nous represente les sciences & les vertus, sous des visages de femme que pour nous apprendre qu'elles

DE MONSIEVR
sont naturelles à ce sexe, & estrangeres au nostre. I'auois tousiours creu qu'il estoit impossible de parler beaucoup, & ne dire que de bonnes choses, qu'vne fidelle memoire ne se rencontroit gueres accompagnée d'vn parfait iugement, & que la nature ne leur assigne des temperamens contraires, que pour ne vouloir pas que deux si excellentes parties se rencontrent ensemble en vn degré d'esgale perfection. Mais i'ay esté tiré d'vne semblable erreur par cette diuine femme, qui les a heureusement alliées, & qui me fait auoüer, que si les autres obligent en se taisant, elle ne sçauroit plus cruellement punir vn homme que de ne parler point: Iugez donc si ie n'ay pas subiet de tirer de la vanité d'vne si auanta-

geufe connoiffance, & fi vous pouuez donner à voftre efloignement vn nom plus doux que celuy d'vn exil, puis qu'il vous empefche de participer à vn fi rare bon-heur. Mais comme il eft volontaire, ie me promets que cette confideration aura plus de force que mes prieres pour vous obliger à quitter vn fciour ou vous ne laifferez que des bois & des fontaines. Ie vous fais librement part de mes trauerfes; auffi ne puis-je croire que fans offencer l'amitié de laquelle vous m'honorez, il me foit permis de joüir tout feul d'vn fi parfait contentement; Venez donc le partager auecques moy, & ie vous feray reconnoiftre que quelques faueurs que vos bergeres foient capables de vous donner, les plus douces ne vallent pas vne heure de son entretien, & que tous les liures de vostre bibliotheque ne vous ont iamais dit de si belles choses qu'elle.

A
MADAME
DESLOGES.

Il s'excuse de la hardiesse qu'il prend de luy escrire.

LETTRE III.

MADAME,

Quelque commandement que vous m'ayez fait de vous escrire, ie croy que vous eussiez esté fort satisfaite, si ie n'y eusse point obey. Mais puis que vos volontés sont des loix absoluës pour mon esprit, & que ie ne puis ny les violer, ny les expliquer sans crime, souffrez l'importunité que vous vous estes procurée, & trouuez bon que ie vous rende compte d'vne vie de laquelle vous pouuez souuerainemét disposer. Quelque pouuoir dont l'eloquéce se vante, cette superbe Reyne qui donne comme il luy plaist, ou la honte, ou la gloire, n'a point de termes assez riches pour exprimer la perte de vostre entretien. Aussi n'est-ce que des douleurs communes dont on a la liberté de se plaindre, les grandes estonnent l'ame, triomphent de sa constance, & ne luy laissent que les fonctions necessaires pour la tourmenter. Il y a des personnes dans le monde qu'il ne faut pas connoistre si on les veut aymer, & leur conuersation ressemble à ces fruits dont on ne peut manger qu'vne feule fois. Mais la voſtre, Madame, contente touſiours, & comme vn homme qui entre dans vn cabinet enrichi de differentes peintures, n'eſt pas capable de les reconnoiſtre toutes à la fois; Auſſi peut on-dire, qu'à voſtre abord les yeux font eſbloüis par l'eſclat de tant de vertus que vous poſſedez, que chaque iour deſcouure en vous de nouuelles graces ; & que le temps qui deſtruit la gloire des autres, fait paroiſtre auec plus d'eſclat celle que vous auez ſi iuſtement acquiſe. La France vous regarde comme ſon vnique merueille, toutes les loüanges de la Cour ſont pour vous ſeule, rien n'eſgale la pompe qui vous enuirone, & on parle de voſtre eſprit comme du plus grand effort que la nature fit iamais. Ie laiſſe donc à iuger ſi l'eſloignement d'vne personne si accomplie peut causer de petits desplaisirs, & si la constance en cet accidét n'est pas plustost la marque d'vn esprit barbare, que ferme. On dit que le téps passé n'est plus à nous, toutefois i'ay trouué l'art de le r'apeller, car ma memoire me represente auec tant de fidelité, tous les contentemens qui rauissoient mon esprit, quand il m'estoit permis de vous entendre, que ie me puis vanter de les posseder pour la seconde fois. Mais lors que ie considere mon affliction de plus pres, ie trouue que ie ne suis ingenieux que pour me tromper moy mesme, & que ce ressouuenir de ma premiere gloire ressemble aux remedes des Empiriques, qui pouuant flatter pour quelque temps les rigueurs d'vne maladie, n'ont pas la force de la chasser. Ie sçay bien que le Ciel ne m'oste que ce que i'estois indigne de posseder, mais il est bien difficile que la raison & mon interest s'accordent tellement que ie ne l'accuse de cruauté, que ie ne maudisse les affaires qui m'arrestent en ce païs barbare, & que les objets les plus agreables ne m'y paroissent funestes. Quand l'air y seroit aussi pur qu'il estoit à la naissance du monde, quand de toutes les saisons on n'y connoistroit que le Printemps, que les riuages des fleuues seroient semés de perles, que les arbres auroient des feuilles d'or, enfin quand il possederoit plus de raretés que l'Isle d'Vrgande, ou d'Armide, rien ne pouroit m'oster le souuenir de ce que i'ay perdu. Ceux qui me voyent si triste cherchent des raisons pour me consoler, mais quand ie leur ay despeint les excellentes qualitez de vostre ame, quoy que cette image soit tirée d'vne mauuaise main, il n'y a personne qui ne l'adore, & qui n'approuue mes plaintes. Ne les condamnez pas, Madame, puis que c'est l'vnique consolation qui me reste, & pardonnez moy si ie vous entretiens si long temps & si mal. Ie sçay que toutes les loüanges que ie vous dóne sont infiniement au dessous de celles dót vous estes digne; Mais si Dieu n'en vouloit soufrir que de proportionées à la grandeur de son estre, nous ne pourions iamais tesmoigner le respect que nous luy portons. La mer reçoit aussi bien le tribut d'vn petit ruisseau, que celuy du Danube ou du Nil, les diamás n'esclatent pas sur tous nos autels, & il se rencontre des temples qui n'ont rien de precieux que la diuinité qu'on y adore. C'est ainsi, Madame qu'on peut estimer cette lettre dôt vostre nom est l'vnique ornement, & que i'ay pris la hardiesse de vous enuoyer comme vn iuste hommage que ie vous doy, en la qualité que vous me permettez de prendre de

Vostre tres-humble, tres-fidelle
& tres-obeïssant seruiteur,
GODEAV.

A MONSIEVR
DE
MALLEVILLE.

Il l'asseure qu'il ne chãgera iamais d'affection.

LETTRE IIII.

ONSIEVR,

Apres les sermens que i'ay faits de n'aymer rien au monde comme Bellinde, il ne faut point esperer que ie change, & que les esperances que vous me donnez, ayent iamais plus de force sur mon ame, que le contentement de la seruir,

seruir. Elle peut bien me donner tous les iours de nouueaux subiets de desespoir, s'offencer de mes seruices, & faire des contes de mon affection, mais d'empescher que ie l'ayme, croyez que ces considerations sont trop foibles pour m'y obliger. Quelques belles paroles que vous employez pour me resoudre à ce changement, i'estime que vous seriez des premiers à le blasmer ; Et si le Ciel n'a point adiousté à mes autres mal-heurs la perte de vostre amitié, vous maudiriez sans doubte la force de vostre eloquence, qui ne rendroit pas mon infidelité plus digne d'excuse pour me l'auoir persuadée. Ie sçay toutes les difficultés qui combattent mes desirs, & que la mort est le moindre malheur que ie dois apprehender en cette re-

Ll

cherche: mais ne feroit-elle pas infiniment glorieufe, & n'ayant iamais merité fes bonnes graces, puis-je me plaindre de ne les poffeder pas. La pierre en eft iettée, i'ay vefcu fous vn fi glorieux Empire, ie veux auoir encore la gloire d'y mourir, & quelques nouuelles playes que me faffe cette belle main, ie ne demanderay iamais au Ciel d'autre fatisfaction que l'honneur de la baifer. Dans les plus viues attaintes de mes defplaifirs, ie n'auray que des termes de loüange pour elle, ie me faindray coupable afin qu'on ne l'eftime point injufte, & feray le premier qui cherchera des excufes à fa cruauté. Il n'y a point de doubte Monfieur, que vous ne trouuiez cette refolution eftrange, & que le plus fauorable nom que vous luy donnerez ne soit celuy de folie, mais songez s'il vous plaist, que le premier souspir de l'amour est le dernier de la sagesse, & que les maximes de la raison passent pour heresies en son escole. Ie creus aussi bien que vous, qu'il ne me seroit pas plus difficile de guerir de cette maladie, que des precedentes; neátmoins soit que le Ciel veuille punir mes inconstances passées, ou que comme il est vray Bellinde ayt plus d'appas que toutes celles que i'ay seruies; la legereté que i'estimois vne vertu necessaire pour nous affranchir de la tyrannie de celles de son sexe, me tient lieu maintenant d'vne offence irremissible. Aussi n'est-ce qu'aux beautez communes à qui l'on peut manquer de foy sans estre parjure, & qu'à celles qui ayant eu le bon-heur d'attirer quelqu'vn à leur seruice, n'ont pas assez de charmes pour l'y retenir. Bellinde estant hors de ce rang, souffrez que mon amour esgalle ses perfections, que ie brusle tousiours d'vne mesme flamme, & qu'opposant vne inuiolable fidelité à ses mespris, ie puisse dire que rien ne m'empescha de la posseder que mon malheur.

A
BELLINDE.
Luy presentant vn liure.

LETTRE V.

VIS que ce ne vous est pas assez de mespriser mes affections, & de ne recompenser ma fidelité que de mespris; il faut contenter vostre cruauté, Bellinde, & comme vous le desirez publier à tout le monde vos injustices & vostre rigueur, Iettés donc hardiment les yeux sur cette peinture, les objects y sont aussi funestes que vous pouuez

souhaiter, & pour tout on n'y voit que trop de marques de ma mauuaise fortune. Les noms de cruelle, d'insensible, d'injuste & d'orgueilleuse ne vous feront point rougir, puis que vous les estimés les plus glorieux éloges qu'on vous puisse donner, & qu'en vostre opinion, la courtoisie est vn crime, & la pitié vn sacrilege. I'ay long temps caché mon affection, & s'il vous plaist de vous en souuenir, des années se sont écoulées auparauant que vous ayés pû reconnoistre la conqueste que vos beautés auoient faite, quoy que ie fusse continuellement aupres de vous. Mais quand i'ay veu que ce respect me trahissoit, & que la violence de mon mal, est arriuée iusqu'à ce poinct, qu'il m'a esté impossible de le cacher dauantage, il est vray ie me suis confessé vaincu, & mes larmes vous ont souuent demandé la guerison d'vne douleur dont vous estiez l'origine. Voila tout ce que vous me pouuez reprocher ; car il n'y a point de tourmens dont ie ne me iugeasse digne, si ma passion m'auoit faict manquer au respect que ie vous doy ; & si ie n'auois caché vos cruautez auec autant de soin, que ie pourois faire vos faueurs, si vous estiez assez iuste pour m'en dôner. Permettez moy de dire qu'vne contraire opinion offence voltre iugemét, & que voſtre bonté ayde à vous tróper. Car ce ialoux n'a - il pas interest que vous ne me regardiez iamais qu'en colere ? & croyez-vous que ie le choisisse pour vous donner de mes lettres, ou pour me conseruer vos

Ll iiij

bonnes graces en mon abfence? Tant s'en faut que quád la neceſſité m'oblige de receuoir ſon entretien, ie me vante de vos faueurs, qu'au contraire, ie n'oſe me plaindre de voſtre cruauté; de crainte qu'il n'eſtime que ce ſoit vn artifice, & qu'il ne vous penſe plus douce que vous n'eſtes. Mais vous ſçauez bien ces veritez, ingratte, & comme vne premiere faute en appelle aiſemét vne ſeconde, apres auoir eſté cruelle, vous ne craignez point de paroiſtre menteuſe & parjure. Pardonnez ces paroles à la violence de ma paſſion, & conſiderez qu'il eſt bié difficile, qu'vn innocent loüe le Iuge qui le condamne à la mort. Quelque artifice que vous employez pour deſguiſer mes actions, voſtre conſcience ſera plus forte que voſtre haine, &

si vous pouuez faire croire aux autres, que ie suis coupable, vous ne vous le persuaderez iamais à vous mesme. Vostre memoire vous parlera tousiours de mes seruices, & quand vn autre dira qu'il vous ayme, quand il voudra vous le tesmoigner par ses actions, si vous le souffrez, Bellinde, il sera impossible que vous ne reconoissiez aussi tost qu'il n'appartient qu'au fidelle Ergaste à vous parler d'amour, & que luy seul merite l'honneur de vous seruir. Et ne croyez pas que ces paroles soient vn effect de ma vanité. I'aduoüeray tousiours qu'il n'est pas difficile de rencontrer des hommes plus parfaits que moy, & au lieu de defendre mes defaux, ie m'en riray le premier auec ceux qui me les voudront reprocher. Ma seule fidelité est incomparable, & ma discretion n'a rien qui la surpasse que mon malheur. Aussi dans les tourmens que ie souffre, ay-je la consolation d'estre injustement puni, & quelque effort que ie fasse pour me trouuer coupable, toutes les actions qui repassent dans ma memoire, sont de glorieuses preuues de mon innocence & de vostre cruauté. Les plus foibles sont celles que l'on verra dans cét ouurage, car on eut soupçonné les autres d'estre feintes, ou vous rendant l'objet de la haine publique, on ne vous eût plus regardée, que comme vn monstre né à la perte des hommes. Il me suffit aussi que i'aye vostre ame pour tesmoin de mon innocence contre vous mesme, que vous reconnoissiez que dans mes vers la verité est seulemét obscure, mais non pas alterée, que vous en faites la meilleure partie, & qu'il m'eftoit impoffible de parler auec plus de retenuë de mon ennemy. O que ie ferois heureufement trõpé, Si mes reproches auoient la force de vous changer, que i'aurois de fatisfaction de mon trauail, & que i'eftimerois cét ouurage glorieux, s'il vous obligeoit de vous repentir. L'Eternité que les Poëtes fe promettent me feroit vn objet de mefpris, & vn de vos baifers me rendroit plus content, que fi l'on batiffoit des temples en mon honneur. Mais pourquoy ne puis-je efperer cette grace, que manque-il à mon amour pour la meriter, & quelles raifons auez vous pour defendre voftre refus. Souuenezvous feulement du temps qu'il y a que l'honneur de vous feruir me tient lieu de recópenſe, que rié n'a pû rendre ma fidelité ſuſpecte, que i'ay beni ma priſon, & que i'ay apporté autant de ſoin à cacher vos injuſtices, que i'ay monſtré de courage à les ſouffrir. Enfin permettez à voſtre memoire qu'elle vous parle d'Ergaſte, & ie veux eſtre le plus mal-heureux de tous les hommes, ſi voſtre conſcience ne vous accuſe, ſi elle ne vous fait trouuer mes eſperances iuſtes, & aduoüer, que tout ce que ie demáde, eſt pluſtoſt vne recompenſe qu'vne faueur. Si vous vous fuſſiez renduë à la premiere parole, ſi deuant qu'auoir tiré des preuues de ma diſcretion, & de ma fidelité, i'euſſe obtenu la gloire que vos rigueurs me defendent d'eſperer, il eſt vray, Bellinde, la facilité d'vne telle cóqueſte me l'eut fait meſprifer, & i'eusse peut-estre creu que vous vous obligiez la premiere. Mais apres que tát d'années de seruice, vous ont tesmoigné la pureté du feu dont mon cœur est allumé, apres des marques si certaines d'vne passion égalle à la beauté de son origine ; Permettés moy de vous dire que cest offencer mon courage, & vostre iugement que de ne point changer; que comme vostre facilité eût rompu mes liens, vostre defiance me va rendre la franchise, & qu'il ne m'est pas possible d'implorer d'auantage le secours d'vn Medecin, qui se contente d'oüyr le recit de ma douleur, sans la vouloir guerir. Mais ces paroles vous vont faire rire, au lieu de vous estonner, & ie m'asseure que ce ne sera pas sans vn extreme plaisir que vous entendrez vn prisonnier aduertir ses gardes qu'il a enuie de se sauuer. Car quoy que ma prise vous soit indifferente, pour ne perdre pas toutesfois vn esclaue qui a esté vne fois à vous, Il n'y a point de doute que malgré vostre froideur, vous n'vsiez de quelque artifice pour me retenir. Quand i'auray l'hóneur de vous voir, ou vous m'appellerez vostre frere, ou vous me direz que les moments en mon absence vous ont esté des siecles. Ce sera assez pour me rébarquer, & quand toutes mes flames seroient esteintes, pour les r'allumer plus fort qu'elles ne furét iamais. Derechef ie beniray mon martire, sans vous les compagnies me seront insuportables, ma memoire n'aura point d'autres images que la vostre, & le premier de mes soins sera de vous plaire. Mais enfin que recueilleray-ie de ce trauail que du desespoir? Ie vous trouueray tousiours de glace, vous me promettrez tousiours ce que ie ne pourray iamais obtenir; Il faudra estudier ma contenance, retenir mes larmes, & quelque mal que i'endure, il ne me sera pas permis de dire, ie soufre, ou cela me sera inutile. Il ne faut donc plus que ie vous voye, Bellinde, mais si ie ne vous voy plus, cóment me sera-il possible de viure? dures exttemités! vostre veuë me fait mourir, vostre absence me desespere, & de quelque costé que ie tóbe, ie suis asseuré de trouuer vn precipice. Mais puis que mon amour vous offence, & qu'il faut me resoudre à la mort, i'en veux choisir vne glorieuse; & pour contenter vostre cruauté, executer deuant vos yeux l'arrest que vous auez prononcé contre moy. Ne craignez pas qu'vn spectacle si effroyable vous touche de pitié; & qu'il m'eschape des plaintes contre vostre rigueur; Au contraire ie supplieray les Dieux que mon ombre ne vons espouuante iamais, que la perte de ma vie conserue la vostre, & qu'elle fasse plustost admirer le pouuoir de vos charmes, que ma fidelité.

A BELLINDE.

Apres la mort de son mary.

LETTRE VI.

E pleurez plus, Bellinde, ou si vous auez encore des larmes à respandre, que ce soit seulemét pour tromper ces importuns qui ne mesurent vostre honnesteté qu'à vostre douleur. Ie vous permets les plaintes en leur presence, & ne m'offenceray point, quand vous leur protesterez de n'auoir iamais d'amour pour vn autre. Dites encor si bon vous semble des iniures aux Dieux qui vous l'ont raui, comme ils lisent dans vostre

pensée, il n'y a point de doubte qu'ils auront pluſtoſt enuie de rire que de ſe vanger. Les belles parolles ne payent point de tribut, de ſorte que coûtant peu, & obligeant beaucoup, ie vous conſeille d'en eſtre auſſi prodigue, que de vos larmes, à qui celles de voſtre ſexe commándent auſſi abſolumét qu'aux hommes. Si vous iugez encore que cela ſoit neceſſaire pour cacher noſtre deſſein, eſleuez la reputation de leur parent ſur les ruïnes de la mienne, que vos diſcours ſoient vne oraiſon funebre pour luy, & des ſatyres contre moy, tout cela m'eſt indifferent; Et pourueu que nos cœurs ſe faſſent l'amour. Ie me ſoucie fort peu que vous me declariez la guerre auec la langue. Mais, Bellinde, puis que cette fainte n'eſt neceſſaire que pour les tromper, & bonne que pour nous faire rire, oftez d'orefnauant des lettres que vous m'efcriuez ces termes de malheur, de perte, d'affliction, & de defefpoir. Ne me demandez point de confolation, puis que vous n'en auez que faire, & bref, leuez le mafque deuant celuy qui vous enfeigne à le porter. Quand ie leus voftre premiere lettre, ie m'imaginay que vous penfiez efcrire à quelque parent de Therfandre, mais auiourd'huy que toutes celles que ie reçoy me difent les mefmes chofes, il le faut auoüer, Bellinde, ie commence à craindre que voulant contrefaire la trifte, vous ne la foyez deuenuë veritablement. Oubliez la tyrannie de voftre mary, & ne vous remettez iamais deuant les yeux les outrages qu'il vous a fait souffrir, ie l'approuue, & reconnois auecque vous, que les morts n'estans plus capables de nous nuire, c'est vne lascheté que de garder contre eux des mouuemens de haine. Mais prenez garde aussi que la Clemence n'est pas si agreable aux Dieux, que l'ingratitude ne les offence d'auantage. Or quel autre nom voulez vous que ie donne à vostre changement, s'il faut que mes soubçons se rencontrent veritables, & que pour tant d'années de seruice ie n'aye reçeu que des baisers, & des esperances. Vous opposiez autrefois les loix de l'honneur à toutes les violences de ma passion, vous iuriez de n'estre point ingratte à ma fidelité, si le Ciel rompoit iamais les chaines dont vous estiez liée, & enfin vous regrettiez souuent que le bon-heur eut acquis à vn autre ce qui n'estoit deu qu'à mon amour. Mais auiourd'huy que Tersandre n'est plus, & que vous pouuez accomplir ces promesses, quelles excuses trouuerez vous pour ne le pas faire, qui ne soient mauuaises, & ne vous fassent reconnoistre pariure. I'attends cela de vostre iustice, & puis que la haste du Courrier m'empêche de vous entretenir dauantage encore vn coup, Bellinde, songez que ie ne demande rien que vous mesmes ne m'ayez fait esperer, & que quand Thersandre vous auroit aymée auec autant de passion que ie fais, il ne pouuoit souhaiter dauātage que l'hóneur de vous auoir possedée, & d'estre regretté d'vne si belle bouche que la vostre.

A LA MESME.

LETTRE VII.

Vis que vous croyez, que pour estre estimée femme de bien, c'est assez de se monstrer barbare, pour le moins ne sçauriez vous iustement m'empescher de me plaindre, & de vous blâmer par tout d'iniustice & de cruauté. Ces reproches seront des loüanges pour vous, qui estimez que toutes mes larmes sont des preuues glorieuses de vostre chasteté, & qui prenez autant de peine à rendre vostre haine publique, que i'en ay pour cacher mon affection. Et certes vostre humeur est estrange : deuant que ie vous

eusse faict paroistre que ie vous aymois, nostre bonne iutelligence estoit enuiée, & donnoit des ombrages, mais comme si vos faueurs fussent deuenuës plus cheres, que quand ie ne les demandois point, aussi tost que mes yeux & mes souspirs vous ont fait voir, que ie vous regardois autrement, que comme vne personne indifferente, vous auez commencé de peser mes paroles, d'expliquer mes regards, & de prendre toutes mes actions pour des attentats contre vostre honneur. Ce qui me deuoit conseruer vos bonnes graces, me les a fait perdre, & vous ne m'auez traité comme vn de vos ennemis que depuis que ie me suis nommé vostre seruiteur. I'ay souffert neantmoins iusqu'icy vne si cruelle ingratitude, auec vne constance egale à la violence de mon amour. Les plaintes ne me sont iamais echappées que contre moy mesme, & au lieu de vous accuser d'iniustice, i'ay confessé souuent qu'en vostre rigueur, ie portois la penitence de mes defaux: mais tout cela ne vous a peu flechir, au contraire ma fidelité vous a renduë insolente, mes loüanges vous ont offencée, & la grandeur de mon courage a passé en vostre opinion, pour vne esperance de vous pouuoir gaigner. Ne trouuez donc pas estrange, Bellinde, si vous obeïssant, ie sors des termes de ce respect, le langage de cette lettre sera celuy de toutes les autres, & puis que vous le desirez, ie tesmoigneray à tout le monde que vous estes la plus ingratte qui viue.

DE CONAC. 1

LETTRES
DE MONSIEVR DE CONAC.

Il donne des conseils à vne Damoiselle qui s'estoit mise en Religion.

LETTRE PREMIERE.

Quoy pensiez vous hier, de vous aller mettre en Religion, estant à la veille de gouster du plus doux plaisir de la vie ? Iusques icy vous n'auez fait que souspirer, & desormais vous alliez commencer à vous resioüir. A la verité ie ne

a

sçay pas quelle inspiration vous auez euë, mais ie sçay bien qu'elle sera mal interpretee. Au recit de cette nouuelle, ie vous laisse à penser ce que diront les ricurs; puis que les plus discrets ne pourront s'empescher de dire, que Dieu nous appelle par diuers moyens, & que la melancholie porte ordinairement les filles à se ietter dans vn cloistre, quand elles ne peuuent auoir pour maris les seruiteurs qu'elles estiment. Cela estant la cause de vostre zele, il n'y a point de doute que vous auez fait plaisir à vos ennemys, & si vous n'auez rien faict pour vostre conscience. Pour moy, ie croy que vous estes trop sage, pour vous estre laissee emporter à la passion iusques à cét exces, & il faudroit que ie vous eusse veu mourir d'amour, auparauant que de m'imaginer que vous en eussiez esté malade. Mais quand i'aurois esté trompé en voftre froideur, l'on ne me sçauroit persuader, que le Tout-puissant nous attire à son seruice par d'autres voyes que par sa grace, ny qu'il excite en nos cœurs des passions profanes, afin que ne les pouuant contenter, le desespoir nous pousse auec plus de violéce à la recherche de só amour, dont la iouyssance est tousiours preste par tout, lors que nous sómes en bon estat. Seroit-il possible que le plus beau & le plus adorable obiet de tous, n'eust pas assez de charmes pour nous obliger à le seruir, sans se preualoir de la ruine de nos affectious, & que le malheur dont elles sont ordinairement accompagnees, fist plus de miracles que sa parolle ? Non certes, il faut auoir des sentimés plus raisonnables de la Diuinité que ceux là, de croire qu'elle se serue de nos artifices, & qu'elle ayt besoin d'autre apuy que d'elle mesme pour se faire adorer ; pour ce qu'é effect ils tendent au mespris & à la ruyne de sa gloire. Mais sçachez que les grandes inspirations, comme la vostre, viennent quelquesfois des mauuais demons, qui se déguisent en Anges de lumiere, affin de nous attirer auecque le temps, sous l'apparence d'vne vertu plus grande que l'ordinaire, à des vices que ie n'ose dire de peur de vous les apprendre. De sorte qu'il y faut bien songer deuant que de les suiure ; & pour en sçauoir l'autheur, il me semble qu'il faut considerer si elles sont fondees puremét sur l'amour du Ciel, ou sur les mescontentemens du monde, & si elles perseuerent en nos ames au milieu des felicitez de la terre: Sinon le repentir les suit, & le souuenir des vanitez nous demeure. Pensez donc bien à ce que ie vous dis ; comme on ne peut estre trop tost sage on ne le peut estre aussi trop tard. C'est pourquoy ie vous conseille de quitter la prison où vous estes: s'il vous reste encore quelque peu d'amour pour la liberté, deuát que de vous engager à vn vœu qui n'est pas si tost faict qu'il est necessaire. Aussi bien le temps vous en feroit sortir, & il vaut mieux que ce soit la raison. Que si vous y demeurez, soit par vne mauuaise honte, comme font la pluspart pour couurir leur legereté, ou pour obeïr à la tyrannie de leurs parens; soit par vne bonne intention, comme pour fuir les occasions de mal faire, qui sont presque ineuitables dans le monde; ie prie Dieu qu'il vous garde de vous mesme: Car souuenez vous que la solitude est tres-dangereuse, que l'imagination esmeut les appetits auec plus de liberté que ne font les obiects, & que la pure sagesse est ennemie des excés, & par consequent n'est pas moins esloignee des austeritez que des desbauches: Si ce n'est de ces austeritez sainctes, qui se font purement pour l'amour de Dieu: En quoy certes la moderatió n'est pas si bonne que la violence.

Il fait responfe à vn de fes amis, qui le
vouloit marier.

LETTRE II.

VE vous ay-ie fait pour me vouloir donner vne femme? Vous auez beau dire qu'il eſt neceſſaire de me marier, tant pour le bien de ma conſcience, que pour celuy de mes affaires, ie ne m'y puis reſoudre, m'imaginant que ce feroit pluſtoſt vn changement de miſere qu'vne fin. Et puis de la façon que ſe font auiourd'huy la pluſpart des mariages, ne m'auoüerez vous pas que c'eſt abuſer du Sacrement, & quelque couuerture qu'il aporte à nos deſreiglemens, que bien ſouuét ils ne sont gueres moins desagreables à Dieu, que les adulteres. Ce n'est pas pourtant que i'aye declaré la guerre à ce beau sexe, ny que mon humeur soit portee à la desbauche: Ie veux bié estre fidelle à celle que i'aimeray, mais pourquoy voulez vous que ie m'y aille obliger pardeuant Notaire ? Et puis l'experience ne nous faict-elle pas voir, qu'il n'y a point d'amour plus violente, ny de plus de duree que celle où l'on n'appelle point de tesmoins ? Ie croy bien que la personne que vous me voulez dóner est belle; mais ie crains qu'elle ne me fist plus d'amis que ie ne voudrois. Elle peut estre honeste fille, qu'il ne s'ensuit pas pourtant qu'elle fust honneste femme : Et si elle est riche, ie serois d'autant plus obligé d'en souffrir, qu'il me seroit mal au cœur de reſtituer vn grand bien dont i'aurois ioüy. Tant y a que pour me faire changer de reſolution, il faudroit auparauant changer bien des cœurs, affin que toutes celles qui m'aymét, me fuſſent cruelles. Car ſi d'vn commun conſentement elles me tenoient cette rigueur, de ne me vouloir rien permettre de ce que l'opinion du monde leur deffend, pluſtoſt que de paſſer ma vie ſans le plus grand plaiſir de tous, ie penſe qu'à la fin ie ferois contraint de me rendre à la condition que vous me propoſez. Mais pour vous dire la verité, penſez vous que ie peuſſe ſouffrir que ma femme trouuaſt bonne mine à vn autre homme qu'à moy ? & que ſçay-ie ſi quelquesfois pour ſe diuertir, ſon imagination, ne prendroit point le change? En vn mot, ie ne ferois pas feulement ialoux de fes actions & de fes paroles, ie le ferois auffi de fes penfees & de fes fonges : Et fi i'eftois affeuré que mes foupçons fuffent veritables, toute la grace que ie luy ferois, feroit de luy donner le choix du fupplice. Apres ie ne veux point d'enfans ; & ceux qui prient Dieu de leur en donner, ne fçauét ce qu'ils demandent ny ce qu'ils auront. La plufpart font autant de creanciers, & autant d'ennemis. Ils me maudiroient s'ils eftoient miferables, & ils ne m'auroient point d'obligation quand mefmes ils feroient heureux. Il n'eft pas des ouurages de la Nature comme de ceux de l'Art. Les Peintres excellents peuuent bien faire des pourtraicts femblables à l'original, mais les plus honneſtes gents ne ſont pas aſſeurez de faire des enfants qui leur reſſemblent. En fin ie ne veux point eſtre trompé, & encore moins ſeruir de couuerture à vne iniuſtice. Peut-eſtre que penſant flatter mon fils, i'appellerois mon mignon le baſtard de ma femme, & luy lairrois vn iour du bien qui ne luy deuroit pas appartenir. Vous me direz que ſi chacun auoit autát de conſideration, le monde finiroit : Mais de quoy vous mettez vous en peine? Quand ie feray ſage, ne ſe trouuera t'il pas encore aſſez de fous, & puis qu'importe qu'il finiſſe quand nous n'y aurons plus de part.

De Monsievr

Responseà vn de ses amis, qui se plaignoit à luy, d'estre fort tourmenté de l'Amour & de l'ambition.

LETTRE III.

JE vous ay bien de l'obligation, d'auoir pris la peine de m'escrire. Mais ie l'estimerois encore plus grande, si vous ne me la reprochiés point; par la mesme raison qu'il n'y a rien qui diminuë tant la valeur des presens enuers celuy qui les reçoit, que la vanité qu'en retire celuy qui les fait. Veritablement i'ay les mesmes passions que vous, ceux qui gouuernét l'Estat, n'ont pas plus d'affaires que moy, & si ie ne trouue point de temps mieux employé qu'à vous entretenir. N'est-ce pas vne chose estrange ?

Nous nous plaignons inceſſamét de nos Princes & de nos Maiſtreſſes, & nous ne les pouuós quitter. Il faut bien dire que la vertu des charmes ſoit grande ; puis qu'ils nous forcent d'aymer la cauſe de noſtre tourmét. C'eſt pourquoy ie ſuis d'accord auecques vous que cette ſecte Stoïque n'a que des parolles. Elle ſe vante au dela de toutes bornes, & ie ne voy pas qu'elle faſſe plus de miracles que les autres. Par là ie cónoy qu'il y a auſſi bien des fanfarons parmy les Philoſophes, que parmy nos gladiateurs, & qu'il n'eſt pas en la puiſſance de l'ame de nous rendre ſages, tant qu'elle aura quelque choſe à démeſler auec le corps. Deffendós nous de nous meſmes ſi bien que nous voudrons, encores n'en r'emporterons nous pas toufiours la victoire. Il est de nos passions comme de nos ennemis, il y en a que nous surmontons, & d'autres qui nous surmontét. L'auarice commande aux vns, la peur commande aux autres, l'amour & l'ambition nous cómandent; prenons patience: puisque l'homme ne peut estre exempt de passions, encore auons nous suiet de nous resiouïr, de n'auoir que les plus honnestes. Ie sçay bien aussi quelque caiolerie que puisse auoir vn Courtisan, qu'il n'y a point de si belle femme qui luy donne tant de ialousie que la fortune, & par consequent ie ne trouue point estranges toutes les iniures que vous luy dittes. Que s'il est vray que nous soyons bien partagez d'esprit & de courage, à quoy tiét il que nous n'en rendiós des preuues ? & pouuons nous en rendre de plus grádes que de la combattre sans murmurer contre elle ? Tous les autres duëls où la vanité nous fait courir, ne sont dignes que de la veuë des hommes, mais celuy-là d'autant moins qu'il a d'esclat, merite d'auoir des Dieux pour spectateurs. Helas ! nous auons beau faire les vaillans, tous nos efforts sont inutiles, quand elle nous est contraire, ie l'auouë ; aussi quelques mauuais succés que nos armes puissent auoir, n'aurons nous pas assez de gloire, d'auoir osé tenir teste à celle qui dispose des Coronnes & des Victoires ? Au demeurant i'ay cherché dans mon esprit, sans m'arrester aux opinions du peuple, la raison pourquoy on voit tant de sots esleuez, & si peu d'honnestes gens: Et ie m'imagine que ceux-cy estans fort rares, la fortune qui n'a point de iugement, & qui se laisse aller, toute Deesse qu'elle est, au premier qu'elle rencontre, n'en trouue pas si tost à son chemin, que de ceux-là dont le nombre est infiny. Voyla pourquoy il me semble que vous deuez vous consoler; Car si vous ne la possedez pas, vous auez au moins cest aduantage par dessus les fauoris, que vous meritez de l'estre.

Il se mocque des faiseurs de liures, & de l'ignorance du siecle.

LETTRE IV.

E ne vous escris point par artifice, comme ceux qui font de petits presents à dessein d'en retirer de grands. Ma lettre ne demande point de responfe, pourueu que vous soyez de mon aduis il me suffit. Sachez donc que ie me represente à toute heure la vanité des hommes, & que ie n'en voy point de si mal recompensee,

ny de sagesse plus malade, que de ceux qui s'amusent à faire des liures. Se flatte qui voudra ; mais en effet il n'y a que de la peine, & de la honte, tant pour les bons, que pour les mauuais autheurs durant la vie : Et s'il en reuient quelque gloire apres la mort, on ne la sent plus, où on la mesprise. Ne pensez vous pas qu'vn iour nostre ame ne se mocque de toutes ces imaginations, qui nous semblent à cette heure dignes de l'eternité, lors qu'elle ne sera plus suiette à ces miserables organes, qui luy offusquent sa lumiere ? Cependant vous aués beau dire, que les Anciens ne vous ont precedé que du temps, & que c'est vous faire vne iniustice de vous estimer moins, pour n'estre pas mort il y a deux mille ans. Mais quoy ? c'est l'erreur du monde : Comme nous ne viuons que pour les perfonnes que nous aymons auec paſſion, dont le nombre eſt bien petit, de meſme n'eſcriuós nous que pour fort peu de gens qui s'y cognoiſſent. Qu'ainſi ne ſoit, la plus part de nos courtiſans qui ont l'entree des cabinets, ne ſçauent pas ſeulement que c'eſt d'vne bonne & d'vne mauuaiſe penſee. Ces Meſſieurs-là s'imaginent qu'il n'y en a point de bonne que d'auoir enuie de ſe rendre Capuchin, ny de mauuaiſe que de conuoiter vne femme : les Dames qui ſe picquét le plus de gallenteries, & qui ſont preſque touſiours le ſuiet de nos veilles (excepté ma maiſtreſſe) quelque mine qu'elles faſſent, n'étendent auſſi nos diſcours que de l'ouye : Les Coquettes qu'elles

b ij

font, ignorent tout ce qu'elles pēfent fçauoir, & ne font fçauantes qu'en ce qu'elles feignent d'ignorer. En fin il femble que la raifon foit en nous contre l'ordre de nature, veu que les Philofophes font auffi rares que les monftres; & i'oferay dire, que mefmes entre les Notables il y a des hommes fi femblables aux beftes, que fi ie n'auois la foy, ils me feroient douter de l'immortalité de l'ame. Tellement qu'au lieu de paffer ma vie comme vous faittes, & d'efcrire à des gens qui n'ont que la partie vegetante, & la fenfitiue, ie fuis refolu de ne prendre plaifir qu'aux chofes folides, & que le fage a trouué les meilleures, apres auoir goufté de toutes.

Estant malade il console vne Dame
qu'il aymoit.

LETTRE V.

IL faut que ma passion soit bien violente, de me forcer à vous escrire en despit des Medecins, & que i'aye vn grand contentement à vous entretenir, puis qu'il m'oste le sentiment de ma heure. Ils ont beau dire que cela ne fait que m'eschauffer le sang: Ie leur responds, qu'aussi ne veux je iamais cesser de brusler, & que s'ils ne me peuuent guerir, sans esteindre mon feu, qu'ils se gardent bien de toucher à ma maladie. A la verité tous les maux sont

b iij

fascheux, mais celuy d'Amour est agreable, & si ie pensois que la iouïssance en fust le remede, ie la refuserois, quand on me la voudroit donner. Ce seroit estre aussi trop ennemy de mon bien, si depuis le temps que ie soupire, ie ne vous disois combien mon cœur est à vous, & ce qu'il soufre en vous aymant. Sçachez donc que ie suis si tendre, & si facile à esmouuoir en ce qui vous touche, qu'il ne vous sçauroit arriuer de ioye, ny de desplaisir qui ne me soit mille fois plus sensible qu'à vous mesme, & par là ie vous laisse à penser de quelle sorte i'ay esté touché de la perte que vous auez faitte. Ie croyois bien auparauant estre preparé à tous les accidents de la fortune; mais à cette heure ie recognois qu'il n'y a rien de si fort qui n'ayt ion foible, & ie confeſſe que vous eſtes le mien, puiſque i'ay bien le courage de ſupporter mes malheurs & non pas les voſtres. Auſſi ne penſez pas qu'eſtát affligé pour l'amour de vous, i'entreprenne de vous conſoler; la liberté de mon eſprit eſt tellement en vos belles mains, qu'il eſt forcé de ſuiure tous vos mouuemens. Voyla pourquoy tant que vous souſpirerez, ie souſpireray, & ie ne puis ſeulement receuoir de conſolation, que ie ne ſçache auparauant que vous ſoyez conſolee. Apres, aurois-je bien tant de vanité, que de m'imaginer gaigner ſur voſtre eſprit ce que vous n'y pourriez gaigner vous meſme? Ne ſçay-ie pas que ie ne vous ſçauroy rien dire, que vous n'ayez preuenu de la penſee, & que vous eſtes ſi ſage, qu'il ne

b iiij

s'esleue point de passion en vostre ame, qui puisse durer contre vostre consentement? Que si vous ne vous pouuiez seruir de la mesme consolation dont vous vsez enuers autruy, certes ie vous mettrois du rang de ces deuotes, qui ne font que prescher la vertu aux autres, & neantmoins ne le sçauroient passer d'hommes. Mais quoy qu'il en soit, apres auoir bien pleuré, il faut penser à ce qui pense à nous, & perdre le souuenir de ce qui nous oublie.

Il offre son seruice, à vne D. qui luy auoit faict la guerre d'estre trop imperieux.

LETTRE VI.

Rayement Madame, i'ay bien changé de condition en peu de temps que vous m'aués faict la guerre. D'Empereur ie suis deuenu esclaue, & si ie vous proteste que ie tire plus de gloire de ma captiuité, que ie n'ay iamais fait de mes triomphes. Il est vray aussi que voftre beauté seroit capable de donner de la vanité aux Rois & que voftre conquefte eft encore au deffous de voftre merite. Mais ie m'affure que vous la trouuerés affez rele-

uée, si vous considerés bien mon humeur qui n'auoit iamais sceu flechir sous l'Empire d'vne femme, quelque inclination que i'eusse pour elle. Encor que i'aye esté toute ma vie imperieux, ne vous imaginés pas pourtant que ie ne sçache bien obeïr : ie ne me suis iamais tant fié à la fortune que ie ne me sois preparé à la disgrace, & mon ame ne tenoit point auparauant sa liberté si asseurée, qu'elle ne iugeast bien la pouuoir perdre vn iour en de si belles mains que les vostres. Commandés donc Madame, tout ce qu'il vous plairra, hors ce que vous sçauez qui contrarie à l'Amour, ie vous iure que ie ne trouueray rien de difficile, & mesme iusques à mespriser ma vie. Pourueu que ie sçache au moins de voſtre belle bouche, que mes ſeruices ne vous ſoient point deſagreables, mais il faut auſſi qu'elle me le die de façon que ie cognoiſſe que le cœur y conſente.

28 DE MONSIEVR

Il se monstre le plus Sage.

LETTRE VII.

N'Estát pas en ma puissance de dissimuler, il faut que ie vous die, que ie ne vous ayme plus que comme tout le monde. Croyez pourtant que c'est auec toutes les violéces qu'vne ame peut estre agitee, que ie m'arache ce que i'auois pour vous de particulier dans le cœur ; mais puisque ie voy clairemét que vos anciennes intelligences continuent, & que vous en faittes tous les iours de nouuelles, sous ombre de mille feintes, ie ne le puis plus souffrir ny adiouster foy à vos paroles, ie te [...], que i'estime beaucoup plus le vice accompagné de fidelité, qu'vne vertu pleine de fourbes comme la voftre.

DE MONSIEVR

A MADAME
DESLOGES.

Il respond à vne responfe qu'elle luy auoit faitte.

LETTRE VIII.

IE penſois bien que vous fuſſiez de mon gouſt, & que de toutes les fleurs de la Rhetorique, vous n'en trouuiez point vne de ſi mauuaiſe odeur, que celle dont nos Orateurs ont couſtume de parfumer les Princes: mais à ce que ie voy, vous commencez à vous en ſeruir comme eux, & d'en faire le principal ornement de voſtre Eloquence. Ie confeſſe pourtant que voſtre lettre m'a rauy, & ſans auoir eſgard aux exceſſiues loüanges que vous me donnez, certes ie ne cognois point d'homme qui eſcriue à l'eſgal de vous. Ce n'eſt que par force que nos eſprits s'eſleuent, au lieu que le voſtre, c'eſt par diſpoſition, ſi bien que vous vous pouués vanter d'auoir par-deſſus nous les meſmes aduantages qu'ont les Anges, qui raiſonnent beaucoup plus excellemmét, ſans peine, que nous ne faiſons auec nos reſueries. Pour mes lettres, ie croy qu'il eſt vray comme vous diétes qu'elles ſont capables de vous perſuader que mon abſence eſt neceſſaire pour voſtre contentement, puiſque par elles vous deués iuger combien ma

De Monsieur compagnie est importune, mais preparés vous d'en receuoir bien tost l'incommodité; car ie vous iure que ie me meurs esloigné de vous, & si ie pensois demeurer encore aux champs aussi long temps qu'il y a que i'y suis, asseurés vous que pour mettre pluftost fin aux langueurs de ma vie, ie suiurois le conseil des Stoïques, en preuenant la Nature.

Responfe

Responseà vn de ses amis, où il parle
de plusieurs choses.
LETTRE IX.

IE vous suis tres obligé du soin que vous aués voulu prendre, & vous estime trop, pour disputer d'vn prix que vous trouuez raisonnable. Outre que pour l'instructió de la jeunesse, ç'a tousiours esté mon aduis de chercher pluftost vn honneste homme, que le bon marché: Et ie m'estonne que les Loix qui ordonnent des Curateurs aux enfans & aux furieux, n'en baillent aussi aux Peres, qui en cela sont trop bons mesnagers. Mais vrayement i'ay bien aussi à me plaindre de vous de ne m'auoir point mandé de nouᵈelles de Madame Desloges, que voꝰ sçauez que i'honore si parfaitemét. Toutes les autres de son sexe qui ont quelque reputatió parmy les duppes, ne tirent leur estime que de ne rien faire, & sur cela se persuadent d'estre sages, quoy que d'ailleurs elles soient folles: Mais n'est-il pas vray que celle-là a tant de vertu, qu'elle ne lairroit pas d'estre honneste femme, quád mesme elle ne seroit pas chaste. Pour les lettres que vous aués de moy, il est aysé à iuger qu'elles ne sont pas faittes pour le public; c'est pourquoy deuant que de souffrir que vous les faciés mettre au iour, ie desire au moins d'en oster des choses qui ne sont bonnes à dire que la nuict. Bonsoir, Monsieur.

LETTRE DE
Monsieur le Marquis de Breual.

A Monsieur de Balzac.

Il discourt de la vraye Eloquence,
& l'excite à la cultiuer.

MONSIEVR, Ie trouue bien à redire la douceur de vostre compagnie dont l'absence me dérobe le contentement, & commence de douter s'il vaut mieux n'auoir iamais eu vn bien, ou le perdre apres l'auoir possedé. Ie ne tiens pas toutesfois pour perdu celuy de vostre conuersation, non plus que celuy de vostre souuenir: puisque i'espere de recouurer ma perte, & que le commerce des lettres est vn moyen asseuré de rendre presens les absens, malgré la distance des lieux. Ie ne m'amuseray point à vous renouueller les asseurances de mon affection, les ressorts de nostre amitié sont trop bien reiglez pour auoir besoin d'estre remontez comme les horologes. Mais ie veux fuyuant ma liberté ordinaire, delasser auec vous mon esprit, vous entretenant de mes pensees, & vous donner quelque matiere d'exercer le vostre. Vn chetif matelot ne laisse pas d'occuper en ses relations les Mathematiciés les plus speculatifs, & les ruines d'vn bastiment, exercent aussi bien le pinceau de Michel Ange, comme les trophees de la nouuelle Rome. Ie vous diray donc nuëment mon imagination, que ie soubmets à vostre censure: ou plutost, ie vous presente ce tableau de mes pensees, tout mal esbauché qu'il est, affin que receuant de vous vn dernier traict digne de vostre main, il puisse paroistre au iour sans faire honte à son autheur.

Ie voy parmy nous force gens, qui pour faire les entendus se pleignent que l'eloquence Françoise est perduë en nostre siecle : Mais i'ay de la peine à conceuoir comment l'on peut perdre, ce que l'on n'a iamais acquis. Car il est vray que nostre langue n'estant qu'à peine paruenuë au haut point de

c iij

son accroissement, n'a pas eu encore le loisir de se parer des ornemés qui rédent admirables la Grecque & la Latine. Vne Dame malade sóge au recouurement de sa santé & de son enbonpoint, auant qu'employer son soing à sa coifure & à ses habillemens. Nous ne sommes pourtant pas auiourd'huy si paoures, qu'il n'y ayt chez nous dequoy faire des hommes eloquens, & le manquement que nous en auons, vient plutost du defaut des personnes, que de l'impossibilité de la matiere. Car d'alleguer que la decadence des siecles (comme a voulu dire vn grand Personnage de nostre temps en assez mauuais termes) ayt fletry & diminué la beauté de nostre langue, ce discours est plus digne de risée que de refutation. Nostre langue ne fut iamais esleuee au poinct où elle se trouue auiourd'huy: Elle a recueilly la succession de tous les siecles passez: Elle a fait choix des tresors de celles qui l'ont precedee. Elle a pesché les grains d'or iusques dás le fonds du gage, & a naturalisé dás son terroir les plus rares fleurs de l'Italie. Bref sans crainte de restitution, elle s'est enrichie des despoüilles de ses voisines, par vn larcin aussi aduantageux que celuy qu'autrefois Dieu mesme authorisa en faueur du peuple Iuif, & au dommage de l'Egypte. Il ne faut point se flatter en son erreur, le defaut de l'Eloquence Françoise vient des hommes, & non pas du téps: & l'impossibilité que l'on s'y est imaginee, se rencontre dans l'ignorance des ouuriers, plustost que dans la difficulté de l'ouurage.

c iiij

Trois puissants ennemis, ou plustoft trois dangereux monstres ont empesché ceste belle Deesse de s'habituer en nostre Fráce; l'ignorance, la paresse, & le peu de cas que l'on a fait des bons esprits. Pour le premier ie mets au mesme rang l'ignorance & la fausse cognoissance des choses: encor ne sçay-ie si ce dernier mal n'est point pire que le premier : Car quand vous ignorez tout à fait, bien souuent vous auez enuie d'apprédre : Mais depuis qu'vne fois vous auez pris cette fausse impression de sçauoir, l'esprit s'endort dans cet assoupissement, & bien souuent mesme il cultiue les mauuaises plantes qu'il deuroit arracher, & dont les racines en fin s'estendent si loin qu'il ne reste plus de place pour les bonnes semences. De là a pris son origine, ce vicieux langage farcy d'anthitheses, & de metaphores tirees par les cheueux, d'autant plus admiré des ignorans qu'il estoit moins intelligible. Les admirateurs ont donné cours à cette mauuaise monnoye, l'vsage l'a approuuee, & ceux qui ont affecté l'imitation de ces beaux preceptes, ont chágé l'Eloquence Françoise en galimatias. Toute la France n'a pas esté tellement aueuglee, que parmy ce desordre, il ne se soit trouué des gens qui ont recogneu ceste maladie de nostre siecle. Mais la pluspart ont faict comme ceux qui voyans dans les ruës la misere d'vn pauure, la cognoissent, en ont compassion, & tandis qu'ils luy souhaittent du bien, ne luy en font point. Ou comme ces Medecins, qui se contentent de cognoistre par le poux d'vn malade qu'il a la fieure, sans ordonner ce qui luy est necessaire pour le recouurement de sa santé. Ie ne sçay si la paresse a retenu la main de ces clair-voyans; ou si iugeans le mal trop enuieilly, & les playes plustost enuenimees que gueries par les mauuais appareils, ils n'ōt osé entreprendre vne œuure si difficile, de peur de faire paroistre leur foiblesse, en pensant monstrer la force de leur esprit. Si ceste deffiance d'eux mesmes a causé ceste retenuë, craignans de succomber sous le faix, ils ne sont pas blasmables, encor qu'en rigueur de iustice chasque particulier soit obligé de se sacrifier pour le bien du public. Les plus courageux ont encor quelque lieu d'excuse, puisque l'ingratitude & la mescognoissance de nostre monde, dénie non seulement les loüanges, mais bien souuent encor l'approbatió aux gens de merite, & que la reputation des hommes depend auiourd'huy de l'applaudissement de certaines gens, qui se font eux mesmes establis Censeurs sans magistrat, qui debitent leurs songes parmy les femmes, lesquelles admirent leurs œuures par le seul nom de l'autheur, & qui sans aucun fondement de raison, blasment en autruy les perfections qu'ils sçauent bien ne pouuoir acquerir. De leur demander raison de leurs censures, c'est vn crime, c'est gloire à leur auis d'estre condamné par leur iugement, & l'authorité qu'ils se donnent est plus absoluë que ne fut iamais à Rome celle des Dictateurs. Ie sçay bien que l'on medira qu'vn homme de courage ne doit pas laisser de bien faire pour estre blasmé des ignorans, que leurs blasmes luy tournent à loüange, & seruent à monstrer la force de son iugement, & qu'en fin la vertu est vne assez grande recompense de soy mesme: Mais si faut il aduoüer que sans l'espoir de la couronne, il n'y eut pas eu autrefois tant de presse dans les ieux Olympiques. Vn effort si extraordinaire, ne se peut faire que par vn esprit emment comme le vostre, duquel la science & la courageuse vertu ayent assez de force pour surmonter l'ignorance & l'enuie, vices ordinaires de tous peuples, de tous âges, & de la pluspart des hommes. Il faut les rayons d'vn puissant Soleil, pour dissiper ces malignes vapeurs, & pour empescher que l'obscurité qu'elles ont accoustumé de former, ne trouble la veüe de la pluspart du monde, & n'empesche l'action de sa lumiere. Vous voyez bien, Monsieur, que ce chef d'œuure est reserué à vos mains. Ne déniez pas vn secours si necessaire à vostre patrie : Apprenez à nos demy sçauans, qui prennent l'ombre pour le corps, qu'il y a autant de difference entre leur Eloquence affectee, & la vraye, qu'entre l'affaitterie d'vne Courtisane, & la modestie d'vne femme de qualité. Monstrez à ceux qui desirent apprendre, la route qu'ils doiuent suiure, & les escueils qu'ils doiuent euiter : Faictes voir à nos escriuains modernes, qu'ils abusent le monde & se trompent eux mesmes, quand ils veulent reserrer toute la force de bien dire dans les bornes d'vne sterile elocution, & dans la liaison d'vne malheureuse phrase, tournee auec quelque delicatesse, & que lors qu'ils ont acquis ce poinct, auquel ils trauaillent plus soigneusement qu'à trouuer la quadrature du cercle, ou le mouuement perpetuel, ils n'ont pas pour cela merité de loüanges, mais commencent seulement à se garentir de blasme. Que c'est honte de faillir à ces petites reigles, mais que ce n'est pas gloire de les obseruer. Vn General d'armee n'est pas appellé grand Capitaine pour n'auoir pas laissé enleuer vn quartier, mais pour auoir fait leuer vn siege, deffendu des places, & gaigné des batailles. Apprenez à ceux qui donnent aux autres des preceptes qu'ils n'obseruent pas, que ces paroles choisies & peignees, qui n'ont autre subſtance que l'eſcorce, ne rendent pas vn homme Eloquent. Que ceux qui craignans de tomber, ſont touſiours couchez contre terre, qui appellent obſcur ce qui eſt releué & ne trouuent rien d'intelligible que le langage de leur nourrice, ne doiuent pas donner des reigles du ſtile ; qu'il faut des nerfs pour ſouſtenir le corps d'vn diſcours : & que l'Eloquence conſiſte auſſi bien en la diſpoſition des choſes, qu'au choix des paroles. Que les mots ſont comme la peinture, qui n'a grace qu'en la repreſentation qu'elle fait au vif, des corps qui ont leur eſtre en la nature, car pour moy ie ne fay point de cas de ces groteſques, où quelques Peintres prennent plaisir de faire vn monstrueux assemblage de choses sans proportion. I'estime aussi peu ceux dont l'esprit sterile, faute de matiere, rebat cent fois vne mesme chose, qu'il diuersifie en autant de façons, & qui sans aduancer, chemine tousiours comme les toupyes. Ce mouuement circulaire n'est loüable qu'aux cieux, qui n'ayás point de nouuelle perfection plus grande à acquerir, ne peuuent mieux faire que de retourner sur leurs pas. Mais en l'Eloquence dont l'espace est infiny, c'est reculer que ne pas auancer, c'est tomber que ne se pas bien soustenir, c'est perdre son poids, si le mouuement n'est plus rapide, plus il approche de son centre, de son terme, & de sa fin. Destrompez nos Courtisans tifans de la fauffe impreffion qu'ils ont prife de quelques vns, aufquels ils penfent que l'Eloquence ayt efté donnee en depoft, & qu'ils en diftribuent aux autres ce qu'il leur plaift, comme par aumofne. Faictes voir la difference qu'il y a entre le vray bien, & le bien aparent : & que les couleurs imaginees en l'arc en Ciel ne font que des Chimeres qui trompent les yeux des ignorans, & dont les doctes ne fe laiffent pas abufer. Vous feriez refponfable deuant Dieu du talent qu'il nous a donné, fi vous n'en tourniez l'vfage au profit du public. Qui n'empefche le mal lors qu'il eft en fon pouuoir, en eft en quelque forte coupable. Ie ne dis pas cecy pour vous perfuader, voftre propre iugement vous le perfuade affez, la

d

50 DE M. LE MAR. DE BREVAL.
raiſon vous y oblige, le deuoir vous y engage voſtre reputation ſi iuſtement acquiſe, demande que vous laiſſiez cette marque de voſtre ſçauoir à la poſterité, la France l'exige de vous comme vne debte, dont le payement eſt attendu auec impatience de celuy qui veut eſtre à iamais,

MONSIEVR.

Voſtre, &c.

LETTRES
DE FARET.

A la Princeſſe Chryſante.

Il la conſole de la mort de la Princeſſe ELISE ſa fille.

LETTRE PRIMIERE.

Vrant le premier deſordre où m'a mis la nouuelle de la mort d'ELISE, ie puis dire auecques verité CRISANTE, que ma premiere penſee a eſté de

d ij

me representer le desplaisir que vous apporteroit cet accident. Ce n'est pas que ie me defie de la force de vostre esprit, ny que ie doiue rien presumer de celle du mien ; mais ie me suis figuré vostre malheur assez grand, pour croire que i'estois obligé de contribuer quelque chose à vostre soulagement. Ie n'ay pas si bonne opinion de moy, que ie pense vous pouuoir dire des raisons que vous ignoriez, ie veux seulement tascher de vous remettre en memoire, vne partie de celles dont peut estre vostre affliction vous empesche maintenant de vous souuenir. Et certes, CRISANTE, vous estes d'autant plus obligee de tesmoigner de la constáce, que vous estes consideree comme vn exemple de Sagesse de toute la

DE FARET.

Court, & qu'il n'est pas iusques à vos moindres actions, qui ne soient imitees de tous ceux qui en veulent faire de bonnes. Que si la douleur vous faisoit faire quelque chose indigne de cette haute opinion que vous auez faict conceuoir de vous, seroit-ce pas aiouster à la perte d'ELISE, celle de la plus belle & plus generale reputation, dont on puisse recompenser vne eminente Vertu comme la vostre? Si i'eusse eu l'honneur d'estre aupres de vous, lors qu'on vous donna cette mauuaise nouuelle, & que vous eussiez daigné m'escouter, i'auouë que i'eusse eu de la peine à vous accorder, mesme la liberté d'obeïr à ces premiers mouuemens, qu'on dit qui ne sont pas en nostre puissance, mais qui neant-

moins doiuent estre en la vostre.
Et sur tout maintenant que la
plus forte impetuosité de ces tumultes, qui s'esleuent d'abord
dans nos ames, doit estre appaisée
dans la vostre, ie doute si ie pardonnerois à vos soupirs, s'ils n'e-
stoient bien secrets & bien mode-
rez : Mais ie ne doute point que
ie ne fusse contrainct de rougir
pour vous, s'il m'arriuoit de voir
tomber de vos yeux des larmes,
que vous deuez laisser aux autres
femmes, qui n'ont pas comme
vous, le courage & la resolution
des hommes les plus constans.
Vous nommerez peut estre ma
Philosophie cruelle, mais vous
regardant comme quelque chose d'extraordinaire, parmy celles
de vostre sexe, ie croirois offencer vostre vertu, si ie la traittois

auecques plus de douceur. Vous deuez donc fortifier voſtre eſprit de quelques remedes, qui puiſſent adoucir l'ennuy que vous cauſe voſtre perte; affin que toutes les fois que le ſouuenir d'E-LISE viendra vous affliger, vous ayez dequoy le repouſſer; ou du moins que vous le puiſſiez empeſcher de prendre ſur voſtre eſprit vn empire ſi abſolu, qu'apres ſi vous le trouuiez ennemy de voſtre repos, il ne fuſt plus en voſtre pouuoir de le deſtruire. Et à parler ſainement CRISANTE, lors que vous conſidererez que faiſant profeſſion de Religieuſe, comme elle faiſoit, la Mort a eſté durant ſa vie l'vne de ſes plus ordinaires meditations, & comme il y a beaucoup d'apparence, l'vn de ſes plus ardens ſouhaits, ne confesserez vous pas qu'on a tort de regretter qu'elle soit arriuee en vn lieu où elle alloit, & où mesme elle auroit de l'impatience d'arriuer ? Outre cela, CRISANTE, ie ne pense pas que ce ne vous soit vn sujet de consolation tres-grand & tres-solide, de croire que cette ame pure & saincte comme elle estoit, apres s'estre conseruee sans tasche, parmy les ordures de la terre, soit retournee au lieu de son origine, telle qu'on l'en auoit tiree, & qu'apres auoir icy bas conuersé tant de fois auecques les Anges, elle voye maintenant là haut celuy aux piez de qui ces Esprits bien-heureux s'humilient. Cependant la douleur qui est tousiours ingenieuse à nous affliger, ne manque pas de vous representer tout

DE FARET. 57
ce qui peut esbranler voſtre raiſon, & cette ferme eſgalité qui vous a faiƈt ſi ſouuent triompher de la fortune. Il eſt vray, CRISANTE, que vous ne pourrez plus voir cette aymable Fille, dont il ne vous reſte plus que la cendre & la memoire. Mais vous eſtes trop iuſte & de trop bon naturel, pour deſirer que voſtre repos ne ſerue qu'à ruiner celuy des perſonnes que vous aymez, & vouloir arracher cette ame glorieuſe du milieu des felicitez eternelles, pour la replonger dans les miſeres, dont les vies les plus heureuſes ſont accompagnées. Toutesfois, CRISANTE, de peur de rendre voſtre douleur plus opiniaſtre qu'elle n'eſt, à force de la contrarier, donnons luy ce qu'elle veut, & tombons d'ac-

cord auec elle, que ce sont de cruelles separatiós que celles qui se font par la mort. Cóme en effect c'est vne pensee qui fait fremir d'horreur, lors qu'on se figure qu'on ne sçauroit reuoir de sa vie ceux qui vne fois en sont priuez. Et certes i'auouë qu'il est comme impossible que les liens naturels se rompent sans violence, & croy qu'il ne se trouue point de Peres, ny de Meres si barbares, qui sans vn extreme ressentiment, puissent voir arracher d'entre leurs bras, ceux en la personne de qui ils semblent reuiure. Neantmoins auec tout cela, CRISANTE, ie ne trouue pas que vous puissiez authoriser vos regrets d'aucun pretexte absolument legitime, ny que les principales considerations qui font plaindre les autres en de pareilles occasions, se rencontrent en ce dernier accident qui vous est arriué. Et à tout examiner, on peut dire que vous regrettez la perte d'vne chose qui n'estoit plus en vostre possession : Vous l'auiez donnée à l'Eglise, & auiez voulu que cette vertueuse Princesse espousast le plus grand de tous les Roys, & le plus beau de tous les Hommes. De sorte que de murmurer qu'auiourd'huy elle soit vnie auecques luy, ce ne seroit pas seulement vne iniustice, mais encore vne espece de sacrilege, & d'impieté. Ie ne voy pas de mesme que vous ayez grand suiet de vous affliger dequoy vous ne la reuerrez plus ; puis qu'il sembloit que vous eussiez renoncé à ce contentement, lors que vous consentistes qu'elle entrast en ce sainct lieu, où l'on perd le souuenir des grandeurs de la terre, pour ne songer qu'à celles du Ciel. Ces choses estant ainsi, comme à la verité on ne les sçauroit contredire auec beaucoup de raison, ie ne pense pas que si vous daignez vous les remettre deuant les yeux, lors que vostre ame sera agitee de quelque trouble, vous n'ayez dequoy l'appaiser. Mais ce ne vous est pas assez de n'auoir point d'affliction : Vous estes née pour les felicitez de l'vne & l'autre vie. Vostre condition vous fait posseder celles d'icy bas, & les biens que vous faictes tous les iours, vous rendent digne de celles qui nous sont promises là haut. Vous auez la reputation, CRISANTE, de la plus heureuse Princesse qui soit au monde. Il n'y a personne qui ne connoisse & ne respecte vostre Vertu : Chacun admire l'excellence de vostre esprit : Les Graces qui vous accompagnent, attirent sur vous les yeux de tout le monde auecques rauissement, & par vn priuilege merueilleux, vous faittes durer la ieunesse, & fleurir la beauté iusques en vn âge, où il semble que celles de vostre sexe commencent à ne regarder plus ces tresors qu'auec enuie. Quant aux biens de la fortune, chacun sçait que vous en estes comblee : Et affin qu'il ne manque rien à rendre vostre bon-heur parfaict, vous auez la gloire d'auoir faict naistre deux fois la Valeur dans le monde : C'est à dire que vous estes Mere de deux Princes, de qui on peut dire sans flaterie, que le courage & les genereuses actions qu'ils ont faittes sont à vn si haut point, que tous les siecles ensemble ne peuuent produire des exemples qui les esgalent. Si auec tout cela vous trompiez l'opinion generale, & si au lieu de viure dans les contentemens, vous permettiez que la tristesse prist en vostre ame la place que la ioye y doit tousiours occuper, il n'y a point de doute que vous vous trahiriez vous mesmes, & que vos seruiteurs vous trahiroient aussi, s'ils ne vous en faisoient point de reproches. Viuez doncques CRISANTE la plus heureuse de toutes celles de vostre condition ; puisque Dieu qui vous en donne tant de moyens, semble vous en commander l'vsage. De tous les regrets n'ayez iamais que ceux que la Religion nous oblige d'auoir pour noftre falut. Et principalement lors que celuy de voftre derniere perte viendra vous troubler, comme eftant l'vn des plus fenfibles que vous ayez iamais eus, fongez à chercher des diuertiffemens qui en retirent voftre imagination. La conuerfation eft vn charme fi puiffant en de femblables occafions, que bien fouuent elle a deftourné de la mort, des perfonnes qui eftoient fi opiniaftres à la chercher, que fans elle le defefpoir les y alloit precipiter. Il eft vray que ie la voudrois telle que vous fçauez qu'elle fe trouue icy, car ils ne fe rencontre que trop de celles qui font pluftoft ennuyeufes qu'vtiles. Ce n'eft pas CRISANTE, que ie ne

croye que vous puissiez auoir vn entretien agreable parmy vos domestiques, & dans ce grand abord de personnes de qualité qui vous visitent : Mais aux vns la liberté est trop contrainte par le respect, & aux autres il y a du hazard à bien rencontrer. De sorte, CRISANTE que ie ne suis pas sans apprehension, que la douceur de tant de belles & magnifiques solitudes qui vous enuironnent au lieu où vous estes, ne vous deuiennent à la fin trop agreables. C'est là que les esprits affligez s'attachans auec trop de plaisir à des resueries tristes, acheuent de se plonger dans vne melancholie incurable. Et c'est aussi vn contentement funeste à ceux qui ont enuie de faire des plaintes, de pouuoir commodement se
separer

séparer du monde, pour soúpi-rer en liberté. Vous estes aux champs CRISANTE, & par consequent quelque somptuo-sité de bastimens, & quelque pompe de richesses que vous vo-yez esclatter autour de vous, ie ne fais point de difficulté de di-re que vous ne laissez pas d'estre dans la Solitude : Prenez garde s'il vous plaist qu'elle ne vous surprenne : Elle est d'autant plus dangereuse qu'elle nous charme insensiblement, & que plus elle augmente les maladies de nostre ame, plus nous nous figurons de delices à la fuyure. La demeure de Paris & la frequentation de la Court, sont les seuls remedes qui vous restent pour dissiper vostre ennuy. C'est vn seiour où vous sçauez que les diuertissemens sont

e

si grands & si doux, qu'il n'y a que les douleurs desesperees qui n'y puissent receuoir de consolation. Les vœux de tant de personnes qui vous y souhaittent, semblent vous obliger à ne leur estre pas inexorable. Ie ne veux pas alleguer pour vous y attirer, plusieurs autres considerations, qui regardent esgallement le repos de vostre esprit, & l'vtilité de quelques personnes qui vous sont aussi cheres que vous mesme. Aussi bien estant, comme vous estes, l'vn des principaux ornemens de cette Court, il y a beaucoup d'apparence que vous ne l'en voudrez pas laisser plus long temps priuee. Les Reynes, & tout ce qu'il y a de Princesses, & de Dames aupres d'elles, sont en peine de vostre long retardemét;

Vos fidelles seruiteurs ne le souffrent qu'auec d'extremes inquietudes : Tout le monde souhaite que vous y donniez bien tost vn vn dernier terme : Et moy particulierement CRISANTE, qui croys me representer mieux qu'aucun autre, le soulagement que vous receuriez icy, si vous y estiez, ie ne cesse de faire des prieres à Dieu pour vostre retour, & les pense faire en mesme temps pour vostre santé. Voila CRISANTE, les resueries d'vn malade & tout ce que son imagination encore debile de la violence d'vne maladie mortelle a peu conceuoir, plustost pour tascher à vous diuertir, que pour aucune opinion que i'aye de vous pouuoir consoler.

A MADAME
DESLOGES.

Il luy tefmoigne le contentement qu'il a eu de voir Madamoifelle fa Fille.

LETTRE II.

MADAME. Ne voulez vous pas bien que ie m'eftime le plus heureux homme du monde, d'auoir receu voftre Pourtrait en vn lieu, où ie n'ofois rien efperer de plus doux que la mort ? Et certes i'allois mourir, fi ce remede euft tardé plus long temps à me venir retirer du defefpoir où i'eſtois de ne vous voir point. Vous receurez au moins cet auantage de mon bonheur, que deformais il ne ſe trouuera perſonne ſi profane, qui ne confeſſe que vous eſtes Diuine, puis que voſtre Image ſeule n'a pas faict en moy vn moindre miracle que de reſuſciter vn mort. Ie ne me puis laſſer de luy faire hommage, comme ſi vous eſtiez preſente : Elle auſſi comme ſi vous l'auiez inſtruitte de la façon dont vous me traittez, reçoit mes reſpects auec ce meſme empire, dont vous regnez ſi agreablement dans les eſprits, & qui fait naiſtre en meſme temps, deux choſes preſque incompatibles, l'amour & la crainte. Ie l'examine curieuſement, mais ce n'eſt que pour l'admirer: car quel crime ſeroit-ce de ſe figurer quelque deffaut en ce qui vient de vous ? I'y considere auecques rauiſſement cette meſme douceur dont vous charmez les eſprits de tout le monde, i'y voy les traits de voſtre viſage, & cette repreſentation eſt ſi excellente, que pour comble de merueille, i'y remarque meſmes des traits de voſtre eſprit. En fin ie demeure confus d'auoir trouué hors de moy, vne choſe que ie ne croyois pas pouuoir eſtre bien exprimee que dans mon cœur. Auſſi eſt-ce vn ouurage digne de vous, & qui fait voir que vous ſeule eſtiez capable de vous bien repreſenter. En vn mot pour vous empeſcher de rougir plus long temps d'vn diſcours que d'abbord vous aurez trouué plein d'effronterie, ie vous auertis que i'ay salué & entretenu Madamoiselle voſtre fille, qui vous reſſemble ſi parfaittement, que ſans que ie l'euſſe iamais veuë auparauant, ie l'ay reconneuë parmy cette grande confuſion de viſages, dont on a les yeux eſblouys à la Court. De ſorte que ie dis encore vne fois que i'ay receu voſtre portraict : mais ç'a eſté des mains de la Fortune. C'eſt à elle que ie ſuis redeuable de cette grace, qui eſt ſi grande, qu'elle ſurpaſſe de beaucoup toutes les iniures que i'en ay iamais receuës, & qui m'en ont tant fait dire contre elle. Mais conſiderez encore combien ſa liberalité a eſté extraordinaire en ce preſent; puis qu'elle a voulu qu'il fuſt viuant, affin que ie fuſſe mieux conſolé de l'ennuy que i'ay d'eſtre eſloigné de vous. Que si i'eusse esté si sage que de la sleschir par mes prieres, au lieu de l'irriter par mes plaintes, que sçay ie si elle ne vous eust point suscité quelque affaire pour vous attirer vous mesme en Bretagne? Il est vray que comme elle ne faict rien qu'auecque prudence, elle a creu que ie ne trouuerois pas mon repos en la ruyne du vostre, & n'a pas ignoré que le plaisir que vous auez à Paris, faict la meilleure partie du mien. Ie me contente donc de qui luy plaist: Elle a tellement surmonté mon esperance que sans estre importun, ie ne dois ny demander, ny desirer d'auantage que ce qu'elle m'a donné. Tout ce que ie puis, c'est de luy rendre graces, & tout ce qui me reste à faire, c'est de vous supplier que vous commandiez à vostre Image de ne viure plus si serieusement auecques moy, que ie sois toufiours contraint de demeurer aupres d'elle dans ces respects qui troublent tout le plaisir de la conuersation. Ie souffriray cette rigueur iusques à ce que vous luy ayez escrit ; car ie ne veux deuoir qu'à vous la liberté que ie desire prendre de l'entretenir de mes resueries, sans qu'elle m'estime ny extrauagant, ny indiscret : Et certes il semble qu'elle ne me doiue pas estre plus seuere que son Original. A faute de ceste instruction, pource qu'elle me voit à la Court, elle me prend pour vn Courtisan : Et cependant vous sçauez, Madame, si i'en ay ny l'humeur, ny les gallanteries, & si ie les veux auoir. Moy

DE MONSIEVR
de qui on n'a jamais tiré de compliments que de la mesme sorte qu'on tire des confessions de crime à la torture, & qui hay la contrainte d'estudier vn discours, autant que celle de composer vn liure. Rendez donc tesmoignage de ma franchise s'il vous plaist, & faittes sçauoir à ceux qui ne me cognoissent pas, que ie suis veritable, comme ie le suis principalement, lors que ie proteste d'estre toute ma vie,

MADAME,

A Nantes ce 2. Aoust.
1626.

Vostre tres-humble & tres-
obeissant seruiteur
FARET.

A MADAME
DESLOGES.

Il luy escrit sur le dessein d'vn voyage qu'elle doit faire en Poitou.

LETTRE III.

MADAME, Ie ne sçay s'il est bien vray que vous ayez resolu de quitter Paris, pour vous aller confiner dans vostre desert de Poitou : Mais quelque dessein que vous ayez, ie ne puis m'empefcher de vous dire que pour ce qui me touche ie ne m'en fçaurois affliger. J'aprehende ce voyage feulement pour vous mefme, & pour la perte qu'y feront tant d'honneftes gens, qui cefferont de l'eftre, s'ils peuuent viure auec plaifir apres que vous ferez partie de cette ville, où ils ne doiuent eftre contens, que pource que vous y eftes. Pour moy, apres m'eftre examiné iufques au fond de ma penfee, ie trouue que ie fuis toufiours de la mefme humeur où vous me viftes hyer, lors que vous nous fiftes cette menace, & que iamais ie n'ay receu de mauuaife nouuelle, qui m'ayt moins touché que celle là. Ce n'eft pas que ie fois infenfible; mais l'opinion que i'ay que vous me faittes l'honneur de me vouloir vn peu debien, eſt ſi forte, que pourueu que vous puiſſiez vous reſoudre à me ſouffrir, quand meſme vous iriez aux Indes, ie ſuis bien aſſeuré que ie ne ſeray iamais abſent de vous. C'eſt aux amitiez vulgaires à ſe plaindre de l'eſloignement, & le plus grand teſmoignage de leur foibleſſe, eſt de recourir pluſtoſt aux regrets, qu'aux remedes. Quiconque peut eſtre preſent, & ſe laiſſe languir dans l'abſence, merite de languir eternellement. Voila quelle eſt ma Philoſophie, & comme vous me conduiſez tous les iours à des extremitez vertueuſes. Ie rougis, quand il me ſouuient de vous auoir autresfois enuoyé des plaintes ſur vn ſemblable ſuiet, & d'auoir fait laſchement vne faute, que ie ne pardonnerois pas maintenant à vn autre. Il eſt vray que comme toutes les grandes choſes ont de petits commencemens, il falloit auſſi que cette extreſme paſſion que i'ay à vous honnorer, euſt ſes foibleſſes, & ſes defauts, deuant que d'arriuer à ſa perfection. Mais à cette heure Madame, qu'il ne s'y peut rien aiouſter, ie declare franchement que vous ne me ſçauriez plus donner de petites craintes; Il faut d'extraordinaires accidens pour m'eſtonner, & pourueu que la Mort ne viole point le priuilege que vous deuriez auoir de durer aumoins autant que le monde, ie dis hardiment qu'il n'y a gueres de choſes qui me puiſſent affliger. Viuez ſeulement Madame, & ſi la fortune n'eſt pas aſſez riche, pour vous payer tout ce qu'elle vous doit, viuez au moins auec la moindre partie des contentemens que vous meritez: Car encore auec cela, ie sçay bien que vous serez plus heureuse que vous n'estes, & que ie ne mourray iamais d'ennuy. C'est pourquoy ie vous supplie que quand vous me voudrez faire peur a l'auenir, vous preniez quelque meilleur suiet, que de me dire que vous auez enuie de changer de demeure. Le Soleil n'a pas moins de lumiere, ny de vertu, lors qu'il s'esloigne de nous, que quand il en est proche, & si nous voulions changer de climats, à mesure qu'il change de maisons, nous pourrions tousiours auoir le Printemps. Et à parler sainement, lors que vous ne ferez plus icy, penfez vous que ie fois obligé de m'y arrefter, ou que ie fois de ces perfonnes confiderables, qui font attachees à de certains lieux, comme les Eftoilles fixes dans le Ciel? Non certes Madame : Et puifque vous agiffez plus puiffamment fur mon efprit, que ces corps fuperieurs n'agiffét fur nos corps & fur nos deftinees, ie veux que vous reigliez le cours de ma vie, quand mefme elle vous feroit odieufe. Lors que vous ferez dans Paris, i'auray de la peine à fortir iufques aux Fauxbourgs: Si vous fuiuiez la Court, ie me refoudrois à me declarer Courtifan : Et quand vous commencerez d'aymer la vie champeftre, ie commenceray auffi de renon-

renoncer à la confusion des villes pour suiure l'innocence du village, affin de vous pouuoir tesmoigner par tout que ie suis veritablement.

MADAME,

Voftre tres humble & obeisfant seruiteur. FARET.

A MONSIEVR
DE BALZAC.

Il luy perſuade de reuenir à Paris.

LETTRE IV.

ONSIEVR, I'ay faict long temps difficulté de troubler par mes lettres, le repos que vous eſtes allé chercher ſi loin de la Court, & qui vous a faict preferer la demeure d'vn deſert, à la conuerſation des hommes,

& aux delices de Paris: Mais à la fin i'ay trouué tant de raisons, qui m'ont contraint de n'auoir plus ce fcrupule, que quand ie deurois fouffrir toutes les iniures que les Echos de vos rochers ont apprifes des Bergers de voftre contree, & m'attirer toute la hayne, & la colere des Diuinitez de vos bois & de vos fontaines, dont vn Poëte diroit que vous eftes l'ordinaire entretien, ie fuis refolu d'interrompre le plaifir que vous y receuez. Il me femble que vous auez affez frequenté des lieux qui ne le font que de vous, & quoy que la façon dont vous les auez defcrits me les rende venerables, fi eft-ce que ie ne fçaurois leur porter ce refpect, de ne fouhaitter pas qu'ils rendent à vos Amys ce qu'ils ont vsurpé sur eux. Certes i'auoüé bien que c'est vne des plus grandes douceurs de la vie, de pouuoir estre seul, quand on est ennuyé de viure dans la confusion: Et particulierement ce doit estre vne partie de la felicité d'vne personne comme vous, de pouuoir de temps en temps se separer du monde, où vous ne trouuez que fort rarement les choses que vous trouuez en vous mesme. Il y a bien dans la Court des diuertissements qui ne sont point ailleurs ; Mais aussi il y a tant de desordres, & de si lasches maximes à obseruer, qu'il est presque impossible qu'vn esprit libre s'y puisse arrester . I'y engendre souuent le mesme chagrin, qu'à demeurer trop long temps dans de belles maisons, où l'esprit, &

les yeux se lassent à la fin de ne voir iamais que les mesmes bastimens, les mesmes peintures, les mesmes fontaines, & les mesmes parterres ; Et où rien n'est capable d'empescher qu'on n'y deuienne melancholique, que la conuersation d'vn honneste homme, auec qui l'on remarque d'heure en heure des nouueautez dans les choses vieilles. Icy ie ne voy iamais que les mesmes visages, les mesmes complimens & les mesmes artifices, & reserué deux ou trois, ie parle à fort peu de personnes, de qui si ie ne deuine la pensee qu'ils ont pour me respondre, ie suis asseuré qu'elle ne vaut gueres mieux que celle du V. Voila comme les hommes ne sont iamais contents, & comme en quelques lieux qu'ils puissent estre, il leur manque tousiours vne partie de ce qui les peut rendre heureux. Car comme la magnificence de ce grand monde, a ie ne sçay quel esclat qui nous esblouyt & nous trompe, il est aussi tres certain que l'innocence des lieux qui en sont esloignez, nous rend à la fin si simples, que quand nous sommes contraincts de reuenir nous soumettre à cette noble seruitude, nous sommes quelques temps que l'abord d'vn Prince nous donne le mesme estonnement, que la presence du Roy à ces petits escoliers, qui veulent faire les Comediens. Au moins pour moy ie dis franchement que i'ay vne telle facilité à me former aux mœurs, & aux inclinations de ceux que ie frequente, que ie change presque aussi souuent d'humeur que de compagnie. Si i'auois communication auec les Anges, ie pense que ie deuiendrois quelque chose de plus qu'homme, & si ie ne voyois que des bestes, ie croy que ie perdrois la raison. Ie ne sçay si c'est foiblesse ou complaisance, mais ce que je vous en dis, n'est que pour vous faire entendre, que ny la Court, ny la solitude ne sont pas des lieux où nous deuions estre si contens, que nous n'ayons suiet de porter enuie à ceux qui sont à Paris. Vne des plus grandes preuues que i'aye, que tout ce qu'on sçauroit souhaitter, se trouue dans cette merueille des villes, c'est qu'on y peut mesme rencontrer deux choses qui sont incompatibles, la solitude, & la confusion. I'ayme à les faire succeder l'vne à l'autre, mais ie veux que ce soit sans peine, comme en ce lieu là, où l'on peut estre comme dans les deserts, & iouyr d'vn profond repos, au milieu du tumulte, & des affaires. Par tout ailleurs il faut estre Estranger, pour n'estre pas aussi tost conneu de tout le monde, & là quand ie voudray ie seray plus seul, & mieux caché, que vous n'estes dans vostre hermitage, & quand il me plaira aussi i'entendray des nouuelles de toutes les Nations de la terre, & verray en moins d'vne heure, vn abregé de toutes les raretez du monde. C'est cette seule diuersité, qui peut rendre vn seiour parfaittement agreable. Et ie ne me suis arresté à vous les representer que pour vous en faire ressouuenir, au cas que les delices de vostre petit empire, vous eussent peu faire oublier celles de toute la France. Cependant ie me console auec vos Amys, & suis bien aise qu'ils m'aydét à supporter vne partie de l'ennuy que vous nous auez laissé, en vous esloignant de nous. Vous sçauez quel soulagement c'est de voir que nos souspirs en font naistre d'autres, & n'ignorez pas que de semblables maladies sont moins mortelles, lors qu'elles deuiennent contagieuses. Neantmoins ne vous fiez point tant à cela que vous negligiez de venir reuoir,

A sainct Germain en Laye
ce 3. Octobre 1625.

Vostre tres-humble & tres-
fidelle seruiteur FARET.

A MONSIEVR
DE VAVGELAS.

Il luy reproche son long silence.

LETTRE V.

MONSIEVR,
Voicy la quatriesme lettre que ie vous escris, sans que i'aye peu obtenir de vous vn seul mot de consolation en l'extreme tristesse où ie suis de ne vous voir point. Ie ne sçay pourquoy vous me refusez vne grace que ie reçois de ceux à qui ie ne

l'ay iamais demandee, fi ce n'eſt que vous croyez que ie n'ay pas deu viure fi long temps, apres la violence que ie me fuis faitte de quitter Paris. Dieu vueille que ce ne foit pas voſtre faute, & que l'on ne m'ayt rendu pas vne de plufieurs lettres que vous m'a-uez peut eſtre faict l'honneur de m'eſcrire. Cependant trouuez s'il vous plaiſt quelque moyen de me tirer de l'inquietude où ie fuis, & faittes fi bien que ie ne fois pas toufiours en peine d'in-uenter de nouuelles excufes, pour vous iuſtifier enuers moy mef-me, du peu de foin qu'il femble que vous auez d'empefcher que ie ne fois pas entierement mal-heureux. Tout ce que ie puis fai-re, Monfieur, pour vous mon-ſtrer la colere où ie fuis, c'eſt de

DE MONSIEVR
ne vous mander point d'autres nouuelles que des miennes : Elles sont si tristes, que si ie vous les pouuois bien exprimer, ie croirois m'estre assez vangé de vous dire que c'est vous qui en estes cause. Il me suffit que vous sçachiez vne chose qui n'est que trop veritable à mon dommage, & à la confusion de Penthee, & de vous qui en estes les autheurs: c'est que ces mauuaises nuits dont ie vous faisois des plaintes, sont encore plus agitees d'inquietudes qu'elles n'estoient, & comme si ie ne pouuois auoir du bien qu'en vostre presence, i'ay perdu mesme iusques à cet illustre sommeil qui souloit faire l'vne de mes plus sensibles voluptez, & que vous m'auez ouy nommer si souuant le Pere de la vie, contre l'opinion

de ceux qui veulent qu'il soit frere de la Mort. Voyez à quoy i'en suis reduit, & si vous n'estes pas de dangereuses personnes de traitter si cruellement vos Amys en leur absence : Et apres tout cela auoüez que i'ay trop de bonté d'estre encore comme ie suis,

MONSIEVR,

A Nantes ce 2. Aoust,
1626.

Vostre tres-humble & tres-fidelle seruiteur FARET.

A MONSIEVR
DE VAVGELAS.

Il respond à vne lettre qu'il luy
auoit escritte.

LEETTRE VI.

ONSIEVR, Vous estes comme ceux qui font rarement des presens; mais qui reseruent leur magnificence à donner tout à la fois de quoy faire vn pauure si riche, qu'il ne luy reste plus que desirer. C'est vne

sorte de liberalité, qui veritablement est dans l'esclat, & dans la pompe; mais qui ne laisse pas de faire souffrir le plus souuent beaucoup d'incommoditez à ceux qui l'attendent. Vous sçauez quel danger il y a de passer soudainement d'vne extremité à l'autre, & c'est pourquoy ie m'estône comment apres m'auoir tenu si long temps dans la tristesse, vous n'auez point apprehendé de me donner tout à coup vne si ample matiere de ioye. Pour moy qui n'ay qu'vn petit fonds, & qui ne sçaurois faire de grands presens sans me ruyner, ie donne ce que ie puis, & ce que ie puis est si peu de chose, que mes plus grands efforts sont des marques de foiblesse. C'est à vous qui estes dans les grands partis, de vous ietter comme vous faittes, dans les grandes auances, & de m'enrichir des choses que vous mesprisez. Ie vous dis cecy, pource qu'il semble que vous ne vouliez pas que ie prenne garde à tant de belles & agreables diuersitez, que vous m'auez escrittes ; Et cependant vous ne iugez pas que ma necessité est si grande, que ie pourrois faire ma fortune des choses que vous ne trouuez pas dignes d'auoir place dans vos tresors. Mais ie ne voy pas que ie fais le prodigue du peu qui me reste, & que ie m'emancipe à dire plus que ie ne sçay. Ie feray plus sagement de demeurer dans la retenuë, & d'imiter ceux qui quand ils n'ont plus d'entretien, veulent faire passer leur silence pour modestie. Ie serois habile homme, si ie vous pouuois persuader

perſuader qu'il ne tient qu'à moy de vous faire vn bon diſcours, ſi i'en auois la patience. Mais vous me connoiſſez trop bien pour y pouuoir eſtre trompé, & ie ne ſuis pas deuenu aſſez fin en ce voyage, pour en faire accroire à ceux de la vieille Court. Il me ſuffit que vous croyez que ie ſuis touſiours paſſionnement.

MONSIEVR,

A Nantes ce 6. Aouſt,
1626.

Voſtre tres-humble &
obeiſſant ſeruiteur,
FARET.

A MONSIEVR DE VAVGELAS.

Il luy donne aduis d'vn don, que Monseigneur Frere du Roy luy a fait, d'vne charge de Gentil-homme Ordinaire de sa Maison.

LETTRE VII.

ONSIEVR, Ie suis bien aise que vous sassiez toutes mes ioyes, & toutes mes tristesses; pource que quand ie deuray auoir du bien, il me sera tousiours d'au-

tant plus doux, qu'il ne m'en sçauroit gueres arriuer que par voſtre moyen : Et quand ie ne pourray euiter d'auoir du mal, vous trouuerez aſſez de remedes pour me le faire ſuporter patiemment. En vn mot, c'eſt que vos intereſts ſont tellement deuenus les miens, & ie prends telle part à tout ce qui vous arriue, que ſi vous eſtiez Pape, l'Egliſe ſeroit en danger d'vn Schiſme; car ſans eſtre content de la dignité de Cardinal, ie croirois eſtre ce que vous feriez. Ie vous diray donc comme Monſeigneur Frere du Roy, vous a donné vne charge d'Ordinaire dans ſa Maiſon, & s'eſt declaré particulieremét par ce choix, & qu'il a faict de vous, Iuge equitable du merite, & Protecteur de la Vertu. Certes cela eſt tellement venu de ſon mou-

g ij

uement que vos Amys mesmes s'excusent de vous y auoir seruy, pour ne rauir pas à vn si bon Maistre, la gloire d'vne si bonne action, & tout le monde espere de voir desormais fleurir auecques luy le siecle des honnestes gents. Ie pense que vous ne tarderez gueres à le venir remercier, & ie tireray encore cet aduantage du bien qui vous est arriué, de vous reuoir pluftost que ie ne croyois. Ne craignez pas de hazarder vostre voyage; car au pis aller vous me trouuerez icy. C'est vn contentement que vous estes plusieurs fois venu chercher d'vn bout du monde à l'autre, c'est à dire de la ruë Daufine à l'Hostel du Mayne. Voyez si vostre bonne fortune me rend desia insolent, & s'il n'est pas bien vray que les honneurs changent les hommes. Toutesfois ie vous puis asseurer que ie n'ay point changé au dessein que i'ay faict d'estre toute ma vie.

MONSIEVR.

A Nantes ce 30.
Aoust 1626.

Vostre tres-humble & obeissant
seruiteur FARET.

LETTRE DE
MONSIEVR D'AVBY.

A ***.

Il luy descrit les merueilles du Dauphiné. Cette lettre sert à faire entendre la suyuante.

MONSIEVR.
Vous m'auez extremement obligé de me donner de vos noueluelles, & la promesse seule que vous me faictes de vostre amitié, suffit pour me rendre heureux. Ie vous escris d'vn païs, où i'espere vous voir bien tost. La guerre, ou l'amitié paternelle, ou

celle que les maris ont pour leurs femmes, obligeront quelqu'vn à venir icy, qu'à mon aduis vous n'abandonnerez pas à ce voyage. Si ie suis assez heureux pour vous y voir, ie vous montreray ce que ie fais pour m'y plaire, & si ces mesmes choses vous contentent, ie seray bien aise de vous y tenir compagnie, & contribuer tout mon soing pour vous empescher d'y languir. L'air y est fort doux, & la diuersité des mótaignes &des plaines, faict par tout vn aspect assez agreable. L'excellence de ce qu'elles produisent, rend les sages contens, & l'abondance ne laisse presque rien aux Auaricieux à desirer. La plus part des choses y sont dans leur innocence, & dans leurs puretez naturelles: Les hommes y viuent sans malice, si ce

g iiij

n'est ceux que la Court y a corrópus : Il y en a de sçauans pour vous entretenir de choses serieuses, & de chasseurs si vous aymez la chasse. Et quand la rigueur du temps destruict les plaisirs de la campane, l'on trouue de si bons diuertissements à la ville, qu'il est aisé de s'en consoler. D'ailleurs les Dames y ont des graces si naïfues qu'elles forcent ceux qui les voyét à mepriser mesme Paris, & non seulement la nature a mis en elle ses tresors, mais en a remply toute la Prouince. Il n'y a endroit où il ne paroisse quelque chose de merueilleux ; & pour la Philosophie naturelle, il n'y a point de si belle escolle au monde que celle-cy. Vous serez de mon opinion lors que vous aurez veu qu'en vn mesme lieu la nature accorde deux contraires, & violant ses loix, faict sortir d'vne mesme source du feu & de l'eau, & cóme pour les maintenir elle ne donne iamais tant de force à celuy qui attacque, qu'elle n'en laisse à l'autre ce qu'il en faut pour luy resister, & ainsi ne diminuë pas leurs qualitez, mais seulement les esgale pour les faire subsister ensemble. L'on y voit encore vne Montagne inaccessible aux hommes, toute peuplee d'animaux, qu'il faut croire que les Aigles y portent, si ce n'est que sa forme n'ayant pas tousiours esté la deffence de sa conqueste, ayt eu autresfois vn chemin facile pour y monter, & que peut estre il arriua vn iour que quelques troupeaux y paissans, il tomba vne si grande ruyne, qu'elle leur en rendit à mesme temps la descente impossible: De sorte qu'estans contraincts d'y demeurer, plustost que de se precipiter, ils y ont conserué leur espece iusques à maintenant. Quoy qu'il en soit, l'on entend leurs voix resonner par les valees, & l'on les voit quelquesfois paroistre sur le panchant des precipices. D'vn autre costé il y a des cuues naturellement taillees dans le rocher, qui selon qu'elles sont ou pleines ou vuides d'eau, annoncent l'abondance ou la sterilité de l'annee, Si bien qu'elles seruent d'Oracles à ceux qui traficquent icy en choses necessaires à la vie. Si tout cela n'est pas capable de vous faire passer la riuiere de Loyre, i'adiousteray encore à tant de raretez, vne chose assez extraordi-

naire, & qui peut eſtre vous en dónera enuie: C'eſt vne Tour qui eſt remplie d'vn air ſi pur, & ſi ennemy de ce qui ne l'eſt pas, qu'auſſi toſt quel'on y porte quelque animal venimeux, agiſſant ſur luy comme ſur ſon contraire, il meurt incontinent. En fin parmy tant de choſes differentes, l'on y peut trouuer de la douceur & du contentement, auſſi bien qu'en la diuerſité des tons de la Muſique. C'eſt ce qui me faict croire, que quelqu'vne vous y pourra attirer, & que ſi cen'eſt comme curieux, au moins comme Amy vous renoncerez pour vn temps aux magnificences de Paris, pour venir voir ſi c'eſt auec raiſon que ie m'en mocque. Ie ſuis.
MONSIEVR,
   Voſtre tres-humble ſer-
   uiteur, D'AVRY.

A MONSIEVR D'AVBY.

Il regrette son absence de Paris.

LETTRE VIII.

MONSIEVR, Ie ne sçay si ie vo⁹ dois plaindred'auoir quitté Paris, pour vous en aller en Daufiné. C'est vne Prouince dont vous m'auez dit tant de loüanges, & que ie vous ay oüy nommer si souuent le pays des merueilles, que i'ay peur que les plaisirs de Grenoble ne soient si doux, qu'à la fin ils ne ruynent les nostres, & ne nous fassent perdre tout à faict, ce que vous nous auez emporté, lors que vous estes party d'icy. Toutefois si vous n'y auez point de plus agreable diuertissement que celuy d'aller estudier la Nature, dans les miracles qu'elle y fait voir, ie ne pense pas que vous ayez suiet de vous y arrester, puisque vous pouuez trouuer en moy les mesmes choses qui vous donnent tant d'admiration. Vostre Tour sans venin, n'est point si pure que l'amitié que ie vous porte, & le poison de tant de serpents dont la Court est pleine, n'en sçauroit approcher sans perdre sa force. Cette Montaigne que vous nommez inaccessible, ne l'est point tant, qu'il ne soit encore plus difficile à qui que ce soit, d'atteindre à la haute opinion que i'ay de vostre Vertu. Et si vous estes estonné que le feu & l'eau sortent d'vne mesme source; vous le deurez bien estre aussi de sçauoir que l'ardente amour que i'ay pour Clarice, ne produise que des froideurs. Mais i'estime trop la forte de vostre esprit, & les delices du lieu où ie suis, pour leur faire ce tort de croire que vous puissiez vous resoudre à viure ailleurs auec contentement. Paris n'a pas seulement dequoy plaire, mais dequoy assouuir de tous les plaisirs. Neátmoins i'auouë qu'il est quelques fois necessaire d'auoir vn peu de mal, pour se remettre en appetit des voluptez: Lors qu'elles sont trop abondantes, & trop faciles, nous en perdons aussi facilement le goust. Les hommes sont presque tous de cest humeur, que pour les faire deuenir sobres, il les faudroit contraindre à se trouuer tous les iours en des festins, & pour les rendre chastes, on n'auroit qu'à les condamner à viure tousiours dans des Serrails. Ce vous est vn bon-heur que vous ayez esté contrainct de vous aller promener, pourueu que ce ne soit pas si long temps, qu'on ne songe à vous faire reuenir deuant que vous mouriez de langueur. Pour moy ie sçay bien que i'y perdray plus que vous: car mettant, comme ie fais, la felicité de cette vie, à conuerser auec des personnes qui ont les excellentes qualitez que vous auez, ie tiendray pour mal employé tout le temps que voſtre abſence me deſrobe, & dont quelque autre profite ſur moy. Ie conſeille à Monſieur Videl d'en eſtre bon meſnager, pource qu'vn iour ie le prieray de m'en rendre conte, & vous prieray auſſi de me reparer le dommage que vous me faittes ſouffrir maintenant, en m'aymant à l'auenir encore plus que vous ne faittes. Adieu, ie ſuis

MONSIEVR,

A Paris le 25. Octobre 1626.

Voſtre tres-humble & tres-
fidelle ſeruiteur.
FARET.

LETTRE

LETTRE DE
MONSIEVR D'AVBY.

A MONSIEVR FARET.

Il luy demande vne lettre qu'il luy auoit escritte, laquelle ne luy auoit pas esté renduë.

MONSIEVR,
On m'a escrit du lieu où vous estes que ie deuois bien tost receuoir vne lettre d'vn de mes Amys, qui est si bonne, qu'elle se peut esgaller aux meilleures que l'on estime auiourd'huy. Pour moy i'ay creu faci-

lement que cela pouuoit estre, me ressouuenant que i'en ay plusieurs qui sont capables de produire des ouurages parfaicts, & qui peuuent en nostre siecle faire des choses aussi honteuses aux passez, qu'vtiles à l'aduenir. Mais lors que i'ay sçeu que vous en auiez pris la peine, & que c'estoit de vous que ie deuois attendre cette faueur, ie n'ay plus douté que les auis qu'on m'auoit donnez ne fussent veritables. Cependant c'est vn bien dont ie ne iouys encore qu'en esperance, & duquel i'ay seulement ouy parler. Ie ne sçay, puis qu'il m'est destiné, pourquoy l'on me faict ceste violence de me le retenir. C'est vn outrage que ie ne fis iamais à personne, & où beaucoup d'honnestes gens commencent de s'interesser. Vostre vertu don-

ne vn si grand prix à tout ce que vous faites, que de ma plainte on en a faict vne cause generale. Si bié que ie vous la demande maintenant de la part de tout le monde, & vous ne me la sçauriez plus refuser sans desobliger toute vne Prouince. Que si d'auanture vous n'auiez pas songé à ce que i'espere de vous, iugez si cela ne vous y doit pas faire resoudre. Pensez vous qu'il soit iuste, que vostre esprit soit seulement agreable dans la conuersation, & que vous employez de si excellentes pensees à des choses qui durent si peu ? Non certes, vous deuez cet ornement à l'Eternité, & ce grand Euesque de Marseille, qui connoissoit toutes choses, & qui nous a laissé de si beaux preceptes pour nous bien connoistre nous mes-
h ij

mes, vous auroit en vain iugé & eſtimé digne de le ſeconder, en tous ſes plus beaux deſſeins, ſi vous ne vous employez pas ſeulement à vne partie. Croyez vous qu'il vous ayt donné des loüanges publiques, pour vous obliger à ne faire que des actions particulieres, & que ce iugement dont il a tant faict d'eſtat pour la pureté de noſtre langue, ayt eſté pour vous le faire appliquer à des choſes de peu d'importance, comme à vous faire eſtimer iudicieux dans les compagnies. Il a creu par là vous obliger à prendre ſa routte, & à conduire à ſa fin la plus illuſtre de toutes les Hiſtoires, qu'il auoit commencee, & qu'auiourd'huy toute la France attend de vous auec inquietude. Pour moy j'ayme ſi fort voſtre renommee, que ie vous abandonne, pour me ranger du cofté de ceux qui vous font cette demande, & iufques à ce que vous m'ayez faict voir qu'elle vous importune, ie la continueray toufiours, & ne m'en excuferay apres que par la qualité que ie prens,

Monsieur, de

A Grenoble ce 3. Nouembre 1626.

Voftre tres-humble feruiteur
D'AVBY.

A MONSIEVR DE MEZIRIAC.

Il luy enuoye son iugement sur quelques corrections de la version de Plutarque, & l'exhorte à les continüer.

LETTRE IX.

ONSIEVR, Il ne se peut rien voir à mon auis de plus iudicieux, de plus sçauant, ny de plus clair que ce que vous m'auez enuoyé; Et ie suis asseuré que cette petite partie de vostre dessein

est capable de desabuser tous ceux qui croyét que c'est vn crime que de reprendre Amyot. Au moins ie ne doute nullement que ceux à qui il restera quelque lumiere de bon sens, n'auoüent que Plutarque vous est autant obligé, que si vous l'auiez ressuscité pour luy rendre sa premiere grace, & venger auecques luy les iniures qui luy auoient esté faittes en France. Ie ne laisse pas pourtant d'estre du party de ceux qui estiment le style de son Traducteur ; aussi n'auez vous pas entrepris de reformer ses parolles, mais seulement de mettre en leur pureté plus de trois mille passages, où les intentions de cet excellent Autheur, sont trahies dans cette version. C'est neantmoins vn tresor où ceux qui sçauent bien choisir peuuent se faire riches, & cet ouurage a esté le premier par qui l'on a commencé de connoistre que nostre langue pourroit vn iour acquerir assez de force & de beauté, pour atteindre à l'excellence de la Grecque & de la Latine. Ses fautes mesmes sont iudicieuses, & quelquesfois il met de si bonne grace ses pensees en la place de celles de son Autheur, qu'on peut dire qu'il le change pluſtoſt qu'il ne le corrompt. C'est par là que les ignorans ont esté trompez iusques à cette heure, & le seront tousiours iusques à ce que par vn zele extraordinaire de charité, quelqu'vn les retire de leur aueuglement. Ie ne sçache auiourd'huy que vous, qui soit vrayement capable de cette entreprise, & qui dans cette infinie diuerſité de matieres, puiſſe ietter des lumieres ſi claires, qu'il n'y reſte plus d'obſcurité. Ie vous coniure au nom de toute la France d'acheuer ce glorieux trauail, & vous en coniure encore par la reputation que vous allez acquerir à noſtre Breſſe, dont vous eſtes le plus fameux ornement. Certes il y a beaucoup de raiſons qui me font aymer cette petite Prouince, mais il n'y en a pas moins qui me la font eſtimer. Et à parler ſainement, ie ne puis aſſez admirer que tout en vn temps elle ay t donné au monde preſque autant de Grands Perſonnages, que tout le reſte de ce Royaume en a produit en pluſieurs années. Quand feu M. le Preſident Faure n'aurpit pas faict fleurir toutes les eſpines du Droict en ſes eſcrits, &

DE MONSIEVR
quand il n'auroit pas esté le Chef & le Pere de la Iustice dans vn celebre Senat, la seule gloire qu'il a euë d'estre Pere de Monsieur de Vaugelas, ne suffiroit elle pas pour le faire mettre au premier rang des Hommes Illustres? Feu Monsieur Duret, n'a il pas trouué, & laissé en heritage à l'vn de ses Enfants, la science d'affoiblir l'empire de la Mort, & de faire disputer la vie des hommes contre cette necessité souueraine, qui veut que nos iours soient limitez? Et s'il m'est permis de parler à vous de vous mesme, n'est il pas vray Monsieur, que si les sciences se pouuoient donner comme les richesses, & les autres biens qui sont hors de nous, vous pourriez faire des Theologiens & des Philosophes, sans vous incommoder?

& qu'apres ces liberalitez, il vous resteroit encore assez dequoy faire vous tout seul vne aussi excellente Academie, que celles qui ont acquis tant de reputation delà les Alpes? Vous possedez au plus haut degré de la perfection, deux facultez de l'esprit qui se destruisent ordinairement l'vne l'autre, tant elles sont contraires; & peut estre que iamais personne ne les a mises en si bonne intelligence que vous. On peut dire sans flatterie & sans hyperbole, que si les meilleurs liures de l'Antiquité & des derniers siecles estoient perdus, on les pourroit retrouuer dans vostre memoire: Que si la langue Hebraïque, la Grecque, & la Latine estoient tout à faict mortes, vous les pourriez ressusciter: Et en fin que si les Italiens, les Espagnols, & les François auoient oublié les leurs, vous pourriez esgallement à tous en rendre l'vsage, & leur en donner des preceptes. Mais outre cela, par vne grace extraordinaire, vous estes doüé d'vn iugement si solide & si net, que cette multitude infinie de choses sublimes dont vous auez l'ame pleine, est distribuee dans vos discours, & dans vos ouurages, auec vne ordre si clair & si iuste, qu'il est impossible d'y remarquer iamais aucune confusion. On voit ordinairement que ces esprits ardents à rechercher la connoissance vniuerselle des choses, en deuiennent malades, & sont à la fin possedez des Sciences & des Arts comme de mauuais Demons, qui les agitent : Vous au contraire, les possedez si souuerainement, qu'il semble que vous les ayez apprises en cette mesme escole où le premier Homme fut instruit, & où sainct Paul, de grand Capitaine qu'il estoit, se rendit le Docteur des Peuples. Ceux qui vous connoissent comme ie faits, & tant de grands Personnages qui vous admirent & vous consultent tous les iours, sçauent si c'est mon amitié qui me faict parler de cette sorte, ou si en conscience ie soustiens le party de la verité. Ce que i'en ay dit n'a esté que pour vous representer combien vous estes obligé de cultiuer, comme vous faittes, les grands dons que vous auez receus de Dieu & de contribuer tout vostre soin à rendre fameuse nostre petite Ville. Vous & Monsieur de Vaugelas l'auez desia faict assez voir que pour estre des derniers François, vous ne laissez pas de pouuoir enseigner aux plus anciens le vray vsage de leur langue. Acheuez de monstrer à toute l'Europe que nous auons des hommes qui peuuent augmenter le nombre de ses Illustres. Acheuez tant de hardys desseins que vous auez sur les plus beaux Liures de l'Antiquité, affin de ne faire pas mentir ceux qui disent que vous en sçauez tousiours plus que les Autheurs sur lesquels vous entreprenez de trauailler. Et particulierement pour les corrections que vous faictes sur la version de Plutarque, rien ne vous doit rebutter ; car ie vous asseure qu'il ne tiendra pas à vos amis que les opiniastres ne sortent d'erreur. C'est vn combat où ie me suis desia exercé, & par lequel i'espere me rendre signalé: Aussi sçay-ie bien que c'est tousiours estre de la bonne opinion que de suiure la vostre, & quand toute l'Vniuersité seroit contre moy, ie croirois neantmoins estre le plus fort, pourueu que ie vous eusse de mon costé. Ce n'est pas que le nombre de ces esprits rebelles soit grand, toutesfois il est necessaire de les domter d'abord, pour seruir d'exemple & faire triompher la verité. Vous sçauez bien qu'il ne s'est iamais proposé d'extrauagâce si ridicule, qui n'ayt eu ses Sectateurs, & qu'il faut tousiours en estouffer les principes, pour en empescher le progrés. Ie ne vous en diray pas dauantage, que nous ne soyons de retour à Paris. Cependant ie vous supplie de croire que ie n'ay pas esté si paresseux que vous pensez, & que si ie voulois faire des plaintes, il se trouueroit peut estre que vous ne m'accusez que pour vous iustifier. Ie ne laisse pas pourtant d'estre tousiours,

MONSIEVR,

A Fontaine-Bleau ce
4. May 1626.

Vostre tres-humble & tresfidelle seruiteur FARET.

FARET. 129

A MONSIEVR
BRVN.

Il luy descrit les plaisirs dont il iouyt à Fontaine-Bleau, & se plaint de ne receuoir point de ses lettres.

LETTRE X.

ONSIEVR, Puis que vous desirez, que ie vous rende côte de toutes mes actions, & de quelle sorte ie vis en vn lieu où ie frequente

i

moins d'hommes que d'arbres & de rochers, cette priere m'est si agreable, que si i'o sois ie n'oublierois pas iusques à mes moindres pensees dont ie ne prisse la liberté de voûs entretenir. Ie vous diray donc, comme depuis que ie suis à Fontaine-Bleau, i'ay trouué plus veritable que iamais l'opinion que i'ay, que l'habitude est incomparablement plus forte que la Philosophie, ny que la Raison mesme. Ie sortis de Paris auecques tant de contrainte que ie croyois veritablement sortir du monde, & pensois que tout le temps que ie serois ailleurs ne deuroit iamais estre mis au nombre des iours de ma vie. Cependant à force de me resoudre à desirer moins ardemment des choses que ie ne puis maintenant ny voir, ny posseder,

ie suis tout estonné que de tant
de raretez qu'on admire dans cette ville incomparable, il ne m'en
reste presque plus en la memoire, que le souuenir de mes
Amys. Depuis quelque temps
ie suis icy dans vne tranquillité
d'esprit si douce qu'il semble que
i'aye triomphé de la fortune, &
qu'en terre i'aye trouué vne image des felicitez qui nous sont promises dans le Ciel. Au milieu de
la confusion ie gouste tous les
plaisirs de la solitude, & parmy
tant de merueilles de la Nature &
de l'Art, i'ay choisi vn endroit où
les Poëtes pourroient feindre la
demeure des songes & des resueries agreables. L'on diroit que
pour me combler de bon-heur,
tout le monde soit deuenu aueugle, & n'en remarque pas la beau-

té, affin que i'aye tout seul le contentement de iouyr d'vn lieu si delicieux. C'est où ie me deliure de tous les soins qui m'importunent, & c'est là seulement que i'ay trouué vne innocence si pure, que tous les artifices de la Cour qui l'enuironnent, n'ont peu la corrompre. Ou si l'on y remarque quelques artifices, ils sont tous si merueilleux qu'ils rauissent de plaisir ceux qui les considerent: Car il ne s'y en voit point d'autres que ceux des Sculpteurs, des Peintres & des Architectes. En fin ie demeure confus, quand ie regarde que sans peine, ie suis deuenu plus heureux que tant de personnes qui trauaillent continuellement à le deuenir, & qu'au milieu de la contrainte & de la seruitude, où tout le monde se cette inconsiderément, i'ay rencontré sans y songer le repos de mon esprit & la liberté de mes pensees. Rien n'interrompt mon repos, & si quelque chose m'incommode c'est l'inegalité du téps, laquelle est si extrauagante que la froideur des soirs & des matinees, & l'extresme chaleur du midy, sont telles, qu'on peut dire que depuis vn mois on sent icy tous les iours deux hyuers tres rigoureux, & vn esté bien ardent. Encores trouuay-ie dans cette diuersité quelque image de plaisir: Mais certes vostre elloignement m'est vn mal où ie ne trouue point de remede, & comme si ie n'auois pas assez de déplaisir de ne vous voir qu'vne fois tous les ans, il faut encore que i'aye presque autant de peine à receuoir de vos lettres, que si ce commerce nous estoit aussi bien deffendu, que celuy des autres choses l'est entre les suiets de nos deux Princes. Ie ne sçay si ie vous en dois attribuer la faute, toutesfois ie ne vous sçaurois dissimuler le ressentiment que i'ay d'vn si long & si cruel silence que le vostre. Que si c'est pour esprouuer ma patience, c'est vouloir triompher de moy par la plus foible partie de mon ame: Et si vous n'auez oublié mon humeur, vous sçauez bien que ie ne suis pas seulement prompt à me mettre en colere, mais que ie suis encore si facile à m'affliger des moindres choses, qu'il semble que ie n'aye iamais receu que des faueurs de la fortune, tant les disgraces me sont insupportables. Ie vous coniure qu'à la fin vous donniez quelque terme à la rigueur que vous me tenez, & que vous ne me refusiez plus vne chose, que i'aurois obtenuë d'vn Barbare, depuis le temps que ie suis à vous la demander. Voyez à quoy vous m'auez reduit, puis que ie ne sçaurois faire qu'il ne m'eschape des iniures côtre vous. Neantmoins quoy que ie vous puisse dire, ie pense estre plus excusable que vous qui ne me dittes rien du tout. Pour moy ie ne sçaurois approuuer ces amitiez qui ne parlent point, quand elles peuuent estre eloquentes:Et combien que les lettres ne soient pas absolument necessaires pour en empescher la ruyne, si est-ce qu'elles en entretiennent la vigueur. C'est le seul moyen que i'ay de me desennuyer, lors que le regret d'a-

i iiij

uoir quitté quelque chose qui m'est extresmement chere, me donne de l'inquietude. Le mesme soin que les auaricieux mettent à garder leurs richesses, nous le deuons mettre à conseruer nos Amys. Ie ne suis riche que de cela, & me contente de ce tresor, que i'estime beaucoup plus que tous ceux de la terre, dont ie ne voudrois pas estre maistre à condition de n'aymer rien, & de n'estre aymé de personne. Ie serois miserable de cette sorte, au lieu que ce qui n'empesche de porter enuie à la plus part de ceux qui sont dans l'abondance, & qui remplissent le monde de respect & d'estonnement, c'est que ie pense posseder vn bien duquel ils sont tellement pauures, qu'ils n'ont pas assez dequoy l'achetter.

Aussi l'or est plus propre à corrompre l'amitié qu'à l'acquerir, & le prix ne s'en trouue que dans les ames releuees, & pleines de franchise comme la vostre. Cependant si vous ne pouuez vous resoudre à m'escrire, prenez aumoins la peine de venir voir si mes plaisirs sont aussi doux que ie vous les descrits : Aussi bien le lieu où vous estes est trop petit, pour pouuoir contenir vn esprit si grand que le Vostre, & la Nature n'auoit pas dessein de vous combler de tant d'eminentes qualitez, pour vous permettre apres vous les auoir donnees, de les aller cacher comme vous faittes en vn lieu si reculé du grand Monde. Ce n'est pas que ie doute que vous n'ayez en vostre Prouince des Iuges qui ont les saines opinions du merite & de la Vertu : Et certes quand vous n'y auriez que l'entretien de Monsieur le Comte d'Arbeig, l'amitié d'vn Seigneur si genereux & si honneste homme que celuy là, suffiroit pour iustifier vostre seiour. Mais aussi songez, que vous ne pouuez sans ingratitude priuer la France de tant de belles choses qu'elle vous a apprises; Que vous deuez à tant d'excellents hommes qui vous ayment & vous estiment extraordinairement icy, le contentement de vous y voir arresté; Et apres tout, que vous ne sçauriez estre Estranger de ce Royaume toute vostre vie, sans faire tort à

A Fontaine-Bleau ce 19.
Octobre 1625.
   Vostre tres-humble seruiteur
   & tres-fidelle Amy.
     FARET.

LETTRES DE
MONSIEVR
DE RACAN.

A ****.

Il le remercie d'vn liure contre les Athees, qu'il luy auoit enuoyé.

LETTRE PREMIERE.

ONSIEVR,
Apres vous auoir remercié de voſtre liure, ie ne penſe pas encore eſtre quitte de l'honneur que vous

me faittes d'y parler de moy en si bons termes, iusques à croire que les folies de ma ieunesse soient dignes d'auoir place en vn ouurage si serieux. Ces obligatiós sont infinies; aussi le ressentiment que i'en ay est si grand, que ie ne trouue point de paroles pour vous le tesmoigner. Il faudroit estre ce que vous estes, & auoir autant d'estime dans le monde que vous y en auez, pour vous pouuoir rendre des loüanges esgalles à celles que ie reçois de vous. Ce sont plustost des effects de vostre bonté que de vostre iugement. Vous ne vous contentez pas de vous rendre Immortel, vous voulez encore que tous vos amys le soient auecques vous; & s'il vous estoit aussi facile de me faire part de la gloire qui vous est promise au Ciel, que

DE RACAN. 141
de celle que vous auez sur la terre, ie ne me mettrois non plus en peine de faire de bonnes œuures que de bons liures. Ie me fierois autant en voſtre pieté du ſoin de mon Salut, que ie fais en vos eſcris de celuy de ma reputation. La voſtre n'eſt pas comme ces biens de la fortune, qui ſe diminüent en ſe partageant: plus vous nous en donnez, & plus il vous en demeure. Pardonnez moy, Monſieur, ie ſçay bien que c'eſt offenſer voſtre modeſtie que de vous parler de cette ſorte ; mais ce ſeroit auſſi eſtre inciuil, & faire trop peu de cas du preſent que vous m'auez fait, que de ne l'eſtimer pas comme ie dois. Si donc vous me permettez d'en dire ce qui m'en ſemble, côme ie ne tiens pas qu'vn autre que vous euſt oſé

entreprendre vn ouurage de si longue haleine ; aussi ne tiens-ie pas qu'vn esprit moins vigoureux que le vostre, s'en fut peu rendre capable. Nous ne sommes plus au temps où la raison se deffendoit d'elle mesme: Elle a maintenant autant besoin de l'eloquence, que la Iustice a besoin de la force. Quand l'vne & l'autre se maintenoient sous la protection de l'innocence, la Rhetorique & toutes les autres sciences dont vous vous seruez si dignement pour fortifier le bon droict, estoient mises au rang des choses qui sont plustost faittes pour le plaisir, que pour l'vtilité. Les plus ignorans & les plus miserables hommes de la terre furent choisis, pour nous apprendre la science du monde la plus necessaire à sçauoir, & la plus difficile à prouuer : Et cette verité aussi nuë que ceux qui la preschoient, eut la hardiesse d'entrer dans les plus superbes Palais, de renuerser toutes les opinions des Philosophes, & de faire autant de Martyrs, qu'elle auoit de Persecuteurs. En ce téps là, Monsieur, c'estoit estre assez eloquent, que de sçauoir dire que Iesus-Christ estoit mort pour nous. Le sang respandu des fidelles, leurs vies si conformes à leurs paroles, les aueugles esclairez, & les morts ressuscitez, estoiét autant d'arguments muëts, contre qui les plus doctes n'auoient point de responsse. Mais auiourd'huy qu'il semble que Dieu mesme ayt abandonné sa propre cause, & que le mal est monté à tel point, que **la Religion** ne soit plus que de matiere à la mocquerie, & à la medisance, les remedes vulgaires sont hors de saison. Il faut faire de nouueaux miracles, comme s'il falloit replanter la Foy tout de nouueau. C'est vous, Mósieur, qui en estes capable, & moy seulement de vous sçauoir admirer. C'est pourquoy si vous voulez qu'à l'auenir ie vous serue de second, priez celuy pour qui vous auez pris la querelle, de me donner autant de pouuoir, que i'en ay de volonté. Ie sçay bien qu'en vn siecle infecté de sacrilege & d'atheisme comme celuy-cy, c'est estre iuste de n'auoir que les vices naturels & ordinaires à ceux de ma profession ; comme c'est estre sain en temps de contagion, de n'auoir que la fieure ou la migraine : Mais ce n'est pas l'estre

assez

assez, pour meriter les loüanges que vous me donnez, qui ne sont dittes, à mon auis, que pour me faire voir comme dans vn miroir, tel que ie deurois estre. Ce sera donc sur ce modelle que ie tascheray à corriger mes deffauts. I'espere ce bon-heur de vos bonnes prieres : Pour le moins ie suis bien asseuré que pendant que l'on sera empesché à chastier l'Heresie, la Rebellion, & les autres crimes qui pressent d'auantage que les miens, i'auray le loisir de m'amender, & me rendre plus digne que ie ne suis de l'honneur que vous me faittes de m'aymer

A MONSIEVR
D'ARMILLY.

Il luy escrit les particularités de la mort de N.

LETTRE II.

ONSIEVR, I'auois de l'impatience de sçauoir les particularitez de la mort de N. autant pour ma satisfaction, que pour vous tenir

la promeſſe que ie vous auois faitte de vous les mander. En effect il ſembloit que tous ceux qui l'auoient cóneu, eſtoient attentifs à voir quelle ſeroit la fin de ſa Tragedie : Mais celuy qu'il auoit tant de fois offenſé, n'a pas voulu luy donner le moyen de ſe dedire de ſes blaſphefmes, ny à nous celuy de contenter noſtre curioſité. Eſtant tombé malade ſur le chemin d'Orleans, en allant voir vn de ſes Amys, d'vne fieure tierce, ou double tierce, cauſéé par l'exces de ſes deſbauches, il ne laiſſa pas de continüer à ſe nourrir de tous les fruicts, que la mauuaiſe temperature de ceſte annee auoit pluſtoſt corrompus que meuris. Et neantmoins ſa bonne conſtitution luy fit reſiſter à ſon mal & à ce deſordre beaucoup plus long temps

K ij

qu'il ne deuoit: mais en fin apres auoir esté pres d'vn mois sans reposer, vn assoupissement le prit, qui s'augmentant peu à peu, le fit mourir aussi doucement, comme il s'estoit endormy. Toutefois le Curé de la Parroisse où il estoit, qui luy auoit veu faire plusieurs actions de pieté, iugea ne luy pouuoir desnier ce qu'il auoit accoustumé d'accorder aux autres enfants de l'Eglise, & comme tel eust soin de le faire enterrer en son Cimetiere. J'estime que nous ne pouuons faillir de faire le mesme iugement de luy, qu'en a faict ce bon Prestre, & croire qu'il n'a dict tous ces discours extrauaguants, que pour se mettre en credit parmy vne certaine ieunesse, qui pour estre esloignee de la Court ne laisse pas d'en auoir les vices. Chacun sçait que ces esprits qui sont plus amoureux de grande que de bonne renommee, sont si ialoux d'auoir quelque chose hors du commun, que le plus souuent pour nous faire voir des nouueautez, ils nous font voir des monstres : & quiconque aura conneu l'humeur de N. ne peut nier qu'il ne fust vain au supreme degré, & que cette grande passion qu'il auoit d'estre approuuée de toutes sortes de gents, luy faisoit faire tous les iours de mesmes actions à diuerses fins. Combien de fois l'a t'on veu oyant la Messe, ou faisant quelques autres bonnes œuures, vouloir que les deuots creussent que c'estoit par deuotion, & les libertins par consideration ? Il n'y a rien qui nous soit si naturel que de cacher nos defauts : d'où vient que les ames timides & bigottes sont quelquesfois les plus licencieuses contre la reuerence qu'elles doiuent aux choses sainctes, comme les hommes impuissants sont les plus dissolus en paroles, & n'y a point d'iniure qui les offence tant comme faict la loüange d'estre chastes. Tout ce que nous faisons en ce monde n'est qu'vne perpetuelle mascarade, où le soin de nostre fortune & de nostre reputation, nous faict tous les iours paroistre plus differents de nous mesmes, que nous ne le sommes des autres. Autrement qui pensera qu'vn homme qui en la conduitte de ses affaires a tesmoigné quelque sorte de sens commun, puisse auoir eu des opinions si contraires à celles de tout le monde ? Ce seroit estre aussi bestes que celles qui ont esté creées pour nostre vsage, que de s'imaginer que ce viuant pourtraict de la Diuinité, qui sçait lire dans les Estoilles, comme en des lettres, les secrets de l'auenir, dont Dieu seul s'estoit reseruee la connoissance: Qui faict entendre ses pensees d'vn bout du monde à l'autre, & comme si toute la terre n'estoit faitte que pour luy, a eu l'audace de la partager en Royaumes, en Prouinces, & en heritages, sans en laisser aucune part aux autres creatures : Celuy dis-ie, qui sans autres armes que celles de son industrie, s'est rendu maistre de tout ce qui est icy bas: Bref celuy seul pour qui l'on peut dire qu'il a ordonné les hyuers & les estez, les iours & les nuits,

& toutes les autres merueilles qui nous font admirer sa Puissance, n'ayt esté faict à autre vsage que pour viure & mourir dans l'esgoust des excrements de l'vniuers? Non non, l'esprit des hommes, & des hommes comme estoit celuy-cy, a trop de presomption pour n'esperer pas vne fin plus glorieuse que celle des autres animaux : Mais quelques ridicules que soient nos opinions, nous n'en sommes pas moins ialous que de nos Maistresses, & n'aprehendons pas plus de receuoir vn desmentir de nos ennemys que de nous mesmes; qui fait que nous nous efforçons de suiure tousiours vne mesme façon de viure, quelque mauuaise qu'elle soit : Et cette mesme raison qui en retient par force dans les cloistres, en faict opiniastrer d'autres à maintenir leur impieté, pluſtost que d'auoir la honte de ſe dedire. Il ſemble que la bigarrure ſoit auſſi mal ſeante en nos vies qu'en nos habits: & pource que nous n'auons iamais l'eſprit aſſez fort pour eſtre tout à faict bons, ny tout à faict meſchans, il n'y en a point qui ne ſoit obligé de cacher quelques vnes de ſes actions, ou de ſes penſees, & s'en eſt trouué dans la Court qui ne rougiſſoient pas moins de l'amour de Dieu, que les plus chaſtes pucelles font de celle des hommes: C'eſt pourquoy l'on ne peut faire de nous de iugement aſſeuré, que l'on ne nous ait veu ioüer le dernier acte de noſtre Comedie. C'eſt à celuy là ſeul que nous faiſons noſtre veritable perſonnage, & c'e-

DE MONSIEUR
stoit là où i'esperois d'apprendre si les pensees de N. auoient tousiours esté conformes à ses parolles, & si cette Ame qui faisoit tant la resoluë contre les choses qu'elle ne connoissoit pas, fut demeuree en son assiette, à l'obiect de cette mort enuironnee de cierges benits, & de pleureurs. Pour moy ie veux croire qu'ayant l'esprit faict comme les hommes les plus communs, il eut faict ce que font tous les autres, & ne me laisse point emporter à l'estime, que son impudence luy auoit acquise, quelque grande qu'elle ayt esté. Ie sçay bien que la Renommee est quelquesfois aussi iniuste que la fortune. Adieu Monsieur ie me suis vn peu plus estendu sur ce suiet que ie ne pensois, non pas tant pour l'estime que ie faits

de N. que pour le plaisir que ie
prens à vous entretenir, & vous
tesmoigner plus long temps que
ie suis.

MONSIEVR,

A Paris, ce 16. Decembre 1616.

Vostre tres-humble &
obeissant seruiteur,

DE MONSIEVR

A MADAME DESLOGES.

Il luy faict des compliments.

LETTRE III.

MADAME,
Il ne faudroit plus qu'vne lettre comme la derniere que i'ay receuë de vous, pour me faire perdre la mauuaise opinion que i'ay de moy-mesme; Et encore si les loüanges que vous me donnez estoient dittes auec autant de vray-semblance que d'e-

loquence, i'aurois de la peine à m'empefcher de les croire. Mais de me perfuader que ie fois deuenu poly & caioleux, en vn lieu où tous les autres deuiennent fauuages, vous auriez auffi toft faict de me perfuader que N. eft deuenu fobre en Allemagne. Ie fçay bien que fi ie fuis enuieux à mes amys, ce n'eft pas de la longueur de mes compliments : Mais ie voy bien que c'eft, affin que ie n'aye plus de prife fur vous, vous m'attaquez par l'endroit mefme, où ie penfois vous prendre, & vous feruez contre moy des mefmes armes dont ie vous penfois combattre, en me donnant vne gloire que vous poffedez fi entiere, que perfonne n'y peut efperer de part apres vous. Ne vous eftonnez donc point fi ie demeure müet, vous m'auez pris ce que ie vous voulois dire, & semble que vous m'auez desrobé mon imagination. I'en suis quitte à bon marché, de n'auoir perdu que des paroles, où ie me deuois perdre moy mesme. En effect ie ne tiens pas que les beautez de Cloris & d'Artenice ayent des charmes plus dangereux pour moy, que la gloire d'estre au souuenir de la femme du monde que i'estime le plus, & que ie dirois encore que i'ayme le plus, si vostre vertu me le vouloit permettre.

A MONSIEVR
DE BALZAC.

Il luy enuoye vne Odé, qu'il auoit faitte à sa loüange.

LETTRE IV.

ONSIEVR, Voicy au bout de deux ans, ce que vous deuiez receuoir dans quinze iours, & si ie ne pretends pas estre obligé de vous faire des excuses de ma longueur. Il y a assez long temps que vous me connoissez,

pour sçauoir que la paresse est vne maladie qui me dure despuis le berceau, & pour qui tous les Medecins ont perdu leur latin. La passion que i'ay de faire quelque chose qui vous plaise, est le seul remede qui m'en pouuoit guerir: Mais vne consideration plus forte, me faisoit reseruer cette Ode à vne autre saison, & si mon Libraire n'en eust imprimé en mon absence sept ou huict Stances estropiées, ie ne me fusse iamais resolu à vous l'enuoyer, pendant que vous estes empesché à chastier ces miserables esclaues, qui s'estoient reuoltez contre leur Maistre. Ie sçay que ce seroit vous obliger à trop bon marché que de vous offrir du secours contre de si foibles ennemys, & ne veux point partager auecques vous
l'honneur

l'honneur d'vne si petite victoire. Certes, Mósieur, si les Anciens se vantent d'auoir faict quelques actions de courage au delà des nostres, nous nous pourrons vanter d'auoir eu des exemples de temerité, au delà mesme de leur imagination; & leurs Fables, qui nous rapportent que les Geants auoient eû autresfois la hardiesse de s'attaquer aux Dieux, ne nous disent point que cette audace ayt iamais passé iusques aux Nains, & aux Pigmees. Peut estre que les qualitez qu'ils se donnent eux mesmes de Secretaires de la Lune, leur font croire qu'ils doiuent auoir quelque place dans le Ciel; Mais ne les possedant pas à meilleur titre, que le Herty faict celle de grand Preuost diuin, ie ne tiens pas qu'il y ayt grande differé-

l

ce entre eux & luy, & si i'en estois creu on les mettroit tous en mesmes logis, en attendant qu'on eust pourueu à faire punir les faiseurs de mauuais liures, comme les faiseurs de fausse monnoye. Au reste ie ne m'estonne point si N. a esté si osé que de censurer vostre Eloquence, puis que Monsieur de Malherbe a eu l'effronterie de m'accuser de froideur, luy qui n'est plus que de glace, & de qui la derniere Maistresse est morte de vieillesse, l'annee du grand Hyuer : Il a beau ieu à se vanter des merueilles de sa ieunesse, personne ne l'en peut dementir, & pour moy qui ne voudrois pas auoir donné ce qui me reste de la miéne, pour les Victoires du Prince d'Orange, ny pour la Sagesse du Cardinal de RicheLieu, ie serois bien marry d'estre en estat de luy pouuoir reprocher ce qu'il me reproche. Pour vous, il me semble que vous ne deuez point tirer d'auantage, d'estre arriué de bonne heure au port : car si vous appellés le temps que nous sommes en ce monde vne nauigation, ie voudrois bien que nous pussions faire en sorte de ne retourner iamais à la terre, & encore que vous ayez esté capable de faire des loix en l'âge où les autres apprennent celle de la Grammaire, & qu'il semble que vous n'ayez faict qu'vn pas de l'enfance à la vieillesse, ie ne vous enuie point cette gloire, puis qu'elle nous a cousté la perte de la plus belle saison de vostre vie. Acheuez donc si vous voulez de consumer sur les liures le peu de vigueur qui vous reste,

l ij

pour acquerir l'eternité, & renoncez aux delices d'vne vie essentielle, pour vne imaginaire, dont vous ne iouïrez que par Procureur. Pour moy apres auoir dit en vers.

Que pour eux seulement, les Dieux
   ont fait la gloire,
Et pour nous les plaisirs.

Ie ne suis pas resolu de m'en dedire en prose, mais plustost suiuant ceste opinion, reietter tous les conseils, que la vanité me donne au cótraire, pour receuoir ceux de la raison & de la nature, & tacher de faire en sorte qu'Artenice, & Cloris ayent meilleure opinion de moy que Monsieur de Malherbe. Adieu Monsieur ie vous escris à mon ordinaire, c'est

à dire sans soin, & sans meditation : Si vous me vouliez contraindre d'en vser d'autre sorte,
i'apprehenderois autant vos lettres, que ces compagnies ceremo-
nieuses, pour qui l'on est obligé
de mettre toute vne basse-court
à feu & à sang pour les receuoir.
Si vous voulez donc que nous
continuons long temps, ce commerce ie vous supplie de trouuer
bon que ie viue aussi librement
auecque vous, que ie vis auecque
Monsieur de Malherbe &c.

A ARTENICE.

Il luy demande pardon de la hardieſſe qu'il prend de luy teſmoigner ſon affection.

LETTRE V.

E craignés point de voir cette lettre, vous n'y lirez autre choſe que ce que vous liſez tous les iours dans mon viſage. Vos yeux ſont trop beaux, & trop clairs, pour ny point co-

gnoiſtre ce que i'ay dans le cœur:
Et le mal que i'endure pour vous
eſt trop violent, pour ſe contenir
d'auantage dans les bornes du reſpect que ie vous dois. Souffrez
doncques Madame, que ie m'en
plaigne à vous meſme, puis que
c'eſt de vous meſme de qui i'en
puis eſperer le remede: Et ſi la
hardieſſe que ie prens eſt trop
grande, ne cherchez point d'autres armes que celles de l'Amour
pour en faire la vengeance.

I iiij

De Monsieur

A
ARTENICE.

Il la remercie de luy auoir escrit, se plaint du desplaisir qu'il a de ne pouuoir conuertir auecque elle, que par lettre luy remontre que l'interest de ses affaires ne merite pas de la retenir à la campagne & prend suiet de railler les compagnies des champs.

LETTRE VI.

ADAME,

Ie voudrois vous pouuoir exprimer le contentemant que j'ay de receuoir de vos lettres. Ie pense que quelque paresseuse que vous soyez d'escrire ; vous me seriez plus liberale d'vne faueur qui vous couste si peu. Et encore que ie sois le plus indigne suiet à qui vous puissiez penser, ie m'imagine qu'en la solitude où vous estes maintenant, vous auez assez d'heures inutiles pour m'en donner quelques vnes. Il faut que ie vous auoue, qu'il m'est insupportable de vous voir preferer la compagnie des bois, & des rochers, à la mienne. Plus ie pense au suiet qui vous retient à la campagne, & plus ie trouue de raisons, qui vous obligent à reuenir voir Paris, hors duquel il n'y a point de salut, pour les Belles, ny pour les honnestes gens. Ny le soing de conseruer vne Maison, ou vne Seigneurie, ny les tendresses d'amitié que Monsieur vostre pere vous tesmoigne, ne sont point raisons qui vous doiuent faire preferer le seiour des bestes à celuy des Dieux. Certes Madame, les larmes me viennent aux yeux toutes les fois que ie pense, qu'il faille qu'vn esprit faict comme le vostre, soit reduit à entretenir des gens qui n'ont iamais veu le Louure qu'en peinture, & qui parlent du Cours, & des Tuilleries, comme nous parlerions de la situation de Goa, ou des promenoirs du Roy de Narcingue. Peut estre qu'à l'instant mesme que vous receurez ceste lettre, quelqu'vn est en peine de sçauoir de vous, combien

Monsieur le Grand a de coudees de hault au dessus de la taille ordinaire des autres hommes, ou quelque autre s'imagine qu'vn Romā est l'histoire des Romains : Et comme vous vous efforcés de respondre à ces impertinétes questions, vn troisiesme vous interrompt, pour vous demander si l'Euesque d'Albrestat ne dit pas tous les iours son Breuiaire. Voila Madame les agreables diuertissements, où vous passez la plus belle saison de vostre vie: cependant vostre beauté se passe, aussi bien que vostre ieunesse. Vingt ans au plus vous en feront voir la fin, & alors tous les biens que vous espargnés maintenant en vostre solitude, ne seront pas capables de rachepter vn des iours que vous y aurez perdus. Les auantages que vous auez par desfus les autres femmes, ne nous garantiront pas des miseres à quoy elles sont toutes suietes. Le temps ne va pas plus lentement pour les belles, que pour les laides. Les rides ne respectent non plus le teint de la belle Marquise, que celuy de Madame de M. Croyez moy Madame, ioüyssez des plaisirs de la vie, pendant que vous en auez le moyen, & soyez desormais meilleure mesnagere de vos annees, que de vos rentes.

A
ARTENICE

Il la prie d'auoir touſiours ſon ſeruice agreable.

LETTRE VII.

IE ne ſçay pas com-
ment vous appellez la
permiſſion que vous
m'auez dónee de vous
eſcrire; mais pour moy ie la prens
pour vn commandement, & faut
que ie vous auouë que ie ſuis aſſez
vain, pour croire que vous auez
eſté bien aiſe que mes prieres vous

ayent donné suiet de me permettre ce que vous ne m'osiez demander. Ce qui me l'a faict differer si long temps, est la honte que i'ay que vous appreniez par mes lettres que ie vis encore, apres vous auoir tant dit de fois que ie ne pouuois pas viure vn quart d'heure esloigné de vous. La seule consolation qui me reste, est l'asseurance que vous m'auez donnée de me garder place en vostre souuenir; & ie croy que me surpassant en toutes choses comme vous faittes, vous ne me voudrez pas ceder en fidelité. Mais quand ie considere ce que vous estes, & ce que ie suis, ie ne puis m'imaginer qu'il y ayt rien en moy digne d'arrester vostre affection. En ces diuerses pensees, ie m'enquiers de vos nouuelles à tous ceux de ces quartiers, ie leur demande de quelle'sorte vous viuez, quelles personnes vous visitent, si vous demeurez aux villes ou à la campagne; bref ie leur demande toutes choses excepté ce que ie veux sçauoir. Voila Madame des tesmoignages d'vne discretion qui meriteroit autát d'estre recompensee, que ma perseuerance, si vous estiez vn peu moins insensible que vous n'estes. Mais ie voy bien que vostre esprit est aussi exempt de passion, que s'il estoit desia dans le Ciel, & que toute la fin de vostre amour, est d'estre aymee. Ie ne sçay pas ce que vous diriez de ceux qui voudroient tousiours nauiguer, sans dessein d'arriuer iamais au port : Mais ie sçay bien que le mesme iugement que vous feriez d'eux, tout le monde le fera de vous, sinon moy qui n'auray iamais d'autres desirs que vos volontez ; & qui m'estime plus heureux d'estre à vous, que de posseder toutes les autres beautez de la terre.

FIN.

AV LECTEVR.

Il paroist bien que l'on n'a gardé aucun ordre en ce Recueil, puis que Monsieur de Racan y est le dernier. Ie les ay tous mis comme i'ay peu retirer d'eux leurs lettres : Et pour luy le peu de cas qu'il faict des siennes, est cause que ie ne les ay peu auoir qu'à l'heure que ie ne les esperois plus.

AV LECTEVR.
Ces lettres eſtant toutes acheuees d'imprimer, i'en ay obtenu vne demy douzaine de celles de Monſieur de Balzac, pour la perfection de ce liure.

A
MONSEIGNEVR
LE CARDINAL
DE RICHELIEV.

Il s'excuſe de n'auoir peu ſe rendre aupres de luy, à cauſe qu'il n'y auoit point de ſeurté ſur les chemins, & que ceux de la Rochelle faiſoient des courſes iuſques aux portes de ſa maiſon.

LETTRE PREMIERE.

MONSEIGNEVR,

Si les chemins euſſent eſté libres, & ſi le bon ordre que vous auiez mis à la

m

seureté publique, n'eut eu le mesme succés que les bonnes loix, qui sont d'ordinaire mal obseruées, ie n'eusse eu garde de prendre plus de temps que vous ne m'en donnastes quand ie partis de Fontainebleau, ny d'estendre iusques à cette heure le terme de mon congé. Mais encore que vos commandemens soient tout-puissans en mon endroit, vous sçaués bien que la necessité veut estre la premiere obeye, & vous ne treuuerés pas mauuais que i'aye choisi vne prison à laquelle i'estois accoustumé, pour en euiter vne autre qui ne m'eût pas esté si commode. Ce n'a pas esté, MONSEIGNEVR, sans beaucoup de desplaisir de ne pouuoir estre tesmoin de la plus belle vie de ce siecle, & de perdre vne demy-année de vos actions, qui font quasi toute nostre histoire. Car quoy que nous ne soyons pas si esloignés du monde, qu'il ne nous en vienne des nouuelles, elles passent neantmoins par tant de lieux, qu'il est impossible qu'elles n'en reçoiuét diuerses impressions, & qu'elles arriuent icy en leur pureté, puis qu'on les altere dés le Louure mesme. I'ay sceu pourtant, & la renommée a publié au desert les grands combats qui ont esté rendus pour l'honneur & la reputation de la France, & comme vous aués vaincu l'esprit des Estrangers, qui est plus redoutable que leurs forces. I'ay sceu que l'Italie a espuisé toutes ses finesses sans nuire à personne, & que ces subtils, qui croyoient regner dans les assemblées, & estre maistres des raisons d'Eſtat, n'ont pu ſe deffendre contre vous qu'auec la paſſion & la cholere, ny ſe plaindre d'autre choſe, que de ce que vous leur perſuadiés tout ce qu'ils eſtoient reſolus de ne faire pas. De ſorte, Monseignevr, que ceux qui nous appelloient Barbares, & qui par leurs traités auoient touſiours eu reuanche de nos victoires, ont trouué à la fin de la ſageſſe deçà les monts, & reconneu qu'il y auoit vn homme qui les empeſchera de tromper les autres. Ils ont eſté eſtonnés de voir vn ſeruiteur qui ne pouuoit ſouffrir qu'il y eut vn plus grand maiſtre que le ſien ; qui ſentoit les moindres maux de ſa patrie comme ſes propres douleurs, & péſoit qu'on le bleſſaſt pour peu qu'on fit ſemblant de toucher à la dignité de cette Couronne. Mais quand ils ont veu que vous donniés des remedes sur le champ à tous les inconueniens qu'ils vous figuroient, que vous preueniés les obiections qu'ils vous vouloient faire, que vous alliés prendre leurs intentions iusques dans leur ame, & qu'à la premiere conference vous respondiés à ce qu'ils reseruoient pour la seconde; c'est lors veritablement que leur phlegme s'est tourné en bile, & que vous aués mis en desordre la prudence humaine, & les maximes politiques. Que s'il suffisoit de faire voir le bien pour le faire aymer, & si la raison auoit le mesme pouuoir sur la volonté qu'elle a sur l'entendement, sans doute tous les Italiens qui vous ont ouy parler s'en fussent retournés bons François,

& le salut de la Chreſtienté, & la liberté de ſes Princes n'euſſent eſté que l'ouurage d'vne iournée. La guerre eſtrangere auroit eſté acheuée en voſtre chambre : Nous n'aurions plus qu'vne affaire ſur les bras, & les armes du Roy ne ſeroient à preſent occupées qu'à chaſtier les rebelles de ſon Royaume. Vous croyés bien, MONSEIGNEVR, qu'encore que ie ne pûſſe attendre de plus petites nouuelles du lieu où vous ſeriés, i'ay receu celles-là auec de l'émotion & du tranſport, & qu'il n'eſt pas en ma puiſſance de diſſimuler ma ioye, quand i'apprens que leurs Maieſtés ne ſe laſſent point de vos ſeruices; qu'apres auoir eſſayé diuers conſeils, il faut enfin s'arreſter aux voſtres, & que vous preſidés aux affaires de l'Europe, en conduisant la fortune de la France. Il est vray que de tous les contentemens qui me viennent de dehors, il n'y en a point qui me soit si sensible que celuy-là. Mais de l'autre costé lors qu'on me dit que vostre santé est tousiours attaquée, ou menassée de quelque accident; que le repos que vous deuroit donner la satisfaction de vostre conscience, ne vous empesche pas d'auoir de mauuaises nuits, & qu'au milieu de la gloire & des bons succés qui vous arriuent, la vie vous est souuent ennuyeuse; Alors certes on me touche en la plus tendre partie de mon ame, & cependant que la Cour vous fait mille fausses protestations de seruice, il y a vn Hermite à cent lieuës de vous, qui pleure vos maux auec des larmes veritables. Ie ne fçay fi i'oferay vous dire que ie vous ayme; Il n'y a point d'apparence pourtant que vous vous offenfiez de ce mot, duquel vous fçaués que Dieu fe contente. Ie vous ayme, MONSEIGNEVR, de telle forte, qu'ou ie fuis malade de la nouuelle de voftre indifpofitió, ou fi le bruit court que vous vous portez mieux, ie crains pour vous tous les changemens que peuuent faire toutes les heures. Faut-il donc que ce foit dans les accés de fiéure, & l'inquietude de vos veilles que vous entendiés les acclamations de la voix publique, & les loüanges que vous aués meritées ? Faut-il que les fens fouffrent, & que l'efprit fe reffioüiffe ? qu'ils foient à la gefne parmy fes triomphes ? que vous faciés deux actions contraires à la fois, & qu'en mesme temps vous ayés besoin de moderation, & de patience? Si la vertu pouuoit eftre malheureuse, & si cette Secte, qui ne connoissoit point d'autre mal que la douleur, ny d'autre bié que la volupté, n'auoit esté generalement condamnée, la Prouidence diuine receuroit auiourd'huy des plaintes de tous les endroits de ce Royaume, & il n'y auroit point d'homme de bien qui pour l'amour de vous ne trouuast quelque chose à desirer en la conduite du monde. Mais, MONSEIGNEVR, vous le sçaués beaucoup mieux que moy; C'est seulement de la felicité des bestes, dont il faut croire le corps, & non pas de la nostre, qui reside en la plus haute partie de nous mesmes, & se ressent aussi peu des desordres qui se font au deſſous d'elle, que ceux qui ſont au Ciel peuuent eſtre offenſés des orages de l'Air, & des vapeurs de la Terre; Et cela eſtant, à Dieu ne plaiſe que par l'eſtat de voſtre ſanté ie veuille iuger de celuy de voſtre condition, & que ie n'eſtime parfaittement heureux celuy que ie tiens parfaittement ſage. Imaginés-vous que vous aués partagé auec les autres hommes les infirmités de la Nature humaine, & vous trouuerés que l'auantage eſt tout de voſtre coſté, veu qu'en effet il ne vous eſt demeuré qu'vn peu de douleur, pour vne infinité d'erreurs, de paſſions, & de fautes que vous nous aués laiſſées. Encore veux-ie croire que le terme de voſtre patience s'en va expiré, & que l'auenir vous prepare des contentemens tous purs,

& vne ieuneſſe apres ſa ſaiſon, cóme vous aués eſté vieux deuant le temps. Le ROY qui a beſoin de voſtre longue vie, ne fait point de ſouhaits inutilément ; Le Ciel n'exauce point les prieres des ennemis de cet Eſtat ; Nous ne connoiſſons point de ſucceſſeur qui puiſſe entreprendre ce que vous n'aurés pas acheué ; Et s'il eſt vray que nos armées ne ſoient que les bras de voſtre teſte, & que vos conſeils ayent eſté choiſis de Dieu pour reſtablir les affaires de ce ſiecle, nous ne deuons point apprehender vne perte qui ne doit arriuer qu'à nos neueux. Ce ſera de voſtre temps, MONSEIGNEVR, que les peuples opprimés viendront du bout du monde rechercher la protection de cete Coronne : Que par noſtre moyen nos alliés se raquiteront de leurs pertes : Et que les Espagnols ne seront pas les conquerans, mais que nous serons les liberateurs de toute la Terre. Ce sera de vostre téps que le Sainct Siege aura ses opinions libres, que les inspirations du S. Esprit ne seront plus combattuës par l'artifice de nos ennemis, & qu'il s'esleuera des courages dignes de l'ancienne Italie pour deffendre la cause commune. Enfin, MONSEIGNEVR, ce sera par vostre prudence qu'il n'y aura plus de rebellion parmy nous, ny de Tyrannie parmy les hommes : Que toutes les villes de ce Royaume seront villes de seureté pour les gens de bien : Que les nouueautés ne seront plus receuës que pour les couleurs, & la façon des habillemens : Que le peuple laissera entre les mains de ses Superieurs, la Liberté, la Religion, & le bien Public, & que du Gouuernement legitime, & de la parfaitte obeïssance il naistra cete felicité que les Politiques cherchent, & qui est la fin de la vie ciuile. I'espere, MONSEIGNEVR, que tout cela arriuera sous vostre sage conduite, & qu'apres auoir asseuré nostre repos, & procuré celuy de nos voisins, vous iouïrés de vos bien-faits à vostre aise, & verrés durer l'estat des choses, duquel vous aurés esté l'autheur. Pour moy, qui ne commence pas d'auiourd'huy à faire mes passiós de vos interests, & qui ay reueré vostre vertu en vostre mauuaise fortune, ie n'ay plus rien qui m'empesche d'aller prendre ma part de cet aduenir glorieux, que toutes les apparences vous promettent, & de me rendre où ie pourray vous tesmoigner que ie suis,

MONSEIGNEVR,

Vostre tres-humble &
tres-obeïssant seruiteur,
BALZAC.

Du 25. Decembre 1625.

SVR LE BRVIT QVI
courut que le Duc d'Ossonne s'estoit faict Roy de Naples, il prend occasion de parler des grands & estranges euenements qui arriuent dans le monde.

LETTRE II.

ONSEIGNEVR,

Cependant que vous estes occupé à gagner des cœurs & des volontez, & que vous iettez peut-estre les fondemens de quelque grande entreprise, ie ioüis icy d'vne oysiueté pareille à celle des morts, & qui n'est troublée que des baisers de Clorinde. Si le Duc d'Ossonne s'est faict Roy de Naples, comme vous m'escriuez qu'on vous l'a dit, ie ne trouue point cela estrange. Le monde est si vieux, & a veu tant de choses, qu'il ne sçauroit plus rien voir de nouueau, & il n'y a point auiourd'huy de puissance legitime, dont le commencement n'ait esté iniuste. De l'autre costé les mauuais succés des reuoltes sont bien plus ordinaires que les changemens des Estats, & la mesme action, qui a pour prix vn Royaume, peut auoir pour fin vne mort honteuse. Quoy qu'il arriue de ceste-cy, ie ne m'en mets point en peine: L'euenement n'en peut

peut estre qu'aduantageux à cét Estat : car ou Dieu fera voir qu'il est protecteur du droict des Roys, ou ne le faisât pas, à tout le moins il affoiblira les ennemis de la France. Mais de me trauailler l'esprit de ces considerations politiques, ie ne croy pas que vous me le vouliez conseiller; & si ie le faisois, ce seroit m'esloigner de la résolution que i'ay prise de regarder desormais ce qui se passe chez nous, & chez nos voisins, comme l'Histoire du Iapon, ou les affaires d'vn autre siecle. Il faut laisser ceste humeur aux esprits vulgaires, qui s'interessent de toutes les querelles des Princes & des Estats, & sont tousiours de quelque party, pour auoir dequoy se mettre en cholere, & estre malheureux de la mauuaise fortune des autres. Certes nous n'aurions iamais fait, si nous voulions prendre à cœur les affaires du monde, & auoir de la passion pour le public, dont nous ne faisons qu'vne petite partie. Peut-estre qu'à l'heure que ie parle, la grande flotte des Indes fait naufrage à deux lieuës de terre: Peut-estre que l'armée du Turc prend vne Prouince sur les Chrestiens, & enleue vingt mille ames pour les mener à Constantinople : Peutestre que la Mer emporte ses bornes, & noye quelque ville de Zelande. Si nous faisons venir les malheurs de si loin, il ne se passera heure du iour qu'il ne nous arriue du desplaisir : si nous tenons tous les hommes pour nos parens, faisons estat de porter le dueil tout le temps de nostre vie. Ie n'ay pas beaucoup d'experience, aussi n'ay-ie pas beaucoup veſcu; toutesfois depuis que ie ſuis au monde, i'ay veu des choſes ſi eſtranges, & en ay appris de mon pere de ſi peu croyables, que ie penſe qu'il n'y a plus rien à venir, qui ſoit capable de me donner de l'eſtonnement. Le petit fils de l'Empereur Charles, qui auoit eſté nourry en l'eſperance de tant de Royaumes, fut condamné au dernier ſupplice pour les auoir deſirez trop toſt; & on a fait vn exemple d'vne Reyne, ſans que l'image de Dieu, qu'elle portoit ſur la face, ny ſa naiſſance, qui la mettoit au deſſus des loix, ny la reuerence de la poſterité, que deuoit craindre ſon ennemye, l'ayent peu empeſcher de luy dóner vne mort ſanglante, apres luy auoir fait venir vne vieilleſſe precipitée. Les ſubiects naturels du Roy d'Eſpagne disputent auiourd'huy auec luy de l'Empire de la Mer, & ne se veulent pas contenter de leur liberté. B. B. B. a marché sur le corps de son Maistre pour s'esleuer en son Throsne, & les armées qu'il commande depuis ce temps-là, & les Ambassades qu'il reçoit des Princes Chrestiens, & les grāds progrez qu'il fait tous les iours, ne sont que les fruicts d'vn meurtre & d'vn adultere. Certainement nous ferions difficulté de croire ces choses sur la foy d'autruy, & ceux qui viendront apres nous, auront bien de la peine vn iour à se les persuader. Ce sont pourtant des ieux ordinaires de la fortune, qui prend plaisir de tromper les hommes par des euenemens esloignez de l'apparence, & contraires à leur iugement. N'a-t'elle pas donné en proye à la fureur du peuple celuy qu'elle auoit mis au deſſus de tous les autres, afin que les plus grandes profperitez nous fuſſent fufpectes ? & en mefine temps, pour nous obliger de ne nous defefperer iamais, ell'a tiré de la Baſtille vn prifonnier, pour le faire General de l'armée Royale. Ie confidere icy tout cela d'vn efprit tranquille, & de la mefme forte que fi c'eſtoient des fables qu'on reprefente fur vn theatre, ou des peintures qui font dans vne gallerie. Auſſi bien puis que la comete de dernierement ne me fut gueres moins funeſte qu'à l'Empereur Rodolphe, & a la Reyne d'Angleterre, & que la curiofité que i'eus de la voir me fit leuer en chemife, & m'enruma tout le refte de l'Hyuer, cét accident m'apprend que ie ne doy pas me mesler de ce qui est au dessus de moy, & qu'il faut à l'auenir que ie laisse faire à Dieu & à la Nature. Pourueu que Clorinde permette que ie la serue, & que i'apprenne de sa bouche qu'elle m'ayme, ie ne veux point sçauoir d'autres nouuelles, ny chercher vne seconde fortune. Ie vous supplie donc tres-humblement, Monseigneur, de me pardonner si aux occasions qui se sont presentées ie n'ay peu me tenir aupres de vous, ny vous suiure où vostre courage vous a porté. Ma Maistresse m'ayant commandé de luy rendre conte de tout mon sang, & de n'aller iamais à la guerre que quand on chargera les mousquets de poudre de Chypre, i'ayme beaucoup mieux que vous m'accufiez de lafcheté, que fi ie luy auois manqué d'obeïſſance. Et apres cela, dites fi ie fuis encore en mon bon fens, & fi ie n'ay pas perdu la raifon auec le refpect que ie vous dois? C'eſt faire comme vn criminel, qui s'iroit mettre entre les mains de la Cour de Parlement, de peur de n'eſtre pas puny aſſez toſt, & n'attendroit ny les fupplices, ny la gefne, ny l'interrogation mefme de fes Iuges, pour defcouurir le mal dont on ne le rechercheroit pas. Ie fçay bien que de toutes les paſſions, vous n'auez que celle de l'honneur & de la gloire, & qu'elle remplit de telle forte voſtre efprit, qu'elle n'y laiſſe point de place pour l'amour, pour la haine, ny pour la crainte. Neantmoins ie m'imagine que c'eſt vne partie de la felicité de ceux qui sõt sages de considerer la folie des autres. Et en tout cas s'il m'est eschappé quelque mot qui offense vostre veuë, prenez-le pour vne occasion que Dieu vous enuoye de vous mortifier, en vous faisant lire des choses qui vous sont desagreables. Il y a bien de plus grands maux qu'il est besoin que vous enduriez dans la corruption de ce siecle; & si vous ne pouuez viure parmy les meschans, cherchez vn autre monde que celuycy, & des creatures plus parfaictes que les hommes. Il y aura tousiours des empoisonneurs de là les monts, des trahisons à la Cour, & des reuoltes en ce Royaume. A tout le moins, Monseigneur, en dépit de vous il y aura de l'amour, tant qu'il y aura des yeux

& de la beauté au monde, & les Sages mesmes aymeront, s'ils treuuent des Clorindes, des Dianes, & des Cassandres pour estre aymées. Le feu se prend bien quelquefois aux Palais & aux Eglises: Dieu a faict d'vne mesme matiere les sots & les Philosophes: Et ceste secte cruelle, qui nous vouloit oster vne moitié de nous mesmes, en nous ostant nos passions, & nos sentimens, au lieu de faire vn sage, n'en faisoit que la statuë. Il faut donc que ie vous die encore vne fois que i'ayme, puis que la Nature le veut, & que ie suis de la race du premier homme. Mais il faut aussi que ie vous die que toutes mes affections ne naissent pas des troubles & des maladies de mon ame, & que celle que i'ay à vostre seruice, ayant pour fondement la raiſon, qui eſt immortelle, & non pas le plaiſir, qui ſe paſſe, vn iour peut-eſtre ie ne ſeray pas amoureux, mais ie ſeray touſiours,

MONSEIGNEVR,

Voſtre tres-humble & tres-
fidelle ſeruiteur,

BALZAC.

Le 2. Iuillet 1616.

A
MONSEIGNEVR
LE MARESCHAL DE
SCHOMBERG.

Il se resiouyt auecque luy de son retour aupres du Roy.

LETTRE III.

ONSEIGNEVR,

Ie n'aurois point de sentiment du bien public, & serois ennemy de la France, si ie ne goustois, comme ie doy, la bóne nouuelle que voſtre courrier nous a apportée. Ie veux taire les obligations que ie vous ay, qui ne ſont pas petites, ſi ce n'eſt peu de choſe que d'eſtre eſtimé de vous, Mais puis que ie fais profeſſion d'honorer la vertu en la perſonne d'vn mort & d'vn ennemy, & d'eſtre touſiours de la bonne cauſe, quand il n'y auroit que moy & la iuſtice pour elle, vous pouués croire que ie me plaignois pour vous du malheur du temps, & que ie ſuis tres-aiſe de vous voir auiourd'huy reuenu où tout le monde vous trouuoit à dire. Il eſt certain qu'vne des plus belles parties de voſtre vie c'eſt voſtre eſloignement de la Cour, durant lequel vous nous aués monſtré que vous eſtes le meſme en l'vne & en l'autre fortune, & ie fuis tefmoin qu'il n'eft pas forty de voftre bouche vn feul mot qui ne foit digne de voftre courage. Toutesfois cette rare vertu eftant icy cachée en vne des extremités du monde, & n'ayant à s'eftendre qu'en vn fort petit efpace, il falloit de neceffité qu'elle fe contentaft de la fatisfaction de voftre confcience, & du tefmoignage de peu de perfonnes. Cependant l'autorité de vos ennemis offenfoit les yeux de tous les gens de bien ; On ne fçauoit comment cacher aux eftrangers la maladie de l'Eftat, ny quelle raifon leur donner de la difgrace d'vn Miniftre fans reproche, & il n'y auoit perfonne qui ne regretaft, que par voftre abfence le Roy perdift tant de iours & tant de seruices. Pour moy, Móseigneur, vous considerant en cet estat là, ie m'imaginois de voir Phidias, ou quelque autre de ces anciens ouuriers, à qui on eut lié les mains, & osté d'autour de luy le marbre, l'or, & l'yuoire. Mais maintenant qu'vne meilleure saison est reuenuë, & que toutes choses sont en leur place, il est temps de se resiouïr auec tous les bons François, de ce que vous ne manquerés plus de matiere, & que le Roy a reconnu à la fin que vostre repos n'estoit pas vtile à ses affaires. Certes soit qu'il se contente de gouuerner sagement ses peuples, soit que l'affliction de ses pauures voisins luy touche le cœur, & que sa iustice aille plus loin que sa iurisdiction, personne ne doute que quoy qu'il face, vous ne soyez vn des principaux inſtrumens de ce qu'il fera, & que la paix & la guerre n'ayent eſgalement beſoin de voſtre conduitte. Tout le monde a veu que vous n'aués apporté à l'adminiſtration des Finances que voſtre pur eſprit, c'eſt à dire cette partie de l'ame, ſeparee de la matiere, & libre des paſſions, qui raiſonne, ſans aymer, ny deſirer, & que vous aués manié les richeſſes de l'Eſtat, auſſi fidelement qu'on doit gouuerner le bien d'autruy, auec autant de ſoin que vous conduiſez le voſtre propre, & autant de ſcrupule qu'on en faict à toucher aux choſes ſainctes. Mais pour vn homme qui ne ſçauroit tromper perſonne, ce n'eſt pas vne grande gloire d'auoir eſté fidele à ſon maiſtre, & ſi ie croyois que vous fuſſies ſeulement capable de vous abstenir du mal, ie ne loüerois en vous que les commencemens de la vertu. Ie vais donc plus auant, & suis asseuré que ny la crainte de la mort, que vous aués mesprisée en toutes les formes, & sous tous les visages qu'elle se monstre, ny la complaisance, qui passe souuent sur les meilleurs conseils, pour se porter à ceux qui seront les plus agreables, ny l'interest propre, qui fait qu'on se regarde plustost soy-mesme que le public, ne vous empescheront iamais, ny de proposer, ny d'entreprendre, ny d'executer les grandes choses. La posterité, qui iugera peut-estre de nostre siecle sur le rapport que ie luy en feray, en verra d'auantage en vn autre endroit, que ie ne vous en puis dire en celuy-cy, & ie demeu-

demeureray assés satisfaict pourueu que vous me faciés l'ho-
neur de vous souuenir que mon
affection n'est point née de vostre prosperité, & qu'en deux saisons toutes contraires, i'ay esté
esgalement,

O

MONSEIGNEVR,

Vostre tres-humble &
tres-fidelle seruiteur,
BALZAC.

A MONSIEVR
L'EVESQVE D'AN-
GOVLESME.

Il le remercie des confitures & des parfums qu'il luy a enuoyez.

LETTRE V.

ONSIEVR, Ie ne veux plus me plaindre de ma pauureté, puis que vous m'auez enuoyé des tresors de roses, d'ambre, & de sucre, &

que c'eſt des choſes agreables que ie pretens d'eſtre riche, & laiſſer au peuple les neceſſaires. Deux elemens ont contribué enſemble ce qu'ils auoient de meilleur pour fournir de matiere à voſtre liberalité, & faiſant peu de cas de l'or & des perles, comme ie fais, ie ne pouuois rien ſouhaitter de la Terre ny de la Mer, que ie ne treuue dans vos preſens. Vous m'auez donné à pleines mains ce qu'on met auec eſpargne ſur les Autels, ce que les hommes content par grains, & dont il n'y a que le Roy de Thunis, qui ſoit auſſi mauuais meſnager que vous. En effect cette profuſion d'odeurs eſtrangeres, que vous aués iettée dans vos confitures, m'oblige de parler de la ſorte, & de vous dire, que ſi vous paiſſiés toutes vos brebis à ce prix-là, il n'y en auroit point en voſtre Dioceſe qui ne vous couſtaſt dauantage par iour que l'Elephant ne fait à ſon maiſtre. Ie voy donc bien, Monſieur, que ie ſuis la teſte la plus chere que vous ayés ſoubs voſtre conduite, & ie ne receurois pas de vous vne nourriture ſi delicate, & ſi precieuſe que ie la reçoy, ſi voſtre affection ne vous faiſoit accroire que ma vie vaut plus que celle des autres, & qu'elle merite par conſequent d'eſtre plus ſoigneuſement conſeruée. Mais de vous rendre des complimens pour des choſes ſi excellentes, ce feroit n'en eſtimer pas aſſez la valeur, ſi ie penſois m'acquitter par là. Noſtre langue eſt trop pauure pour me preſter dequoy vous payer, &

DE BALZAC. 213
puis qu'au iugement d'Homere, les paroles du plus eloquent des Grecs, n'estoient gueres meilleures que le miel, qui est la viande de nos Bergers, il n'y auroit point d'apparence que les miennes fussent aussi bonnes que l'ambre & le sucre, qui sont les delices de nos Princes. C'est pourquoy i'ay grand peur que ie vous deuray toute ma vie tout le bien que vous m'auez faict, & que ce sera seulement dans mon cœur, que ie seray aussi liberal que vous. Mais vous estes si genereux que vous vous côtenterés, ie m'asseure, de cette recognoissance secrete, & aymerés en moy vne bonté toute nuë, qui me tiendra lieu de ces autres vertus plus fines & plus subtiles, que ie n'ay peu apprendre à la Cour. Certes com-
o iij

me ie ne demande point de loüanges (qui sont les seconds parfums que vous me donnés) à cause que ie ne pense pas en estre digne: Aussi croy-ie que vous ne me sçaurois refuser de l'affection, puis que c'est la meriter que d'estre passionnement, comme ie suis,

MONSIEVR,

Vostre tres-humble &
tres-fidelle seruiteur,
BALZAC.

A ***.

LETTRE VI.

MON Pere,
Vous aués treuué l'endroit par où ie confesse que ie suis foible, & pour m'obliger de me rendre, vostre courtoisie n'a rié laissé à faire à vostre courage. Puis que vous employés toutes vos Muses pour me demander mon amitié, & que vous l'aués desia payée de la vostre, ie ne puis plus me la retenir

que comme le bien d'autruy. Mais quand cela ne seroit pas, mes ressentimens ne me sont point si chers, que ie ne les donne souuent à de moindres raisons que celles qui les ont faict naistre, & mes passions ne vont point si auant qu'elles ne demeurent tousiours en la puissance de la Religion, & de la Philosophie. Iusques icy i'ay peu deffendre vne cause iuste: Mais apportant dauantage de resistance à ce que vous desirés, ie ferois que le bon droict mesme auroit tort, s'il estoit de mon costé, & de la simple inimitié, qui a esté permise en quelques Republiques, ie passerois iusqu'à la Tyrannie, qui est odieuse à tout le monde. Puis que nous durons si peu, il n'est pas raisonnable que nos passions soient immortelles, ny que ceux là se soulent de la vengeance, à qui Dieu en a deffendu aussi bien l'vsage que l'exces. C'est vne chose qu'il s'est reseruée toute pour soy, & à cause qu'il n'y a que luy seul qui sçache bien vser de cette partie de la iustice, il ne l'a pas voulu mettre entre les mains des hommes, nō plus que la foudre & les tempestes. Arrestons nous donc dans nos premiers mouuemens, car c'est desia trop d'auoir commancé : N'apellons point courage la dureté de nostre cœur, & si vous m'auez preuenu en l'ouuerture de la paix que nous traitons, ne vous repentés pas de m'auoir osté par là tout l'honneur qu'il y auoit a y acquerir. Autrefois la Magnanimité, & l'Humilité pouuoient estre deux choses contraires; mais despuis que les principes de la Morale ont esté changés par les maximes de l'Euangile, & que les vices des payens sont deuenus des vertus Chrestiennes, il y a des laschetés qu'vn homme de courage doit faire, & ce n'est plus à ceux qui ont triomphé des Innocens, que la veritable gloire appartient, mais c'est aux Martyrs qu'ils ont faicts, & aux personnes qu'ils ont opprimées. Que s'il faut passer des considerations generalles à ce qui est de particulier entre vous & moy, comme il n'y auroit point d'apparence qu'vn Religieux voulut troubler le repos de ses pensées, & quiter la compagnie de Dieu & des Anges, pour venir se mesler parmy les meschans, & faire vne partie de nos desordres, i'aurois encore moins de raison d'aller chercher vn ennemy hors du monde, dans lequel il y a tant de huguenots à hayr, & tant de rebelles à combattre. Aussi, mon pere, quelque opinion que vous ayez euë, & quoy que i'aye dit au commencement de cette lettre, mon dessein ne fut iamais de vous faire vne veritable guerre; Ie n'ay point senti l'émotion que i'ay tesmoignee, & toute ma cholere estoit artificielle, lors que quelques vnes de mes paroles ne vous estoient pas auantageuses. Si bien que ie consens librement, que ce qui a esté escrit à Hydaspe, passe pour vn ieu de mon esprit, & non pas pour vne preuue de ma creance, & qu'on pense que i'ay seulement voulu faire voir que ie pouuois estre plus fort que la verité, si ie ne voulois pas estre pour elle. Cette science, qui a bien osé entreprendre de persuader aux malades que la fieure quarte estoit meilleure que la santé, la Rhetorique dis-ie, qui a treuué des loüanges pour Busyris, qui a faict vne Apologie pour Neron, & obligé tout le peuple Romain de douter si la iustice estoit vne chose bonne ou mauuaise, peut bien encore auiourd'huy s'exercer sur des subiects qui sont esloignés des communes opinions, & par des feintes agreables exciter plustost de l'admiration en l'esprit des hommes, qu'y gaigner de la creance. Elle se faict des phantosmes pour les défaire; elle a du fard & des deguisemens pour alterer la pureté de toutes les choses du monde, elle change de party sans legereté, elle accuse l'innocence sans calomnie. Et certes les peintres, & les acteurs ne sont point coupables des meurtres que nous voyons dans les tableaux, & sur les theatres, mais en cela celuy qui est le plus cruel, est celuy qui est le plus iuste; On ne peut pas conuaincre de fausseté ceux qui font des miroirs qui representent vn obiect pour vn autre, & l'erreur est quelquefois plus belle que la verité. En vn mot la vie des sages mesmes n'est pas toute serieuse, toutes leurs parolles ne sont pas des sermens, & tout ce qu'ils escriuent n'est pas leur testament, ny leur confession de foy. Que faut il que ie vous die dauantage? Pensez vous que ie sois assez delicat pour condamner le goust de cette grande multitude, qui vous va escouter tous les matins? Vous imaginés vous, que moy & le peuple ne puissions iamais estre de mesme aduis, & que ie veuille m'opposer à la creance des gens de bien, à l'approbation des Docteurs, & à l'authorité de ceux qui sont au dessus des autres? Non, mon pere, ie ne donne pas tant de liberté à mon esprit: Asseurez vous que ie vous estime comme ie doy: Ie loüe vostre zele, & vostre doctrine, & quoy qu'il soit plus vray qu'il ne fut iamais, que c'est faire de grands pechez que de faire de grands liures, neantmoins si vous m'obligez de iuger du vostre par ce que vous m'en auez enuoyé, ie dis hardiment qu'il est tres-excellent en son genre, & qu'il ne tiendra pas à moy que vous n'ayez rang parmy les peres des derniers siecles. Mais ce n'est pas mon tesmoignage qui sera le fruict de vostre trauail ; Ie desire de bon cœur que ce soit la conuersion des Iuifs, des Turcs, & des Infidelles, & il me semble que toute la gloire du monde doit estre contée pour rien par ceux qui ne cherchent que l'auancement de celle de Dieu. Ie n'ay donc garde de m'estendre d'auantage sur ce subiect, ny de faire tort aux choses sainctes par des loüanges profanes. Mon intention est seulement de vous tesmoigner que ie ne prens pas si peu de part aux interests de l'Eglise, que ie ne sçache tres bon gré à ceux qui luy rendent du seruice, & que ie suis fort ayse qu'outre les raisons que i'ay d'estimer voſtre amitié, vne ſi puiſſante que celle de la Religion, m'y oblige encore d'auantage.

A MON-

A MONSIEVR FARET.

Il le remercie d'auoir fouftenu fon party, en fon abfence.

LETTRE VI.

ONSIEVR,

Il n'y a point d'affez grande reconnoiffance pour les obligations que ie vous ay, Et fi ie vous doy mon

P

honneur, ie vous doy quelque chofe de plus que ma vie. En verité de fentir les bleffures d'vn autre premier que luy, & prendre plus de part en fes interefts que luy mefme, il faut auouër que ce n'eft pas aymer à la mode, ny eftre de noftre fiecle : Auffi il y a long temps que ie fçay que la corruption qui vous enuironne, ne vous gafte pas, & que parmy les mefchans vous aués conferué vne bonté qui feroit du regne de Louys douziefme. Encore peut-eftre la faudroit il chercher plus auant, & aller au delà de l'hiftoire veritable. Il n'y a que fous le Charlemagne des poëtes, qu'il s'eft treuué vn homme de voftre humeur, & que le combat de Roger à efté la victoire de Léon. Sans m'expliquer plus particulieremét, vous entendés ce que ie veux dire, & i'ayme bien mieux deuoir à voſtre ſecours, qu'au merite de ma cauſe, le fauorable iugement que i'ay receu de la voix publique. Il eſt certain que la verité ne ſe deffend pas toute ſeule : Celle-là meſme qui regarde la Religion, & qui appartient à Dieu de plus pres que l'autre, ne ſe ſaiſit de l'eſprit que par le moyen de la parolle, & a beſoin d'eſtre perſuadee pour eſtre creüe. Vous pouués iuger par là, ſi l'office que vous m'aués rendu m'eſtoit inutile, & ſi mon bon droict eſt tombé heureuſement entre vos mains. Mais il faut remettre à Paris les remerciemens que i'ay à vous faire là deſſus, affin de les animer de la viue voix, & de la

P ij

presence. Asseurés vous cependant, que quand ce seroit la pieté qui me retiendroit au desert, vo' estes capable de me faire rompre mon vœu d'Hermite, & si i'auois promis quelque chose à Dieu, de m'empescher de luy tenir ma parolle. D'ailleurs vous aués tellement embelli cette grande ville, & m'y faittes remarquer tant de nouueautés dans la lettre qu'il vous a pleu m'escrire, que ie ne serois point touché de l'amour des belles choses, & n'aurois plus de curiosité honneste, si ie n'auois le desir d'y retourner. Ie n'attens donc qu'vn peu de santé pour estre en estat de partir d'icy, & aller iouïr auecque vous de nos delices communes. Ie parle de la conuersation de

Monsieur de Vaugelas, qui me feroit treuuer la Cour au village, & Paris dans les landes de Bordeaux. Adieu, Monsieur, aymez moy tousiours, puisque ie suis de toute mon ame

Vostre tres-humble &
tres-affectionné
seruiteur,
BALZAC.

Priulege du Roy.

LOVIS par la grace de Dieu, Roy de France & de Nauarro, A noz amez & feaux Conseillers, les gens tenás nos Cours de Parlement, Baillifs, Seneschaux, Preuosts ou leurs Lieutenás, & autres nos iusticiers & officiers, & à chacun d'eux ainsi qu'il appartiendra, Salut. Nostre bien amé Nicolas Faret nous a fait remonstrer, qu'il desiroit faire imprimer à ses frais, en ceste ville de Paris, vn liure intitulé, *Lettres des meilleurs esprits de ce temps*, dedié à nostre tres-cher & tres-amé cousin le Cardinal de Richelieu, leque liure peut grandement seruir à l'illustration de la langue Françoise. A ces causes desirans fauorablemét traitter ledit exposant, à ce qu'il ayt moyen de se rembourser de la despense qu'il luy conuiendra faire à ses impressions: Permettons audit suppliant de faire imprimer, par tels Imprimeurs & Libraires qu'il verra bon estre, ledit liure intitulé, *Lettres des meilleurs esprits de ce temps*, tant de fois que bon luy semblera, durant le temps & terme de neuf ans prochains & consecutifs, à compter du iour que ledit liure sera acheué d'imprimer pour la premiere fois. Faisant tres-expresses inhibitions & deffences à tous Imprimeurs, Libraires, estrangers, & autres personnes de quelque estat & condition qu'ils soient, d'imprimer ou faire imprimer, vendre & distribuer iceluy liure, ny aucune partie d'iceluy en nostre Royaume, pays, terres & seigneurie de nostre obeyssance, en aucune façon que ce soit, sous couleur de fausses marques ou auec desguisemens, sinon de ceux que ledit suppliant aura fait imprimer pendant ledit temps, sur peine aux contreuenãs de trois mille liures d'amande, applicable moitié à nous, & l'autre moitié audit suppliant, & de confiscation des liures, ainsi contrefaits & imprimez, & de tous despens, dommages & interests. Mesme si aucun Libraire ou Imprimeur de nostre Royaume ou estranger, trafiquant en iceluy ou autre, de quelque estat ou condition qu'ils soyent, estoient trouuez saisis d'aucun exemplaire desdits liures contrefaits; Voulons qu'ils soient condamnez en pareille amende, despens, dommages & interests, que s'ils les auoient imprimez ou fait imprimer. De ce faire vous donnons plein pouuoir, auctorité, commission & mandement special, par ces presentes, à la charge d'en mettre deux exemplaires en nostre Bibliotheque publique, à present gardee au conuent des Cordeliers de cestedite ville de Paris auant que de les exposer

en vente, suiuant nostre reglement, à peine d'estre descheu du present Priuilege. Et pource que de ces presentes l'on pourra auoir affaire en plusieurs & diuers lieux; Voulons qu'au vidimus d'icelles deuëment collationné par l'vn de nos amez & feaux Conseillers, Notaires & Secretaires, foy soit adioustee comme au present original, & qu'en mettant au commencement ou à la fin du liure ces presentes ou vn bref extraict d'icelles, voulons qu'elles soient tenuës pour deuëment signifiees: Car tel est nostre plaisir, nonobstant clameur de Haro, chartre Normande, prise à partie, & autres lettres à ce contraires.
Donné à Paris le vingt septiesme iour de Mars l'an de grace mil six cens vingt sept, & de nostre Regne le dixseptiesme,

Signé LOVYS.
par le Roy,   DE LOMENIE.

www.ingramcontent.com/pod-product-compliance
Lightning Source LLC
Chambersburg PA
CBHW061732300426
44115CB00009B/1192